大学语文教程

孔琦 编著

机械工业出版社

本书在编写理念、框架、目标与选文方面进行了反复斟酌,力图使内容翔实有趣。本书共分为大学精神、胸怀天下、面对自然、感悟人性、洞察历史、洞明世事、文学地图、科学表述、诗意人生和演讲名篇10个单元,并附有实用应用文写作、实用口语表达训练、常用社交口语、求职面试口语等内容,以强化对学生的写作能力和语言表达能力的训练。

本书文章的选取以有观点、有格调、有趣味、有境界为原则,旨在帮助学生在阅读中获知,在获知中思考,在思考中感悟人生,提高学生中文阅读能力、文字应用能力和语言表达能力。本书适合本科、高职和技师学院学生使用。

图书在版编目(CIP)数据

大学语文教程/孔琦编著. —北京:机械工业出版社,2022.1
ISBN 978-7-111-58320-2

Ⅰ.①大… Ⅱ.①孔… Ⅲ.①大学语文课-高等学校-教材
Ⅳ.①H193.9

中国版本图书馆 CIP 数据核字(2022)第 024876 号

机械工业出版社(北京市百万庄大街22号 邮政编码100037)
策划编辑:王 博　　　　　责任编辑:王 博
责任校对:孙莉萍 刘雅娜　封面设计:马若濛
责任印制:郜 敏
北京富资园科技发展有限公司印刷
2022年2月第1版第1次印刷
184mm×260mm·11.25印张·249千字
0 001—1 900册
标准书号:ISBN 978-7-111-58320-2
定价:39.90元

电话服务　　　　　　　　　网络服务
客服电话:010-88361066　　机 工 官 网:www.cmpbook.com
　　　　　010-88379833　　机 工 官 博:weibo.com/cmp1952
　　　　　010-68326294　　金 书 网:www.golden-book.com
封底无防伪标均为盗版　　　机工教育服务网:www.cmpedu.com

前　言

"大学语文"课程肇始于 20 世纪 30 年代末的"大学国文",在我国高校开设已有近百年的历史。作为一门人文性、工具性、美育性兼具的学科,大学语文是大学教育的根基性课程。瞩目当今,世界正处于百年未有之大变局,为应对不断发展变化的国际国内形势,大学语文教育也紧跟时代步伐,在引领学生进入文学世界的过程中,使学生通过对古今中外优秀文学作品的阅读与鉴赏,具体感受语言的魅力,从侧重培养学生的"鉴赏力"到呼唤学生的"创造力",使学生在体会文学作品美感与韵味的基础上,帮助其完成具有个性、创意、雅致和深度的自我表达。在促进学生精神成人这一点上,大学语文课程责无旁贷。大学语文课程教育的重心,必须放在对大学生人文精神和文化修养的进一步培养上。

编者从多年教学实践出发,深入研究教学目标、教学内容、教学方法以及学生主体的学习诉求,进行了多次教学改革,致力于以更合理化的教学内容及模式将课程内涵丰富为文学熏陶审美课和听说读写实践课,培养"肯想、会说、能写"的现代高素质人才。因此,本书的编写广泛吸收了教师在教学实践与教改中的成功经验以及学生的宝贵建议,从改变学生"浅阅读""泛娱乐"的获知导向向"深阅读""深思考""深表达"的内省与输出的结果导向转变,以提高学生中文阅读能力、文字应用能力和语言表达能力。

本书从文学作品内涵和主题相关性角度出发,文章的选取以有观点、有格调、有趣味、有境界为原则,旨在帮助学生在阅读中获知,在获知中思考,在思考中感悟人生。附录部分立足于大学语文学科的工具性与实用性,继续强化对学生文字应用能力和语言表达能力的训练,从而在需要时能"信手拈来",能"脱口而出",有效提高学生的人际沟通能力。

在本书编写过程中,参考了相关书籍和文献资料,在此向这些书籍和文献资料的作者深表敬意与谢意。由于编者水平有限,书中难免会有疏漏、不足之处,恳请读者批评指正。

编　者

目　录

前言
第一单元　大学精神 1
　大学之道 1
　劝学 3
　创造宣言 3
　想象力：大学存在的理由 6
　大学生的精神升华 9
　思考与练习 11
第二单元　胸怀天下 12
　早雁 12
　关山月 13
　贺新郎·同父见和再用韵答之 15
　金陵驿 16
　我的世界观 17
　思考与练习 19
第三单元　面对自然 21
　山中与裴秀才迪书 21
　徐霞客传 23
　囚绿记 27
　像山那样思考 29
　大自然在反抗 31
　思考与练习 36
第四单元　感悟人性 38
　梦微之 38
　红楼梦（节选） 39
　竹林的故事 41
　我愿意是急流 45
　当你老了 47
　思考与练习 48

第五单元　洞察历史

- 谏太宗十思疏 ··· 49
- 登幽州台歌 ··· 52
- 五代史伶官传序 ······································· 52
- 滕王阁序（节选） ····································· 54
- 咏史 ··· 55
- 思考与练习 ··· 56

第六单元　洞明世事

- 论语六则 ··· 58
- 涉务 ··· 59
- 说"面子" ··· 62
- 九十九度中 ··· 64
- 钱 ··· 75
- 思考与练习 ··· 78

第七单元　文学地图

- 自题金山画像 ··· 79
- 峨眉山行纪（节选） ··································· 80
- 江南的冬景 ··· 84
- 威尼斯 ··· 86
- 北京的春节 ··· 89
- 思考与练习 ··· 91

第八单元　科学表述

- 考工记（节选） ······································· 92
- 专家与通人 ··· 93
- 生命的意义 ··· 95
- 科学史上的东方和西方 ································· 98
- 中国科学对世界的影响 ································· 101
- 思考与练习 ··· 104

第九单元　诗意人生

- 宣州谢朓楼饯别校书叔云 ······························· 106
- 闲情记趣（节选） ····································· 107
- 我不知道风是在哪一个方向吹 ··························· 109
- 青春 ··· 110
- 希腊古瓮颂 ··· 111
- 思考与练习 ··· 113

第十单元　演讲名篇 ……………………………………………………………… 115
　　秦誓 ……………………………………………………………………………… 115
　　君子 ……………………………………………………………………………… 116
　　论读书 …………………………………………………………………………… 118
　　我有一个梦想 …………………………………………………………………… 123
　　选择塑造人生 …………………………………………………………………… 126
　　思考与练习 ……………………………………………………………………… 128
附录 …………………………………………………………………………………… 129
　　附录A　实用应用文写作 ……………………………………………………… 129
　　附录B　实用口语表达训练 …………………………………………………… 139
　　附录C　常用社交口语 ………………………………………………………… 161
　　附录D　求职面试口语 ………………………………………………………… 167
参考文献 ……………………………………………………………………………… 174

第一单元　大学精神

"大学精神"是大学自身存在和发展中形成的具有独特气质的精神形式的文明成果，它是科学精神的时代标志和具体凝聚。建设"大学精神"不仅是高等教育自身发展的需要，同时也是社会进步的需要。

大学精神的核心是以育人为第一要旨，以全面人才教育为大学使命。育人的重点第一是培养对国家、对民族的责任感，第二是理想、信念教育，第三是培养爱心，第四是培养高尚的人格，第五是培养自强不息、厚德载物的精神。大学精神有着丰富的内涵，对大学的生存与发展起着至关重要的作用。世界上任何一所知名大学都有自己独特的大学精神，这不仅是一笔宝贵的财富，也是大学魅力之所在，更是大学持续发展的动力。在我国建设世界一流大学的道路上，在大学之间竞争愈演愈烈的今天，大学精神的塑造是必不可少且尚需加强的一个重要环节。

《大学》

《大学》出自《礼记》，原本是《礼记》四十九篇中的第四十二篇，是一部中国古代讨论教育理论的重要著作，和《中庸》《论语》《孟子》并称"四书"。《大学》全文文辞简约，内涵深刻，影响深远，主要概括总结了先秦儒家道德修养理论，以及关于道德修养的基本原则和方法，对儒家政治哲学也有系统的论述，对做人、处事、治国等有深刻的启迪性。

大学之道①，在明明德②，在亲民③，在止于至善。知止④而后有定；定而后能静；静而后能安；安而后能虑；虑而后能得⑤。物有本末，事有终始。知所先后，则近道矣。

古之欲明明德于天下者，先治其国；欲治其国者，先齐其家⑥；欲齐其家者，先修其身⑦；欲修其身者，先正其心；欲正其心者，先诚其意；欲诚其意者，先致其知⑧；致知在格物⑨。

物格而后知至；知至而后意诚；意诚而后心正；心正而后身修；身修而后家齐；家齐而后国治；国治而后天下平。

自天子以至于庶人⑩，壹是皆以修身为本⑪，其本乱而末⑫治者，否矣；其所厚者薄，而其所薄者厚⑬，未之有也⑭。

【注释】

① 大学之道：大学的宗旨。"大学"一词在古代有两种含义：一是"博学"的意思；二是相对于小学而言的"大人之学"。古人八岁入小学，学习"洒扫应对进退，礼乐射御书数"等文化基础知识和礼节；十五岁入大学，学习伦理、政治、哲学等"穷理正心，修己治人"的学问。"道"的本义是道路，引申为规律、原则等，在中国古代哲学、政治学里，也指宇宙万物的本原、个体，一定的政治观或思想体系等，在不同的上下文环境里有不同的意思。

② 明明德：前一个"明"作动词，有使动的意味，即"使彰明"，也就是发扬、弘扬的意思；后一个"明"作形容词，明德也就是光明正大的品德。

③ 亲民：《管子·形势解》："道之纯厚，遇之有实，虽不言曰'吾亲民'，而民亲矣。"王阳明曾与弟子徐爱辨亲民和新民，认为"宜从旧本作'亲民'"，列在《传习录》首章，"说亲民便是兼教养意，说新民便觉偏了"。"亲民"的目的主要是在于"齐家"，齐家即亲民也。"亲民"二字与"明明德"结合，即弘扬光明的品德要学习和应用于日常生活当中，大人的学问即从生活中而来。

④ 知止：知道目标所在。

⑤ 得：收获。

⑥ 齐其家：管理好自己的家庭或家族，使家庭或家族兴旺发达。

⑦ 修其身：修养自身的品性。

⑧ 致其知：彰显明德本心，诚明一致。

⑨ 格物：探究事物原理。

⑩ 庶人：指平民百姓。

⑪ 壹是：都是。本：根本。

⑫ 末：相对于"本"而言，指枝末、枝节。

⑬ 厚者薄：该重视的不重视。薄者厚：不该重视的却加以重视。

⑭ 未之有也：即未有之也。没有这样的道理（事情、做法等）。

【导读】

这里所展示的，是儒学三纲八目的追求。所谓三纲，是指明明德、亲民、止于至善。它既是《大学》的纲领旨趣，也是儒学"垂世立教"的目标所在。所谓八目，是指格物、致知、诚意、正心、修身、齐家、治国、平天下。它既是为达到"三纲"而设计的条目工夫，也是儒学为我们所展示的人生进修阶梯。就这阶梯本身而言，实际上包括"内修"和"外治"两大方面："格物、致知、诚意、正心"是"内修"；"齐家、治国、平天下"是"外治"。而其中间的"修身"一环，则是连接"内修"和"外治"两方面的枢纽，它与前面的"内修"连在一起，是"独善其身"；它与后面的"外治"连在一起，是"兼济天下"。两千多年来，一代又一代中国知识分子"穷则独善其身，达则兼济天下"（《孟子·尽心上》），把生命的历程铺设在这一阶梯之上。

所以，它实质上已不仅仅是一系列学说性质的进修步骤，而是具有浓厚实践色彩的人生追求阶梯了。它铸造了一代又一代中国知识分子的人格心理，时至今日，仍然在我们身上发挥着潜移默化的作用。

劝学

颜真卿

> 颜真卿（709—784），字清臣，京兆万年（今陕西西安）人，唐代著名书法家，与柳公权并称"颜柳"，被称为"颜筋柳骨"。与柳公权、欧阳询、赵孟頫并称为"楷书四大家"。"安史之乱"中，因在平原郡守任上毅然起义抗贼，立下汗马功劳而受朝廷重用，封鲁郡开国公，世称"颜鲁公"。

三更灯火五更鸡，正是男儿读书时。
黑发不知勤学早，白首方悔读书迟。

【导读】

《劝学》中的"劝"起着统领全篇的作用，"劝"解释为"勉励"的意思。作者在这首诗中，勉励人们要坚持学习，只有这样才能增长知识，发展才能，培养高尚的品德。第一句用客观现象写时间早，引出第二句学习要勤奋，要早起。第二句为第一句作补充，表达了年少时学习应该不分昼夜，通过努力学习才能保家卫国，建功立业。第三、四句写的是年轻的时候不好好学习，到了年纪大了，再想要学习也晚了。句中"黑发""白首"是采用借代的修辞方法，借指青年和老年。

这首《劝学》浅显易懂，深含哲理，引人深思。全诗的精华都浓缩在"黑发不知勤学早，白首方悔读书迟"这两句之中。一方面，它规劝青少年要抓紧时间学习，并且坚持下去，只有这样，才能学得本领，建立功业；另一方面，又暗示人们，要珍惜青春年华，在正确的时间做正确的事情，不要虚度年华。

创造宣言

陶行知

> 陶行知（1891—1946），安徽省歙县人，中国人民教育家、思想家，伟大的民主主义战士，爱国者，中国人民救国会和中国民主同盟的主要领导人之一。陶行知先生毕生致力于教育事业，对我国教育的现代化做出了开创性的贡献。他不仅创立了完整的教育理论体系，而且进行了大量教育实践。

创造主未完成之工作，让我们接过来，继续创造。

宗教家创造出神来供自己崇拜。最高的造出上帝，其次造出英雄之神，再其次造出财神、土地公、土地婆来供自己崇拜，省事者把别人创造现成之神来崇拜。

恋爱无上主义者造出爱人来崇拜。笨人借恋爱之名把爱人造成丑恶无耻的荡妇来糟蹋，糟蹋爱人者不是奉行恋爱无上主义，而是奉行万恶无底主义的魔鬼，因为他把爱人造成魔鬼婆。

美术家如罗丹，是一面造石像，一面崇拜自己的创造。

教育者不是造神，不是造石像，不是造爱人。他们所要创造的是真善美的活人。真善美的活人是我们的神，是我们的石像，是我们的爱人。教师的成功是创造出值得自己崇拜的人。先生之最大的快乐，是创造出值得自己崇拜的学生。说得正确些，先生创造学生，学生也创造先生，学生先生合作而创造出值得彼此崇拜之活人。倘若创造出丑恶的活人，不但是所塑之像失败，亦是合作塑像者之失败。倘若活人之塑像是由于集体的创造，而不是个人的创造，那么这成功失败也是属于集体而不是仅仅属于个人。在一个集体当中，每一个活人之塑像，是这个人来一刀，那个人来一刀，有时是万刀齐发。倘使刀法不合于交响曲之节奏，那便处处是伤痕，而难以成为真善美之活塑像。在刀法之交响中，投入一丝一毫的杂声，都是中伤整个的和谐。

教育者也要创造值得自己崇拜之创造理论和创造技术。活人的塑像和大理石的塑像有一点不同，刀法如果用得不对，可以万像同毁；刀法如果用得对，则一笔下去，画龙点睛。

有人说：环境太平凡了，不能创造。平凡无过于一张白纸，八大山人挥毫画他几笔，便成为一幅名贵的杰作。平凡也无过于一块石头，到了菲迪亚斯，米开朗基罗的手里可以成为不朽的塑像。

有人说：生活太单调了，不能创造。单调无过于坐监牢，但是就在监牢中，产生了《易经》之卦辞，产生了《正气歌》，产生了苏联的国歌，产生了《尼赫鲁自传》。单调又无过于沙漠了，而雷赛布竟能在沙漠中造成苏伊士运河，把地中海与红海贯通起来。单调又无过于开肉包铺子，而竟在这里面，产生了平凡而伟大的平老静。

可见平凡单调，只是懒惰者之遁词。既已不平凡不单调了，又何须乎创造。我们是要在平凡上造出不平凡，在单调上造出不单调。

有人说：年纪太小，不能创造，见着幼年研究生之名而哈哈大笑。但是当你把莫扎特、爱迪生及冲破父亲数学层层封锁之帕斯卡尔的幼年研究生活翻给他看，他又只好哑口无言了。

有人说：我是太无能了，不能创造。但是鲁钝的曾参，传了孔子的道统；不识字的慧能，传了黄梅的教义。慧能说："下下人有上上智。"我们岂可以自暴自弃呀！可见无能也是借口。蚕吃桑叶，尚能吐丝，难道我们天天吃米饭，除造粪之外，便一无贡献吗？

有人说：山穷水尽，走投无路，陷入绝境，等死而已，不能创造。但是遭遇八十一难之玄奘，毕竟取得佛经；粮水断绝，众叛亲离之哥伦布，毕竟发现了美洲；冻饿病三重压迫下之莫扎特，毕竟写出了《安魂曲》。绝望是懦夫的幻想。歌德说："没有勇气一切都完。"是的，生路是要勇气探出来、走出来、造出来的。这只是一半真理；当英雄无用武之地，他除了大无畏之斧,还得有智慧之剑,金刚之信念与意志,才能开出一条生路。古语说:穷则变,变则通。要有智慧才知道怎样变得通,要有大无畏之精神及金刚之信念与意志才变得过来。

所以处处是创造之地,天天是创造之时,人人是创造之人,让我们至少走两步退一步,向着创造之路迈进吧。

像屋檐水一样,一点一滴,滴穿阶沿石。点滴的创造固不如整体的创造,但不要轻视点滴的创造而不为,呆望着大创造从天而降。

东山的樵夫把东山的茅草割光了,上泰山割茅草,泰山给他的第一印象是:茅草没有东山多,泰山上的"经石峪""无字碑""六贤祠""玉皇顶",大自然雕刻的奇峰、怪石、瀑布,豢养的飞禽、走兽、小虫和几千年来农人为后代种植的大树,于他无用,都等于没有看见。至于那种登泰山而小天下之境界,也因急于割茅草看不出来。他每次上山拉一堆屎,下山撒一泡尿,挑一担茅草回家。尿与屎是他对泰山的贡献,茅草是他从泰山上得到的收获。茅草是平凡之草,而泰山所可给他的又只有这平凡之草,而且没有东山多,所以他断定泰山是一座平凡之山,而且从割草的观点看,比东山还平凡,便说了一声:"泰山没有东山好。"被泰山树苗听见,想到自己老是站在寸土之中,终年被茅草包围着,徒然觉得平凡、单调、烦闷、动摇,幻想换换环境。一根树苗如此想,二根树苗如此想,三根树苗如此想,久而久之成趋向,便接二连三地,一天一天地,听到树苗对樵夫说:"老人家,你愿意带我到东山去玩一玩么?"樵夫总是随手一拔,把它们一根一根地和茅草捆在一起,挑到东山给他的老太婆烧锅去了。我们只能在樵夫的茅草房的烟囱里偶尔看见冒出几缕黑烟,谁能分得出哪一缕是树苗的,哪一缕是茅草的化身?

割草的也可以一变而成为种树的老农,如果他肯迎接创造之神住在他的心里。我承认就是东山樵夫也有些微的创造作用——为泰山剃头理发,只是我们希望不要把我们的鼻子或眉毛剃掉。

创造之神!你回来呀!你所栽培的幼苗是有了幻想,樵夫拿着雪亮亮的镰刀天天来,甚至常常来到幼苗的美梦里。你不能放弃你的责任。只要你肯回来,我们愿意把一切——我们的汗,我们的血,我们的心,我们的生命——都献给你。当你看见满山的幼苗在你监护之下,得到我们的汗、血、心、生命的灌溉,一根一根地都长成参天的大树,你不高兴吗?创造之神!你回来呀!只有你回来,才能保证参天大树之长成。

罗丹说:"恶是枯干。"汗干了,血干了,热情干了,僵了,死了,死人才无意于创造。只要有一滴汗,一滴血,一滴热情,便是创造之神所爱住的行宫,就能开创造之花,结创造之果,繁殖创造之森林。

【导读】

细考陶行知的教育思想,创新犹如一根金线,贯串于陶行知教育思想的各个部分。创新在这里指革除不适应时代发展需要的"旧",创立与社会、历史进步相符的"新"。创新还具有打破偶像,破除迷信,挣脱教条的束缚,从僵化习惯性思维中走出来的含义。

陶行知教育思想的创新，也表现在培养目标上。他针对旧教育把培养"人上人"作为目标的现象，指出新教育应培养全面发展的"人中人"。早在他创办南京安徽公学时就为这所学校提出三个教育目标：研究学问，要有科学的精神；改造环境，要有审美的意境；处世应变，要有高尚的道德修养。

想象力：大学存在的理由

阿弗烈·诺思·怀特海

> 阿弗烈·诺思·怀特海（1861—1947），数学家、哲学家、教育家。他出生于英国的肯特郡，先后在剑桥大学、伦敦大学、哈佛大学等校任教。"过程哲学"的创始人。与伯特兰·罗素合著了《数学原理》。

大学是教育机构，也是研究机构，但大学存在的主要原因既不能从它向学生传授纯粹知识方面去寻找，也不能从它为院系成员提供纯粹研究机会方面去寻找。

因为，这两种职能也可以在花费巨额开支的学校之外的地方，以较低的费用得以实行。书本的费用不高，学徒制也为人熟知。就传授纯粹的知识而言，由于15世纪印刷术的普及，大学已不再有存在的理由了。然而，建立大学的主要推动力却正是自那以后产生的，而近来这种推动力还更为增强了。

大学存在的理由在于，它联合青年人和老年人共同对学问进行富有想象的研究，以保持知识和火热的生活之间的联系。大学传授知识，且是富有想象力地传授知识。至少，这就是大学对社会应履行的职责。一所大学若做不到这一点，它就没有理由存在下去。充满活力的气氛产生于富有想象的思考和知识的改造。在此，一件事实将不再是纯粹的事实，因为它被赋予了全部的可能性。记忆不再是一种负担，因为它如同我们梦境中的诗人和我们的目标设计师一样富有生机。

想象与事实不能分离。想象是探明事实的一种方式，它的作用在于引出适应于事实的一般原则（正如事实的存在一样），并对符合这些原则的各种可能性进行理智考察。它能使人构建一种对新对世界的理智的远见，并以提出令人满意的目标来永葆生活的热情。

青年人是富于想象的，如果通过训练使想象力得到增强，这种想象的活力大都能保持终生。世界的悲剧在于，那些富于想象力的人经验不足，而那些富有经验的人又贫于想象。蠢人们凭想象行事而缺乏知识，学究们又凭知识行事而缺乏想象。大学的任务就是要将想象力和经验融为一体。

在想象充满青春活力的时期，对想象力的最初训练无须考虑当前行为的后果。不偏不倚的思维习惯，是不可能在细致而微、因循守旧的日常工作中获得的，而正是靠这种习惯，我们得以从一般原则的派生物中看到各种范例性观念的变化。不管对还是错，你都尽可能自由思考，自由地去欣赏大自然的千姿百态，而不必害怕冒险。

大学造就我们文明的知识先驱：牧师、律师、政治家、医生、科学家、文人和学者。大学一直是引导人们面对他们时代的混乱的思想之家。清教徒的先辈离开英格兰，按其宗教信念建立了一个社会；他们较早的行动之一就是在以其母国观念命名的坎布里奇建立了哈佛大学，很多清教徒都在这所大学得到了培养。今天的商业活动正如以往其他职业的活动所有过的那样，需要同样的富有理智的想象力。大学就是这种曾为欧洲民族的进步提供这种智慧的机构。

在中世纪早期，大学的起源是不清楚的，几乎不引人注目。它们是逐渐而自然地发展起来的。但大学的存在是欧洲人在许多活动领域的生活持续、飞速发展的原因。由于大学的作用，行动的探险与思想的探险得以统一。我们不可能预测这种机构必然会取得成功。即使现在，有时仍对它们能在令人困惑的人类一切事务中成功地发挥作用而感到难以理解。当然，大学的工作也有许多失败，但是，如果以一种深远的历史观点来看，大学的成就是明显的，而且几乎是一贯的。意大利、法国、德国、荷兰、英国和美国的文化史都证明了大学的这种影响。"文化史"一词，我主要不是用来指学者们的生活，我是以此来显示那些给法国、德国和其他国家带来了各种类型的人类成就的那些人的生命活力，这种成就加上他们对生活的激情，构成了我们爱国主义的基础。我们是乐意成为这种社会的一个成员的。

人类更深入一步的各种努力遇到了极大的困难。这一困境，在现时代，恶化的可能性已大为增加。在一个大机构中，作为新手的年轻人，必须服从命令，照章行事……这样的工作就是一种强化训练，它传授知识，造就忍耐的性格，并且，这是处于新手阶段的年轻人仅有的工作……

其结果是职业后期所需的重要素质很容易在早期被践踏。这仅是更多的一般事实的一个事例，即所需的良好技术只能通过那些易于摧残心智活力的训练去获得，而这种心智活动本应是要指导技术性技能的。这是教育中重要的事实，也是大多数困难的症结所在。

大学为诸如现代商业或传统一类的智力化职业做准备的方式在于增进对作为职业基础的各种一般原则的富于想象的思考。这样，学生才能带着他们在将具体事务与一般原则相联系的过程中已经践行过的想象，进入其技术学徒制阶段。具体事务也就获得了意义，并例证了被赋予的那种意义的原则。因此，一个人要受到适当的训练，应期望通过具体的事例和必需的习惯去获得想象的训练，而不是单凭经验去做苦工。

为此，一所大学的特有功能就是运用想象力去获得知识。若不是为了这种重要的想象力，也就没有理由说为什么商业人员和其他职业的人不应该随心所欲地一点一滴地收集事实。大学是富有想象力的，否则就不是大学（至少毫无用处）。

想象力是一种"传染病"。它不可能用尺量，用秤称，然后，再由大学教师分发给学生。它只有通过其成员自身也具有丰富想象力的大学进行交流传递。讲到这一点，我无非在重复一个最古老的观点。两千多年前，古人就用一枚代代相传的火炬来象征学问。这枚燃烧的火炬就是我所讲的想象力。组织大学的全部艺术在于提供教育的是学问闪耀着想象力的大学教师，这是大学教育的问题之一；除非我们小心谨慎，否则，我们如此引以为豪的大学近来在学生数量和活动的多样化方面的巨大发展，都将由于我们对这一问题的错误处置而未能产生正确的结果。

想象力和学问的结合需要悠闲自在、无拘无束、无忧无虑的气氛，需要多种多样的经验，需要同那些在观点上和智力训练上不相同的心智相互激发。还需要在促进知识的发展时，为周围社会的成就而自豪的兴奋和自信。想象力不可能一劳永逸地获得，然后永远保存在冰柜里让其以固定的数量定期增长。学习和富有想象的生活是一种生存方式，而不是一件商品。

你要教师有想象力吗？那么让他们对正处在一生中最有朝气、最富有想象力时期的青年人产生思想上的共鸣，此时理智正进入这些青年人成熟的训练中。让研究人员在可塑、开放、富有活力的心智面前展示自己，让青年学生在与充满智力探险的心智的接触中，圆满地通过他们的理智获取阶段。教育是对生活的探险的训练，研究就是智力的探险，而大学应该成为年轻人和年长者共同进行探险的故乡。成功的教育在其所传授的知识中必须具有一定的新颖性。要么知识本身是新的，要么具有某些适用于新时代新世界的新颖性。知识并不比活鱼更好保存。你可以讲古老的真理、传授古老的知识，但你必须设法使知识（如它本来的那样），像刚从海里抓上来的鲜鱼，带着它即时的新鲜，呈现给学生。

学者的职责是唤醒智慧和美的生活，这种生活若不是学者们的苦心孤诣，在过去就丧失了。一个进步的社会有赖于三个群体：学者、发现者和发明者。社会的进步也基于以下的事实：受过教育的人由每一个略有学问、略有发现和略有发明的人构成。我这里所用的"发现"一词，是指有关高度概括之真理这一类知识的增长；"发明"一词指有关一般真理按即时需要以特定方式加以运用而形成的这一类知识的增长。很明显，这三个群体是融为一体的；那些从事实际事务的人，就他们为社会的进步做出贡献而言，也可以称为发明者。不过，任何人都有其自身职能和自身特定需要的局限性。对一个国家来说，重要的是各种进步因素要紧密联合在一起。这种联合可以使学习影响市场，而市场又可调整学习。大学是将各种进步因素融合起来以形成有效发展之工具的主要机构，当然，它并不是唯一的机构。不过，今天进步快的国家都是那些大学兴旺发达的国家，这是事实。

【导读】

20世纪的哲学家、教育家怀特海的这篇文章对当今的高等教育仍是一种鞭策。同学们在阅读时一定要对比自己的受教育经历来反省——我们之所以缺乏创新意识到底是谁之过？反省可以寻找原因，但是怨天尤人毫无用处，自省、自强、自立才是真正解决问题的根本。

大学生的精神升华

卡尔·西奥多·雅斯贝尔斯

> 卡尔·西奥多·雅斯贝尔斯（1883—1969），德国存在主义哲学家、神学家、精神病学家。雅斯贝尔斯主要探讨内在自我的现象学描述，自我分析及自我考察等问题。他强调每个人存在的独特和自由性。出版了《什么是教育》《大学之理念》等著作。

大学也是一种学校，但是一种特殊的学校。学生在大学里不仅要学习知识，而且要从教师的教诲中学习研究事物的态度，培养影响其一生的科学思维方式。大学生要具有自我负责的观念，并带着批判精神从事学习，因而拥有学习的自由；而大学教师则是以传播科学真理为己任，因此他们有教学的自由。

大学的理想要靠每一位学生和教师来实践，至于大学组织的各种形式则是次要的。如果这种为实现大学理想的活动被消解，那么单凭组织形式是不能挽救大学生命的，而大学的生命全在于教师传授给学生新颖的、符合自身境遇的思想来唤起他们的自我意识。大学生们总是潜心地寻觅这种理想并时刻准备接受它，但当他们从教师那里得不到任何有益的启示时，他们便因感到理想的缥缈和希望的破灭而无所适从。如果事实果真如此，那他们就必须经历人生追求真理的痛苦磨难，以此寻求理想的亮光。

我认为，大学的理想始终存在着，只要西方国家的大学里还把自由作为其生命的首要原则，那么实现这种理想则依赖于我们每一个人，依赖于理解这一理想并将它广为传授的单个个人。

年轻一代正因为年轻气盛，所以从其天性来说，他们对真理的敏感速度往往比成熟以后更为灵敏。哲学教授的任务就是，向年轻一代指出哪些是对思想史做出重大贡献的哲学家，不能让学生们把这些哲学家与普通的哲学家混为一谈。哲学教授应鼓励学生把握所有可知事物科学的意义，让他们认识到生活在大学的理想之中，并且意识到自己有责任去创新、去建设和实现这一理想，他不必讳言知识的极限，但是他要教授适当的内容。

精神贵族是从各阶层中产生的，其本质特征是品德高尚、个体精神的永不衰竭和才华横溢，因此精神贵族只能是少数人。大学的观念应指向这少数人，而芸芸众生则在对精神贵族的憧憬中看到了自身的价值。

大学就是培养在成绩和个性方面都十分突出的人才，这是不言而喻的，它们才构成了大学生命的条件。

大学生是未来的学者和研究者。即使他将来选择实用性的职业，从事实际的工作，但在他的一生中，将永远保持科学的思维方式。

原则上，大学生有学习的自由，他再也不是一个高中生，而是成熟的、高等学府中的一分子。如果要培养出科学人才和独立的人格，就要让青年人勇于冒险，当然，也允许他们有懒惰、散漫，并因此而脱离学术职业的自由。

如果人们要为助教和学生订下一系列学校的规则，那就是精神生活、创造和研究的终结之日。在这种状况下成长起来的人，必然在思维方式上模棱两可，缺乏批判力，不会在每一种境况中寻找真理。

假如我们希望大学之门为每一个有能力的人敞开，就应该让全国公民，而不是某些阶层中的能干人拥有这项权利。这就是说不要因为一些需要特别技巧应付的考试而淘汰了真正具有创造精神的人。

通过一连串考试，一步步地抵达目的地，这种方式对不能独立思考的芸芸众生来说是十分有利的，而对有创造精神的人来说，考试则意味着自由学习的结束。大学应始终贯串这一思想观念：即大学生应是独立自主、把握自己命运的人，他们已经成熟，不需要教师的引导，因为他们能把自己的生活掌握在手中。他们有选择地去听课，聆听不同的看法、事实和建议，为的是自己将来去检验和决定。谁要想找一位领导者，就不该进入大学的世界，真正的大学生能主动地替自己订下学习目标，善于开动脑筋，并且知道工作意味着什么。大学生在交往中成长，但仍保持其个性，他们不是普通人，而是敢拿自己来冒险的个人。这种冒险既是现实的又必须带有想象力。同时，这也是一种精神上的升华，每一个人都可以感觉到自己被召唤成为最伟大的人。

最后一关是考试，而考试只是在证实已经发生的事情：学生运用他的自由对自我做出选择。如果经过严格条件挑选出来的大学生，在整个学习期间仍要走一条由学校规定、控制的安稳之路，然后达其终点，这就不能称其为大学生了。高等学府的本质在于，对学生的选择以每个人对自己负责的行为为前提，他所负的责任也包括了到头来一无所成、一无所能之冒险。在学校里让学生在精神上做这样的选择是最严肃的事情。

精神贵族与社会贵族迥然相异，每一个有天赋的人都应该寻求读书的机会。

精神贵族有自己的自由，不论是在达官贵人或工人群中，在富商人家或在贫民窟里，均可发现他们，但不论何处，精神贵族都是珍品。而进入大学学习的年轻人便是全国民众中的精神贵族。

精神贵族与精神附庸的区别在于：前者会昼夜不停地思考并为此形消体瘦，后者则要求工作与自由时间分开；前者敢冒险，静听内心细微的声音，并随着它的引导走自己的路，而后者则要别人引导，要别人为他订下学习计划；前者有勇气正视失败，而后者则要求在他努力之后就有成功的保证。

【导读】

《大学生的精神升华》是雅斯贝尔斯在对大学教育进行思考之后所作的一篇文章，其中涉及大学生活的两大主体，即老师与学生，以及两大主体所应具备的素质和所应承担的责任与义务，还有大学的本质与大学的理想。本文的第一句话"大学也是一种学校，但是一种特殊的学校"便说明了大学的本质。既然是学校，教育与接受教育便是大学第一职能。

思考与练习

一、思考题

结合实际情况谈谈如何尽快适应大学生活?

二、能力训练

1. 写作训练

以"论修身齐家治国平天下"为题,写一篇文章。

2. 表达训练

以"我的大学"为题演讲。

3. 开放式讨论

以"创新方案讨论会"的形式,请每位同学对自己的创新方案进行论证、演示,同时就其他同学的提问进行答辩。

第二单元　胸怀天下

　　修身、齐家、治国、平天下是儒家提倡的人生道路，在几千年的文化浸染之下，"天下"之观已深入人心。天下兴亡，匹夫有责。"天下"是一种情结也是一种信仰，胸怀天下能让我们永远不失去奋斗的方向和拼搏的动力。中国文人自古就有"诗言志"的传统，在历史上以天下为己任的大义之士不胜枚举。他们的故事广为流传，他们的精神也一直为人称道。"捐躯赴国难，视死忽如归"的曹植，"但使龙城飞将在，不教胡马度阴山"的王昌龄，"位卑未敢忘忧国"的陆游，"臣心一片磁针石，不指南方不肯休"的文天祥……从屈原、杜甫、岳飞、文天祥、林则徐，到鲁迅、田汉、艾青，无一不在将自己的爱国情怀融注在自己的作品之中。作为后人，我们正是借助这些"文本"，才得以传承中华民族延绵不断、生生不息的胸怀祖国、心忧天下的民族魂。

早雁

杜牧

　　杜牧（803—约852），字牧之，号樊川居士，京兆万年（今陕西西安）人，晚唐杰出的诗人、散文家。出身高门世族，是三朝宰相杜佑之孙。其诗在晚唐成就颇高，与李商隐合称"小李杜"。著有《樊川文集》。

金河①秋半②虏弦开③，云外惊飞四散哀。
仙掌④月明孤影过，长门⑤灯暗数声来。
须知胡骑纷纷在，岂逐春风一一回？
莫厌潇湘⑥少人处，水多菰米⑦岸莓苔⑧。

【注释】

① 金河：在今内蒙古呼和浩特南，这里泛指北方边地。

② 秋半：八月。

③ 虏弦开：既指挽弓射猎，又指回鹘发动军事骚扰活动。

④ 仙掌：指长安建章宫内铜铸仙人举掌托起承露盘。

⑤ 长门：汉武帝时陈皇后失宠时幽居长门宫。

⑥ 潇湘：指今湖南中部、南部一带。

⑦ 菰米：一种生长在浅水中的多年生草本植物的果实。

⑧ 莓苔：一种蔷薇科植物，子红色。

【导读】

《早雁》是一首托物言情之作。创作背景是唐武宗会昌二年八月，回鹘乌介可汗率兵南侵，大肆屠杀掠夺，致使边地人民流离失所，无家可归。杜牧此时任黄州（今湖北黄冈）刺史，闻此深忧，看到南迁的鸿雁，触景兴怀，写下此诗，表达他对处于战火困苦中的人民的深切同情和关怀。

前四句诗描写的情景是正在云霄之巅展翅翱翔的雁群忽然遭到箭矢袭射，惊飞四散，发出凄厉的悲鸣。雁过皇城，悲鸣之声回荡在长安城上空，更显悲凉孤寂。"秋半"，正是大雁南飞的季节。"惊飞四散哀"，描写惊雁的情态、动作、声音，同时影射出战火中百姓惶恐难安、四下逃难的悲戚。颔联"孤影过""数声来"，与首联"惊飞四散"相互照应，尽显大雁失群离散、形单影只之苦。孤雁悲啼，令闻者心碎却无能为力。透过这幅清冷孤寂的孤雁图，读者能够感受到诗人对于人民的深切同情以及对于统治者无力救民于水火的哀叹。诗中隐喻着时代的衰颓，国家的落寞。诗后四句是对大雁未来的担忧以及诗人为它们想到的出路。大意是胡骑尚在你们的故土，来年春天时不要急于追随和煦的春风北飞，潇湘之地也可以觅食，暂保平安。大雁还在南征的途中，诗人却已想到它们异日的无家可归，表现了诗人对流离失所的边地人民无微不至的关切。

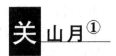

关山月①

陆游

> 陆游（1125—1210），字务观，号放翁，汉族，越州山阴（今浙江绍兴）人，南宋文学家、史学家、爱国诗人。少时受家庭爱国思想熏陶，高宗时应礼部试，为秦桧所黜。孝宗时赐进士出身。中年入蜀，投身军旅生活，官至宝章阁待制。晚年退居家乡，但收复中原信念始终不渝。他具有多方面文学才能，尤以诗的成就为最，今尚存9300余首，是我国现有存诗最多的诗人。在生前即有"小李白"之称，不仅成为南宋一代诗坛领袖，而且在中国文学史上享有崇高地位，是我国伟大的爱国诗人。

和戎诏②下十五年，将军不战空临边③。
朱门沉沉按歌舞④，厩马肥死弓断弦⑤。
戍楼刁斗⑥催落月，三十从军今白发。
笛里谁知壮士心⑦，沙头空照征人骨⑧。
中原干戈⑨古亦闻，岂有逆胡传子孙⑩！
遗民忍死望恢复⑪，几处今宵垂泪痕。

【注释】

① 关山月：汉乐府古题，属横吹曲。内容多写戍边军士月夜思乡及与家人离别的相思之情。
② 和戎诏：与金议和的诏书。戎，古时对西边民族的贬称。
③ 空临边：徒然地驻守在边疆。边，边疆、边境。
④ 朱门：这里指达官贵人的宅第。古代达官贵人的门多红色，故云。沉沉：深沉的样子。按歌舞：按着节拍唱歌跳舞。
⑤ 厩马：养在马房里的马。肥死：马棚里的马不用，渐渐死去。弓断弦：谓长期不修武备，致使弓断了弦。
⑥ 戍楼：边塞上守卫警戒的岗楼。刁斗：军用铜锅，可以做饭，也可作为报时打更的器具。
⑦ 笛里：指以笛吹奏的曲调声。壮士：指守卫边疆的战士。
⑧ 沙头：边塞沙漠之地。征人：出征戍守边塞的战士。
⑨ 中原：指沦陷在金人手中的淮河以北地区。干戈：古代的兵器，这里代指战争。
⑩ 逆胡传子孙：指金人长期占领中原。金自太宗完颜晟进占中原，至此时已有四世，故云传子孙。逆胡，指金人。
⑪ 遗民：沦陷区的老百姓。忍死：忍受屈辱、不死以待。恢复：收复故土。

【导读】

《关山月》充分地体现了陆游爱国主义诗歌的基本内容和精神实质，是思想性和艺术性结合比较完美的作品。"关山月"，原为汉乐府鼓角横吹曲名。此诗用乐府旧题，写现实感慨。

这首诗作于宋孝宗淳熙四年（1177年）初春，距隆兴元年（1163年）南宋与金人议和近十五年。诗人满怀壮志难酬的悲愤写下了这首诗，假托守边士兵之口，愤怒谴责了统治者的妥协投降政策及其造成的严重后果，倾诉了爱国将士报国无门的满腔悲愤，表达了中原遗民盼望光复的迫切心情。同时还寄寓了诗人对空老沙场的戍边兵士和备受蹂躏的中原遗民不幸遭遇的深切同情。

全诗共十二句，每四句一转韵，表达一层意思。前四句写南宋统治者屈辱求和，武器废弃的惨痛现实；中间四句写戍守边关的士兵虚度年华，老死边关；最后四句写沦陷区人民遭受深重的苦难和悲痛的心情。

诗人构思非常巧妙，以月夜统摄全篇，将三个场景融成一个整体，构成一幅关山月夜的全景图。可以说，这是当时南宋社会的一个缩影。诗人还选取了一些典型事物，如朱门、厩马、断弓、白发、征人骨、遗民泪等，表现了诗人鲜明的爱憎感情。对比示现的修辞模式在陆游的诗歌中运用较为普遍，但在《关山月》短短的十二句七言诗里面，竟描绘了如此多的对比鲜明的情景，语言极为简练概括而内涵却又十分丰富深广。其构思之精妙，在陆游的诗歌中，乃至在中国古典诗词史上都是少见的。

贺新郎·同父见和再用韵答之

辛弃疾

> 辛弃疾（1140—1207），字幼安，号稼轩，历城（今山东济南）人，南宋伟大的爱国词人，豪放派的杰出代表，与苏轼并称"苏辛"。辛弃疾以文为词，扩充了词的题材，扩大了词的表现力，其词多赞美壮丽河山，歌颂抗金斗争，表达收复愿望，抒发不遇忧悉，描绘农村生活，善于熔铸典故，亦长于白描。现存词600多首，有词集《稼轩长短句》传世。

老大那堪说。似而今、元龙臭味①，孟公瓜葛②。我病君来高歌饮，惊散楼头③飞雪。笑富贵千钧如发。硬语盘空④谁来听？记当时、只有西窗月。重进酒，换鸣瑟。

事无两样人心别。问渠侬⑤：神州毕竟，几番离合？汗血盐车⑥无人顾，千里空收骏骨⑦。正目断⑧关河⑨路绝。我最怜君中宵舞⑩，道"男儿到死心如铁"。看试手⑪，补天裂。

【注释】

① 元龙臭味：与元龙气味相投。元龙：陈登，字元龙，东汉末年人。《三国志》卷七《魏书·陈登传》记载：陈元龙有"湖海之士，豪气不除"的称誉，对不能忧国忘家的许汜不予理睬，受到刘备的赞许。臭味：气味，情趣。

② 孟公瓜葛：陈遵，字孟公。《汉书·陈遵传》记载："遵嗜酒，每大饮，宾客满堂，辄关门，取客车辖投井中。虽有急，终不得去。"瓜葛：关系、交情。

③ 楼头：楼上。

④ 硬语盘空：形容文章的气势雄伟，矫健有力。

⑤ 渠侬：对他人的称呼，指南宋当权者。"渠"指他，"侬"指你，均系吴语方言。

⑥ 汗血盐车：骏马拉运盐的车子。后以之比喻人才埋没受屈。汗血，汗血马。盐车，语出《战国策·楚策四》："夫骥之齿至矣，服盐车而上太行，蹄申膝折，尾湛胕溃，漉汁洒地，白汗交流。中阪迁延，负辕不能上。"

⑦ 骏骨：战国时，燕昭王要招揽贤才，郭隗喻以"千金买骏骨"。后以"买骏骨"喻招揽人才。

⑧ 目断：纵目远眺。

⑨ 关河：指边疆。

⑩ 中宵：半夜。中宵舞，半夜起来舞剑，表示杀敌立功的强烈愿望。

⑪ 试手：大显身手。

【导读】

此词是一首唱和词，创作时间大致为宋孝宗淳熙十六年（1189年）。时词人闲居上饶，友人陈亮前来探访，两人同游鹅湖，共商恢复中原大计。这首词是辛弃疾与陈亮两首唱和词中的第二首，所以是"再用韵答之"。整首词抒发了作者与友人不畏时事艰难，志在祖国统一的远大理想和坚定信念。词的上片"老大那堪说。似而今、元龙臭味，孟公瓜葛。"此处用三国名士陈登、汉代著名游侠陈遵来喻指友人陈亮，表达对陈亮前来赴会的谢意，也赞叹两人志向相同的深厚友谊。"我病君来高歌饮,惊散楼头飞雪。笑富贵千钧如发。"表达了词人病中有挚友来探的兴奋欣喜,也表明自己与友人志在中原,无心功名富贵的相同志趣。"硬语盘空谁来听?记当时、只有西窗月。重进酒,换鸣瑟。"当时的南宋统治者已偏安一隅,不思北复中原。词人与友人陈亮怀有事关国家兴亡的真知灼见无人来听,只能隔空对月抒怀,在杯酒与琴瑟之声中寄托慷慨悲凉的情思。下片中,词人采用直抒胸臆的手法,表达对南宋统治者的强烈批判和自己至死不渝的爱国情怀。用"神州毕竟,几番离合?"来抒发面对国家残破的扼腕痛惜之情。以"汗血盐车无人顾,千里空收骏骨"抒发当政者忽视人才,以致志士报国无门的愤慨。以"正目断关河路绝"抒发山河分裂的悲怆之情。末尾,则以东晋将领祖逖与好友刘琨闻鸡起舞的典故,以及女娲炼石补天的美丽传说,抒发自己和友人相互勉励、维护祖国统一的坚定决心。

金陵驿

文天祥

文天祥(1236—1283),字宋瑞,号文山,吉州(今属江西吉安)人,南宋杰出的爱国诗人。官至右丞相,封信国公。临安(今浙江杭州)危急时,他坚决抵抗元兵的入侵,后不幸被俘,终因不屈被害。他晚年的诗词,风格慷慨激昂,苍凉悲壮,具有强烈的感染力。著作经后人整理为《文山先生全集》。

草合离宫①转夕晖,孤云飘泊复何依?
山河风景元无异,城郭人民半已非。
满地芦花和我老,旧家燕子傍谁飞?
从今别却江南路,化作啼鹃带血归。

【注释】
① 离宫:即行宫,皇帝出巡临时的住所。

【导读】
这首《金陵驿》是南宋祥兴二年(1279年),文天祥抗元兵败被俘,由广州押往元大都(今北京)路过金陵(今南京)时所写,表现了作者深切的爱国之情。

首联写景又不限于写景,而是即景设譬,以景寓情。诗人选取眼前的"草""离宫""夕晖""孤云",绘出了一幅荒凉黯淡的画面,交代了自身的悲苦处境,并交错运用了借代、比喻、象征等手法,喻义南宋王朝苟安投降导致衰落沦亡及自己抗元功业不遂。这就将国家的命运与个人的命运联系了起来,表现出深沉的爱国主义思想。颔联未直接回答上句的设问,而是拉开历史的帷幕,今昔相映,以古喻今,宣泄自己强烈的亡国丧家之恨。诗人所说"山河无异",其实是山河有异。这是一句反语,从对句"城郭人民半已非"完全可以看出来。此两句描写南宋国土被元兵践踏、生灵涂炭的情景。颈联转入写"芦花和我老",再抒对国事沧桑的感慨。在通过"芦花和我老""燕子傍谁飞"这两个形象的赋比，表现了十分沉痛的思想，既有身世之感，又有黍离之悲。尾联借用传说表达诗人化鹃啼归的心愿，表明自己虽然被迫离开故土，但对家乡的热爱眷恋的心志至死不渝，可谓哀苦、执着之至。同他的传诵千古的名句"臣心一片磁针石，不指南方誓不休"一样，充分体现了他以身殉国的爱国精神，激励了后世无数的爱国人士。

本诗的突出特点是用典多，且用得精妙，切景、切境、切意。全诗苍凉悲壮，大义凛然，凄苦而不颓废，哀婉而不沮丧，悲怆沉痛但能使人于低回咏叹之中领悟历史的教训，砥砺坚韧的斗争意志。

我的世界观[①]

阿尔伯特·爱因斯坦

> 阿尔伯特·爱因斯坦（1879—1955），犹太裔物理学家。1905年，爱因斯坦提出光子假设，成功解释了光电效应（因此获得1921年诺贝尔物理奖），同年，创立狭义相对论，1916年创立广义相对论。爱因斯坦为核能开发奠定了理论基础，在现代科学技术和他的深刻影响下于广泛应用等方面开创了现代科学新纪元，被公认为是继伽利略、牛顿以来最伟大的物理学家。1999年12月26日，爱因斯坦被美国《时代周刊》评选为"世纪伟人"。

我们这些总有一死的人的命运是多么奇特呀！我们每个人在这个世界上都只做一个短暂的逗留；目的何在，却无所知，尽管有时自以为对此若有所感。但是，不必深思，只要从日常生活就可以明白：人是为别人而生存的——首先是为那样一些人，他们的喜悦和健康关系着我们自己的全部幸福；然后是为许多我们所不认识的人，他们的命运通过同情的纽带同我们密切结合在一起。我每天上百次地提醒自己：我的精神生活和物质生活都依靠着别人（包括生者和死者）的劳动，我必须尽力以同样的分量来报偿我所领受了的和至今还在领受着的东西。我强烈地向往着俭朴的生活，并且时常为发觉自己占用了同胞的过多劳动而难以忍受。我认为阶级的区分是不合理的，它最后所凭借的是以暴力为根据。我也相信，简单淳朴的生活，无论在身体上还是在精神上，对每个人都是有益的。

我完全不相信人类会有那种在哲学意义上的自由。每一个人的行为，不仅受着外界的强迫，而且还要适应内心的必然。叔本华说："人虽然能够做他所想做的，但不能要他所想要的。"这句话从我青年时代起，就对我是一个真正的启示；在我自己和别人生活面临困难的时候，它总是使我们得到安慰，并且永远是宽容的源泉。这种体会可以宽大为怀地减轻那种使人气馁的责任感，也可以防止我们过于严肃地对待自己和别人；它还导致一种特别的给幽默以应有地位的人生观。

要追究一个人自己或一切生物生存的意义或目的，从客观的观点看来，我总觉得是愚蠢可笑的。可是每个人都有一定的理想，这种理想决定着他的努力和判断的方向。就在这个意义上，我从来不把安逸和享乐看作生活目的本身——这种伦理基础，我叫它猪栏的理想。照亮我的道路，并且不断地给我新的勇气去愉快地正视生活的理想，是真、善和美。要是没有志同道合者之间的亲切感情，要不是全神贯注于客观世界——那个在艺术和科学工作领域里永远达不到的对象，那么在我看来，生活就会是空虚的。人们所努力追求的庸俗的目标——财产、虚荣、奢侈的生活——我总觉得都是可鄙的。

我对社会正义和社会责任的强烈感觉，同我显然的对别人和社会直接接触的淡漠，两者总是形成古怪的对照。我实在是一个"孤独的旅客"，我未曾全心全意地属于我的国家，我的家庭，我的朋友，甚至我最接近的亲人；在所有这些关系面前，我总是感觉到有一定距离并且需要保持孤独——而这种感受正与年俱增。人们会清楚地发觉，同别人的相互了解和协调一致是有限度的，但这不足惋惜。这样的人无疑有点失去他的天真无邪和无忧无虑的心境；但另一方面，他却能够在很大程度上不为别人的意见、习惯和判断所左右，并且能够不受诱惑要去把他的内心平衡在这样一些不可靠的基础之上。

我的政治理想是民主主义。让每一个人都作为个人而受到尊重，而不让任何人成为崇拜的偶像。我自己受到了人们过分的赞扬和尊敬，这不是由于我自己的过错，也不是由于我自己的功劳，而实在是一种命运的嘲弄。其原因大概在于人们有一种愿望，想理解我以自己的微薄绵力通过不断的斗争所获得的少数几个观念，而这种愿望有很多人却未能实现。我完全明白，一个组织要实现它的目的，就必须有一个人去思考，去指挥，并且全面负担起责任来。但是被领导的人不应当受到压迫，他们必须有可能来选择自己的领袖。在我看来，强迫的专制制度很快就会腐化堕落。因为暴力所招引来的总是一些品德低劣的人，而且我相信，天才的暴君总是由无赖来继承，这是一条千古不易的规律。就是这个缘故，我总是强烈地反对今天我们在意大利和俄国所见到的那种制度。像欧洲今天所存在的情况，使得民主形势受到了怀疑，这不能归咎于民主原则本身，而是由于政府的不稳定和选举制度中与个人无关的特征。我相信美国在这方面已经找到了正确的道路。他们选出了一个任期足够长的总统，他有充分的权利来真正履行他的职责。另一方面，在德国的政治制度中，我所重视的是，它为救济患病或贫困的人做出了比较广泛的规定。在人生的丰富多彩的表演中，我觉得真正可贵的，不是政治上的国家，而是有创造性的、有感情的个人，是人格；只有个人才能创造出高尚的和卓越的东西，而群众本身在思想上总是迟钝的，在感觉上也总是迟钝的。

讲到这里，我想起了群众生活中最坏的一种表现，那就是使我厌恶的军事制度。一个人能够扬扬得意地随着军乐队在四列纵队里行进，单凭这一点就足以使我对他轻视。他之所以长了一个大脑，只是出于误会，单单一根脊髓就可满足他的全部需要了。文明国家的这种罪恶的渊薮应当尽快加以消灭。由命令而产生的勇敢行为，毫无意义的暴行，以及在爱国主义名义下一切可恶的胡闹，所有这些都使我深恶痛绝！在我看来，战争是多么卑鄙、下流！我宁愿被千刀万剐，也不愿参与这种可憎的勾当。尽管如此，我对人类的评价还是十分高的，我相信，要是人民的健康感情没有被那些通过学校和报纸而起作用的商业利益和政治利益蓄意进行败坏，那么战争这个妖魔早就该绝迹了。

我们所能有的最美好的经验是神秘的经验。它是坚守在真正艺术和真正科学发源地上的基本感情。谁要是体验不到它，谁要是不再有好奇心也不再有惊讶的感觉，他就无异于行尸走肉，他的眼睛是迷糊不清的。就是这样神秘的经验——虽然掺杂着恐怖——产生了宗教。我们认识到有某种为我们所不能洞察的东西存在，感觉到那种只能以其最原始的形式为我们感受到的最深奥的理性和最灿烂的美——正是这种认识和这种情感构成了真正的宗教感情；在这个意义上，而且也只是在这个意义上，我才是一个具有深挚的宗教感情的人。我无法想象一个会对自己的创造物加以赏罚的上帝，也无法想象它会有像在我们自己身上所体验到的那样一种意志。我不能也不愿去想象一个人在肉体死亡以后还会继续活着；让那些脆弱的灵魂，由于恐惧或者由于可笑的唯我论，去拿这种思想当宝贝吧！我自己只求满足于生命永恒的奥秘，满足于觉察现实世界的神奇的结构，窥见它的一鳞半爪，并且以诚挚的努力去领悟在自然界中显示出来的那个理性的一部分，即使只是其极小的一部分，我也就心满意足了。

【注释】

① 本文最初发表于1930年，原题《我的信仰》。

【导读】

在文章开头作者就提出这样一个基本的世界观：人是为别人而生存的——首先是为那样一些人，他们的喜悦和健康关系着我们自己的全部幸福；然后是为许多我们所不认识的人，他们的命运通过同情的纽带同我们密切结合在一起。这是爱因斯坦对人生命终极意义的深入思考，也是他生成后面一系列观点的基本土壤与泉源。爱因斯坦相信简单纯朴的生活对每个人都是有益的，这是他的世界观、人生观的基础和核心。

文章表明了作者对世界的看法，作者的观点。这里的世界是大世界，包括国内和国外；是现实的世界，有活生生的人和事；是超越的世界，引领的是升华的精神。观世界，世界观，有立场的观察，有观察的立场。《我的世界观》可读性很强，文字优美、风趣、幽默、精辟、诙谐兼具。这是爱因斯坦在谈自己世界观方面最有代表性也最著名的一篇文章，清纯朴实，深刻锐利，坦诚自然，明白无疑。只有像他这样的伟人，才写得出如此举重若轻、永垂不朽的名文。

思考与练习

一、思考题

认真阅读本单元所选篇目，体悟前人忧国忧民的深切情思。思考：我们能为国家的发展做些什么？

二、能力训练

1. 注释与理解

请同学们自己查注释并译成白话文,理解诗篇的意思。

秋兴八首(其一)

杜甫

玉露凋伤枫树林,巫山巫峡气萧森。
江间波浪兼天涌,塞上风云接地阴。
丛菊两开他日泪,孤舟一系故园心。
寒衣处处催刀尺,白帝城高急暮砧。

2. 写作训练

收集了解北宋范仲淹的生平事迹,结合自身理解,写一篇文章。

3. 表达训练

(1) 以"我眼中的世界"为题演讲。

(2) 以"做心怀天下的逐梦人"为题演讲。

第三单元　面对自然

人类的语言与文学始终见证着生产力的发展和文明的进程。于是，人与自然的主题便在语言文学中逐渐凸显出来。人们不仅关心自己，更关心这个世界，从山水到田园，从宫廷到市井，从家乡到异域，从现在到未来。当人们将自己的情感寄托在这些事物上时，自然便与人融为一体，于是乎出现了大量的托物言志、借景抒情之类的名篇佳作。近代文明一度使人忽视了自然，很快，一连串的危机清晰地逼近，使人们尝到了苦果，预感到了不妙，梦醒后的人们更加关注自己生存的空间、自己生命的家园，不仅在诗歌、散文、戏剧、小说中，还在传记、回忆录、报告文学、新闻报道、演讲词等多种文学形式中，让我们看到了人与自然的主题。这些作品表明了人类文明的进程，也印证着人类思想的发展。

山中与裴秀才迪①书

王维

> 王维（701—761），字摩诘，号摩诘居士，河东蒲州（今山西永济）人，盛唐时期著名诗人、画家。乾元年间任尚书右丞，故世称"王右丞"。王维崇信佛教，参禅悟理，有"诗佛"之称，诗多吟咏山水田园，与孟浩然合称"王孟"。著作有《王右丞集》《画学秘诀》。

近腊月②下，景气③和畅，故山殊可过④。足下⑤方温经⑥，猥⑦不敢相烦⑧，辄便⑨往山中，憩感配寺⑩，与山僧饭讫⑪而去。

北涉玄灞⑫，清月映郭。夜登华子岗⑬，辋水⑭沦涟，与月上下。寒山远火，明灭林外。深巷寒犬，吠声如豹。村墟⑮夜舂⑯，复与疏⑰钟相间。此时独坐，僮仆静默⑱，多思曩⑲昔，携手赋诗，步仄径⑳，临清流也。

当待㉑春中，草木蔓发㉒，春山可望，轻鲦㉓出水，白鸥矫翼㉔，露湿青皋㉕，麦陇㉖朝雊㉗，斯之不远㉘，倘㉙能从我游乎？非子天机清妙㉚者，岂能以此不急之务㉛相邀？然是中㉜有深趣矣！无忽㉝。因驮黄檗人往㉞，不一㉟。山中人㊱王维白。

【注释】

① 裴秀才迪：秀才裴迪。

② 腊月：农历十二月。古代在农历十二月举行"腊祭"，所以称十二月为腊月。

③ 景气：景色，气候。

④ 故山殊可过：旧居蓝田山很值得一游。故山，旧居的山，指王维的"辋川别墅"所在地的蓝田山。殊，很。过，过访、游览。

⑤ 足下：您，表示对人的尊称。

⑥ 方温经：正在温习经书。方，正。

⑦ 猥：卑鄙，自谦之词。

⑧ 烦：打扰。

⑨ 辄（zhé）便：就。

⑩ 憩感配寺：在感配寺休息。

⑪ 饭讫（qì）：吃完饭。讫，完。饭，名词作动词，吃饭。

⑫ 北涉玄灞（bà）：近来渡灞水。涉，渡。玄，黑色，指水深绿发黑。

⑬ 华子岗：王维"辋川别墅"中的一处胜景。

⑭ 辋（wǎng）水：即辋川，在蓝田南。

⑮ 村墟：村庄。

⑯ 夜舂（chōng）：晚上用白杵捣谷（的声音）。舂，这里指捣米，即把谷物放在石臼里捣去外壳。

⑰ 疏：稀疏的。

⑱ 静默：指已入睡。

⑲ 曩（nǎng）：从前。

⑳ 仄径：狭窄的小路。

㉑ 当待：等到。

㉒ 蔓发：蔓延生长。

㉓ 轻鲦（tiáo）：即白鲦，鱼名，身体狭长，游动轻捷。

㉔ 矫翼：张开翅膀。矫，举。

㉕ 青皋：青草地。皋，水边高地。

㉖ 麦陇：麦田里。

㉗ 朝雊（gòu）：早晨野鸡鸣叫。雊，野鸡鸣叫。

㉘ 斯之不远：这不太远了。斯，代词，这，指春天的景色。

㉙ 倘：假使，如果。

㉚ 天机清妙：性情高远。天机，天性。清妙，指超尘拔俗，与众不同。

㉛ 不急之务：闲事，这里指游山玩水。

㉜ 是中：这中间。

㉝ 无忽：不可疏忽错过。

㉞ 因驮黄檗（bò）人往：借驮黄檗的人前往之便（带这封信）。因，凭借。黄檗，一种落叶乔木，果实和茎内皮可入药，茎内皮为黄色，也可制作染料。

㉟ 不一：古人书信结尾常用的套语，不一一详述之意。

㊱ 山中人：王维晚年信佛，过着半隐的生活，故自称。

【导读】

本文是唐代诗人王维写给好友裴迪的一封书信。标题中的"书"道明了文章体裁。"书"是"书信"的意思，是古代的一种文体。王维晚年无心仕途，在蓝田购买了辋川别墅，半官半隐，常与好友裴迪等吟诗唱和，诵读佛经。一年冬日，王维在辋川别墅突生孤独之感，便写下此信给裴迪，约请他明年春天前来共赏美景。

书信的第一段作者抒发自己独游的索然无味，并表达出好友不能来伴的遗憾。第二段详细描绘了作者所见故山冬夜的美景图，冬日的清月、辋水、寒山、远火、树林在犬吠、舂米声、钟声的映衬下愈显寂静清幽、静默和畅，充满诗情画意。末段则畅想故山春日美景，并向好友发出来年同游的邀请。春日的故山景色秀丽、清新明艳、生机勃勃，与冬日的宁静清幽相比另有一番美丽，让人向往。信中冬春两季的景物描写精彩绝伦，构成了书信的主要部分，字里行间透露出的是王维对自然之美的喜爱以及对恬静生活的向往。

徐霞客传

钱谦益

> 钱谦益（1582—1664），明末清初文学家，常熟人，字受之，号牧斋，又自称牧翁、尚湖、蒙叟、绛云老人、虞山老民、聚沙居士、敬他老人、东涧遗老等。一生博览群书，精于史学，诗文创作在当时负有盛名。所著有《初学集》《有学集》《投笔集》等。

徐霞客者，名弘祖，江阴梧塍里人也。高祖经，与唐寅同举，除名。寅尝以倪云林画卷偿博进①三千，手迹犹在其家。霞客生里社，奇情郁然，玄②对山水，力耕奉母。践更繇役③，蹙蹙如笼鸟之触隅，每思飏去。年三十，母遣之出游。每岁三时④出游，秋冬觐省，以为常。东南佳山水，如东、西洞庭，阳羡，京口，金陵，吴兴，武林，浙西径山，天目，浙东五泄、四明、天台、雁宕，南海落迦，皆几案衣带间物耳。有再三至，有数至，无仅一至者。其行也，从一奴，或一僧，一仗、一襆被，不治装，不裹粮；能忍饥数日，能遇食即饱，能徒步走数百里；凌绝壁，冒丛箐，攀援下上，悬度绠级⑤，捷如青猿，健如黄犊；以鋻岩为床席，以溪涧为饮沐，以山魅、木客、王孙、䃶父⑥为伴侣，儚儚粥粥⑦，口不能道；时与之论山经，辨水脉，搜讨形胜，则划然心开。居平未尝謦欬⑧为古文辞，行游约数百里，就破壁枯树，然松拾穗，走笔为记，如甲乙之簿，如丹青之画，虽才笔之士，无以加也。

游台、宕还，过陈木叔小寒山⑨，木叔问："曾造雁山绝顶否？"霞客唯唯。质明已失其所在，十日而返。曰："吾取间道，扪萝上龙湫，三十里，有宕焉，雁所家也。攀绝磴上十数里，正德间白云、云外两僧团瓢尚在⑩。复上二十余里，其巅罡风逼人，有麋鹿数百群，围绕而宿。三宿而始下。"其与人争奇逐胜，欲赌身命，皆此类也。

已而游黄山、白岳、九华、匡庐⑪；入闽，登武夷，泛九鲤湖⑫；入楚，谒玄岳⑬；北游齐、鲁、燕、冀、嵩、雒；上华山，下青柯坪⑭。心动趣归，则其母正属疾啮指⑮相望也。母丧服阕，益放志远游。访黄石斋⑯于闽，穷闽山之胜，皆非闽人所知。登罗浮，谒曹溪，归而追及石斋于云阳。往复万里，如步武耳。由终南背走峨眉，从野人采药，栖宿岩穴中，八日不火食。抵峨眉，属奢酋⑰阻兵，乃返。只身戴釜，访恒山于塞外，尽历九边⑱阨塞。归过余山中，剧谈四游四极，九州九府⑲，经纬分合，历历如指掌。谓昔人志星官舆地⑳，多承袭傅会，江、河二经㉑，山、川两戒㉒，自纪载来，多囿於中国一隅；欲为昆仑海外之游，穷流沙而后返。小舟如叶，大雨淋湿，要之登陆，不肯，曰："譬如涧泉暴注，撞击肩背，良足快耳！"

丙子㉓九月，辞家西迈。僧静闻愿登鸡足礼迦叶㉔，请从焉。遇盗于湘江，静闻被创病死，函其骨，负之以行。泛洞庭，上衡岳，穷七十二峰。再登峨眉，北抵岷山，极于松潘。又南过大渡河，至黎、雅㉕，登瓦屋、晒经㉖诸山。复寻金沙江，极于牦牛徼外㉗。由金沙南泛澜沧，由澜沧北寻盘江㉘，大约在西南诸彝境，而贵竹㉙、滇南之观亦几尽矣。过丽江，憩点苍㉚、鸡足，瘗静闻骨于迦叶道场，从宿愿也。由鸡足而西，出石门关数千里，至昆仑山，穷星宿海㉛，去中夏三万四千三百里。登半山，风吹衣欲堕，望见方外黄金宝塔，又数千里，至西番㉜，参大宝法王㉝。鸣沙以外，咸称胡国，如迷卢、阿耨㉞诸名，由旬㉟不能悉。《西域志》称沙河阻远，望人马积骨为标识，鬼魅热风，无得免者，玄奘法师，受诸魔折，具载本传。霞客信宿往返，如适莽苍㊱。

还至峨眉山下，托估客附所得奇树虬根以归，并以《溯江纪源》一篇寓余，言《禹贡》岷山导江，乃泛滥中国之始，非发源也。中国入河之水，为省五，入江之水，为省十一。计其吐纳，江倍于河，按其发源，河自昆仑之北，江亦自昆仑之南，非江源短而河源长也。又辨三龙㊲大势：北龙夹河之北，南龙抱江之南，中龙中界之，特短；北龙只南向半支入中国，惟南龙磅薄半宇内，其脉亦发于昆仑，与金沙江相并南出，环滇池以达五岭。龙长则源脉亦长，江之所以大于河也。其书数万言，皆订补桑《经》、郦《注》㊳及汉、宋诸儒疏解《禹贡》所未及。余撮其大略如此。

霞客还滇南，足不良行。修《鸡足山志》，三月而毕。丽江木太守，饷糗粮㊴，具笋舆以归。病甚，语问疾者曰："张骞凿空㊵，未睹昆仑，唐玄奘、元耶律楚材㊶，衔人主之命，乃得西游。吾以老布衣，孤筇双屦，穷河沙，上昆仑，历西域，题名绝国，与三人而为四，死不恨矣！"

余之识霞客也，因漳人刘履丁㊷字渔仲。履丁为余言："霞客西归，气息支缀㊸，闻石斋下诏狱，遣其长子间关㊹往视，三月而反，具述石斋颂系状㊺，据床浩叹，不食而卒。"其为人若此。

梧下先生㊻曰：昔柳公权记三峰事㊼，有王玄冲者，访南坡僧义海，约登莲花峰。某日届山趾，计五千仞，为一旬之程；既上，爝烟为信。海如期宿桃林㊽，平晓，岳色清明，伫立数息，有白烟一道，起三峰之顶。归二旬而玄冲至，取玉井莲㊾落叶数瓣，及池边铁船寸许遗海，负笈而去。玄冲初至，海谓之曰："兹山削成，自非驭风凭云，无有去理。"玄冲曰："贤人勿谓天不可登，但虑无其志尔。"霞客不欲以张骞诸人自命，以玄冲拟之，并为三清㊿之奇士，殆庶几乎？

霞客纪游之书，高可隐几。余嘱其从兄仲昭雠勘而存之，当为古今游记之最。霞客死时，年五十有六。西游归，以庚辰六月，卒以辛巳正月(51)。葬江阴之马湾。亦履丁云。

【注释】

① 博进：赌博所输的钱。《汉书·陈遵传》：“官尊禄厚，可以偿博进矣。”颜师古注：“进者，会礼之财也，谓博所赌也。”

② 玄：默。

③ 践更：受钱代人服徭役。繇：“同“徭”。

④ 三时：指春、夏、秋三季。

⑤ 悬度绠级：以悬索渡山谷，攀绳登山，如绠之汲水。

⑥ 木客：传说中的山中怪兽，形体似人，爪长如鸟，巢于高树。王孙：猴子的别称。玃（jué）父：马猴。

⑦ 儚（méng）儚：昏昧的样子。粥（yù）粥：谦卑的样子。

⑧ 鞶帨（pánshuì）：大带与佩巾，比喻华丽的藻饰。扬雄《法言·寡见》：“今之学者，非独为之华藻也，又从而绣其鞶帨。”

⑨ 陈木叔：陈函辉，原名炜，字木叔。崇祯（明思宗年号，1628—1644）进士，授靖江知县，明亡后从鲁王航海，已而相失。入云峰山，作绝命词十章，投水死。小寒山：陈函辉所居之地，其自号小寒山子。

⑩ 正德：明武宗年号（1506—1521）。团瓢：圆形草屋。

⑪ 白岳：山名，在安徽休宁县西四十里。九华：安徽九华山。匡庐：庐山。

⑫ 九鲤湖：在福建仙游县东北，相传有何姓兄弟九人炼丹于此，后各骑一鲤仙去，故称。

⑬ 玄岳：武当山之别名。

⑭ 青柯坪：青柯坪，在华山谷口内约十公里处。

⑮ 啮指：《搜神记》载：曾子从仲尼在楚万里而心动，辞归问母，母曰：“思尔啮指。”后用以表达母亲对儿子的渴念。

⑯ 黄石斋：黄道明，明福建漳浦人。天启（明熹宗年号，1621—1627）进士，崇祯时官至少詹事，南明弘光朝任礼部尚书，后于福建拥立唐王，拜武英殿大学士，战败被俘至南京，不屈而死。

⑰ 奢酋：奢崇明。苗族，世居四川永宁，为宣抚司。明嘉宗时募川兵援辽，崇明等遂反，进围成都，国号大梁，后由朱燮元平定其乱。

⑱ 九边：明代北方的九处要镇的总称，包括辽东、宣府、大同、延绥、宁夏、甘肃、蓟州、山西、固原。

⑲ 四游：《太平御览》卷三六引纬书《尚书考灵异（曜）》：“地有四游，冬至地上，北而西三万里；夏至地下，南至东复三万里；春秋分，则其中矣。”四极：四方极远之地。《尔雅·释地》：“东至於泰远，西至於邠国，南至於濮铅，北至於祝栗，谓之四极。”按泰远至祝栗皆为古代传说中极远处国名。九州：《尔雅·释地》列举冀、豫、雍、荆、扬、兖、徐、幽、营等州为九州。九州州名，《尚书·禹贡》《周礼·夏官·职方氏》《吕氏春秋·有览始》《汉书·地理志》与《尔雅·释地》各书说法不一。后用以泛指中国。九府：谓九方的宝藏和特产。《尔雅·释地》列举东方、东南、南方、西南、西方、西北、北方、东北及中央出产之美者，是为九府。

⑳ 星官：星宿天象的总称，指天文。舆地：地理。

㉑ 江、河二经：长江、黄河两条干流。徐霞客《溯江纪源》：“江、河为南北二经流，以其特达於

海也。"

㉒ 两戒：唐代一行和尚提出的我国地理现象特征。北戒相当于今青海、陕北、山西、河北、辽宁一线；南戒相当于四川、陕南、河南、湖北、湖南、江西、福建一线。

㉓ 丙子：1636年（崇祯九年）。

㉔ 鸡足：山名，在云南宾川西北。迦叶：摩诃迦叶，华言饮光胜尊，本事外道，后归佛教，释迦死后，传正法眼藏，为佛教长老，尝持僧伽梨衣入鸡足山。

㉕ 黎、雅：黎州（今四川汉源）、雅州（今四川雅安）。

㉖ 瓦屋：山名，在四川荥经县东南。晒经：山名，在四川越西县东北，山有广口，相传唐玄奘曾晒经于此，故名。

㉗ 牦牛徼外：出产牦牛的边远地区。

㉘ 盘江：有南盘江、北盘江，均发源于云南沾益。徐霞客著有《盘江考》。

㉙ 贵竹：即贵筑，县名，其地今入贵阳市。

㉚ 点苍：山名，一名大理山，在今云南大理白族自治州中部。

㉛ 星宿海：在青海省鄂陵湖以西，为黄河源散流地面而形成的浅湖群，罗列如星，故名。

㉜ 西番：即西藏。

㉝ 大宝法王：元世祖尊西藏喇嘛教萨迦派首领八思巴为大宝法王，明代因之。

㉞ 迷卢、阿耨：皆西域国名。

㉟ 由旬：梵语里程单位，约当军行一日的行程，或言四十里，或言三十里，或言十六里，因山川不同致行里不等。

㊱ 信宿：再宿。莽苍：空旷貌，此指郊野，语出《庄子·逍遥游》："适莽苍者三餐而返，腹犹果然。"

㊲ 龙：旧时指山形地势逶迤曲折似龙，故谓山脉曰龙。三龙之说，见徐霞客《溯江纪源》。

㊳ 桑《经》：相传《水经》为汉代桑钦所撰，故称。郦《注》：指郦道元所作《水经注》。

㊴ 木太守：明云南丽江府知府。洪武十六年，以木德为知府。木德从征有功，子孙世袭此职。偫（zhì）：储备。糇（hóu）粮：干粮。

㊵ 张骞：汉武帝时人，封博望侯，首先为汉沟通西域诸国。凿空：开通道路。

㊶ 耶律楚材：字晋卿，辽皇族，初仕金，后为元重臣，曾随元太祖出征西域。

㊷ 刘履丁：字渔仲，明末以诸生应辟召，擢郁林州知州。

㊸ 支缀：勉强支持连缀其气息。

㊹ 间关：辗转跋涉。

㊺ 颂（róng）系：有罪入狱而不加刑具。颂，同"容"，谓宽容。

㊻ 梧下先生：作者自称。

㊼ 柳公权：字诚悬，唐著名书法家。三峰：指莲花峰、落雁峰、朝阳峰。其记王玄冲登莲花峰事，见《小说旧闻记》，载于涵芬楼本《说郛》卷四九。又见于唐皇甫枚《三水小牍》，文字大同小异。

㊽ 桃林：桃林坪，在华山谷口以南五里。

㊾ 玉井莲：韩愈《古意》："太华峰头玉井莲，开花十丈藕如船。"《华山记》："山顶有池，生千叶莲花。"

㊿ 三清：道家以为人天两界之外，别有三清，即玉清、太清、上清，为神仙居住之地。

(51) 庚辰：1640 年（明崇祯十三年）。辛巳：1641 年（崇祯十四年）。陈函辉《徐霞客墓志铭》："霞客生于万历丙戌，卒於崇祯辛巳，年五十有六，以壬午春三月初九日，卜葬於马湾之新阡。"

【导读】

徐霞客是明代杰出的地理学家、旅行家。作为一篇传记文，文章并未对徐霞客的一生作详细的描述，而是抓住最能体现徐霞客性格与成就，也最能打动作者心灵的事件来写。从文章所写看，徐霞客是一个性喜山水（"奇情郁然，玄对山水"）、善游山水（"其行也，从一奴或一僧、一杖、一襆被，不治装，不裹粮"）、争奇逐胜（攀登雁山绝顶可以为证）、重视亲情友情（孝敬母亲；与陈木叔、黄道周友好，黄道周入狱后，他特意派长子前去探望等）、富于科学探究精神（游览必实地考察，"其书数万言，皆订补桑《经》郦《注》及汉、宋诸儒疏解《禹贡》所未及"）的人。作者在文章的最后一段，借王玄冲比拟徐霞客，对徐霞客的价值予以评价。

囚绿记

陆蠡

陆蠡（1908—1942），原名陆考原，字圣泉，浙江天台人。中国现代散文家、革命家、翻译家。著作有散文集《海星》《竹刀》《囚绿记》等，曾翻译俄国屠格涅夫的《罗亭》，英国笛福的《鲁滨孙漂流记》，法国拉·封丹的《寓言诗》和法国拉马丁的《希腊神话》。

这是去年夏间的事情。

我住在北平的一家公寓里。我占据着高广不过一丈的小房间，砖铺的潮湿的地面，纸糊的墙壁和天花板，两扇木格子嵌玻璃的窗，窗上有很灵巧的纸卷帘，这在南方是少见的。

窗是朝东的。北方的夏季天亮得快，早晨五点钟左右太阳便照进我的小屋，把可畏的光线射个满室，直到十一点半才退出，令人感到炎热。这公寓里还有几间空房子，我原有选择的自由的，但我终于选定了这朝东房间，我怀着喜悦而满足的心情占有它，那是有一个小小理由。

这房间靠南的墙壁上，有一个小圆窗，直径一尺左右。窗是圆的，却嵌着一块六角形的玻璃，并且在左下角是打碎了，留下一个孔隙，手可以随意伸进伸出。圆窗外面长着常春藤。当太阳照过它繁密的枝叶，透到我房里来的时候，便有一片绿影。我便是欢喜这片绿影才选定这房间的。当公寓里的伙计替我提了随身小提箱，领我到这房间来的时候，我瞥见这绿影，感觉到一种喜悦，便毫不犹疑地决定下来，这样了截爽直使公寓里的伙计都惊奇了。

绿色是多宝贵的啊！它是生命，它是希望，它是慰安，它是快乐。我怀念着绿色把我的心等焦了。我欢喜看水白，我欢喜看草绿。我疲累于灰暗的都市的天空，和黄漠的平原，我怀念着绿色，如同涸辙的鱼盼等着雨水！我急不暇择的心情即使一枝之绿也视同至宝。当我在这小房中安顿下来，我移徙小台子到圆窗下，让我的面朝墙壁和小窗。门虽是常开着，可没人来打扰我，因为在这古城中我是孤独而陌生。但我并不感到孤独。我忘记了困倦的旅程和已往的许多不快的记忆。我望着这小圆洞，绿叶和我对语。我了解自然无声的语言，正如它了解我的语言一样。

我快活地坐在我的窗前，度过了一个月，两个月，我留恋于这片绿色。我开始了解渡越沙漠者望见绿洲的欢喜，我开始了解航海的冒险家望见海而飘来花草的茎叶的欢喜。人是在自然中生长的，绿是自然的颜色。

我天天望着窗口常春藤的生长。看它怎样伸开柔软的卷须，攀住一根缘引它的绳索，或一茎枯枝，看它怎样舒开折叠着的嫩叶，渐渐变青，渐渐变老，我细细观赏它纤细的脉络，嫩芽，我以拔苗助长的心情，巴不得它长得快，长得茂绿。下雨的时候，我爱它淅沥的声音，婆娑的摆舞。

忽然有一种自私的念头触动了我。我从破碎的窗口伸出手去，把两枝浆液丰富的柔条牵进我的屋子里来，教它伸长到我的书案上，让绿色和我更接近，更亲密。我拿绿色来装饰我这简陋的房间，装饰我过于抑郁的心情。我要借绿色来比喻葱茏的爱和幸福，我要借绿色来比喻猗郁的年华。我囚住这绿色如同幽囚一只小鸟，要它为我作无声的歌唱。

绿的枝条悬垂在我的案前了。它依旧伸长，依旧攀缘，依旧舒放，并且比在外边长得更快。我好像发现了一种"生的欢喜"，超过了任何种的喜悦。从前我有个时候，住在乡间的一所草屋里，地面是新铺的泥土，未除净的草根在我的床下茁出嫩绿的芽苗，蕈菌在地角上生长，我不忍加以剪除。后来一个友人一边说一边笑，替我拔去这些野草，我心里还引为可惜，倒怪他多事似的。

可是在每天早晨，我起来观看这被幽的"绿友"时，它的尖端总朝着窗外的方向。甚至于一枚细叶，一垄卷须，都朝原来的方向。植物是多固执啊！它不了解我对它的爱抚，我对它的善意。我为了这永远向着阳光生长的植物不快，因为它损害了我的自尊心。可是我囚系住它，仍旧让柔弱的枝叶垂在我的案前。

它渐渐失去了青苍的颜色，变成柔绿，变成嫩黄；枝条变成细瘦，变成娇弱，好像病了的孩子。我渐渐不能原谅我自己的过失，把天空底下的植物移锁到暗黑的室内；我渐渐为这病损的枝叶可怜，虽则我恼怒它的固执，无亲热，我仍旧不放走它。魔念在我心中生长了。

我原是打算七月尾就回南方去的。我计算着我的归期，计算这"绿囚"出牢的日子。在我离开的时候，便是它恢复自由的时候。

卢沟桥事件发生了。担心我的朋友电催我赶速南归。我不得不变更我的计划，在七月中旬，不能再流连于烽烟四逼中的旧都，火车已经断了数天，我每日须得留心开车的消息。终于在一天早晨候到了。临行时我珍重地开释了这永不屈服于黑暗的囚人。我把瘦黄的枝叶放在原来的位置上，向它致诚意的祝福，愿它繁茂苍绿。

离开北平一年了。我怀念着我的圆窗和绿友。有一天，得重和它们见面的时候，会和我面生么？

【导语】

《囚绿记》是现代作家陆蠡于1938年创作的一篇散文。此文讲述了作者与常春藤绿枝条的一段"交往"经历,描绘了绿枝条的生命状态和"性格特点",也写出了作者的生存状况和真挚心愿,含蓄地揭示了华北地区人民面临日本帝国主义侵略的苦难命运,象征着作者和广大人民坚贞不屈的民族气节。全文结构新奇精巧,详略得当,虚实相生,富有变化,平中见奇,语言含蓄蕴藉,深沉厚重。

像山那样思考

奥尔多·利奥波德

> 奥尔多·利奥波德(1887—1948),美国享有国际声望的科学家和环境保护主义者,被称作美国新保护活动的"先知""美国新环境理论的创始者"。他同时又是一个观察家,一个敏锐的思想家,一个造诣极深的文学巨匠。一生共出版了3本书,发表了大约500篇文章,大部分是有关科学和技术的主题。

一声深沉的、骄傲的嗥叫,从一个山崖回响到另一个山崖,荡漾在山谷中,渐渐地消失在漆黑的夜色里。这是一种不驯服的、对抗性的悲鸣,和对世界上一切苦难的蔑视情感的迸发。

每一种活着的东西(大概还有很多死了的东西),都会留意这声呼唤。对鹿来说,它是死亡的警告;对松林来说,它是半夜里在雪地上混战和流血的预言;对郊狼来说,是就要来临的拾遗的允诺;对牧牛人来说,是银行里赤字的坏兆头(指入不敷出);对猎人来说,是狼牙抵制弹丸的挑战。然而,在这些明显的、直接的希望和恐惧之后,还隐藏着更加深刻的含义,这个含义只有这座山自己才知道。只有这座山长久地存在着,从而能够客观地去听取一只狼的嗥叫。

不过,那些不能辨别其隐藏的含义的人也都知道这声呼唤的存在,因为在所有有狼的地区都能感到它,而且,正是它把有狼的地方与其他地方区别开来的。它使那些在夜里听到狼叫,白天去察看狼的足迹的人毛骨悚然。即使看不到狼的踪迹,也听不到它的声音,它也是暗含在许多小小的事件中的:深夜里一匹驮马的嘶鸣,滚动的岩石的嘎啦声,逃跑的鹿的砰砰声,云杉下道路的阴影。只有不堪教育的初学者才感觉不到狼是否存在,也认识不到山对狼有一种秘密的看法这一事实。

我自己对这一点的认识,是自我看见一只狼死去的那一天开始的。当时我们正在一个高高的峭壁上吃午饭。峭壁下面,一条湍急的河蜿蜒流过。我们看见一只雌鹿(当时我们是这样认为)正在涉过这条急流,它的胸部淹没在白色的水中。当它爬上岸朝向我们,并摇晃着它的尾巴时,我们才发觉我们错了:这是一只狼。另外还有六只显然是正在发育的小狼也从柳树丛中跑了出来,它们喜气洋洋地摇着尾巴,嬉戏着搅在一起。它们确确实实是一群就在我们的峭壁之下的空地上蠕动和互相碰撞着的狼。

在那个年代里,我们还从未听说过会放过打死一只狼的机会那种事。在一秒钟之内,我们就把枪弹上了膛,而且兴奋的程度高于准确:怎样往一个陡峭的山坡下瞄准,总是不大清楚的。当我们的来福枪膛空了时,那只狼已经倒了下来,一只小狼正拖着一条腿,进入到那无动于衷的静静的岩石中去。

当我们到达那只老狼的所在时,正好看见在它眼中闪烁着的、令人难受的、垂死时的绿光。这时,我察觉到,而且以后一直是这样想,在这双眼睛里,有某种对我来说是新的东西,是某种只有它和这座山才了解的东西。当时我很年轻,而且正是不动扳机就感到手痒的时期。那时,我总是认为,狼越少,鹿就越多,因此,没有狼的地方就意味着是猎人的天堂。但是,在看到这垂死的绿光时,我感到,无论是狼,或是山,都不会同意这种观点。

自那以后,我亲眼看见一个州接一个州地消灭了它们所有的狼。我看见过许多刚刚失去了狼的山的样子,看见南面的山坡由于新出现的弯弯曲曲的鹿径而变得皱皱巴巴。我看见所有可吃的灌木和树苗都被吃掉,先变成无用的东西,然后则死去。我看见每一棵可吃的、失去了叶子的树只有鞍角那么高。这样一座山看起来就好像什么人给了上帝一把大剪刀,并禁止了所有其他的活动。结果,那原来渴望着食物的鹿群的饿莩和死去的艾蒿丛一起变成了白色,或者就在高出鹿头的部分还留有叶子的刺柏下腐烂掉。这些鹿是因其数目太多而死去的。

我现在想,正像当初鹿群在对狼的极度恐惧中生活着那样,那一座山就要在对它的鹿的极度恐惧中生活。而且,大概就比较充分的理由来说,当一只被狼拖去的公鹿在两年或三年就可得到补替时,一片被太多的鹿拖疲惫了的草原,可能在几十年里都得不到复原。

牛群也是如此,清除了其牧场上的狼的牧牛人并未意识到,他取代了狼用以调整牛群数目以适应其牧场的工作。他不知道像山那样来思考。正因为如此,我们才有了尘暴,河水把未来冲刷到大海去。

我们大家都在为安全、繁荣、舒适、长寿和平静而奋斗着。鹿用轻快的四肢奋斗着,牧牛人用套圈和毒药奋斗着,政治家用笔,而我们大家则用机器、选票和美金。所有这一切带来的都是同一种东西:我们这一时代的和平。用这一点去衡量成就,全部是很好的,而且大概也是客观的思考所不可缺少的,不过,太多的安全似乎产生的仅仅是长远的危险。也许,这也就是梭罗的名言潜在的含义。这个世界的启示在野性中。大概,这也是狼的嗥叫中隐藏的内涵,它已被群山所理解,却还极少为人类所领悟。

【导读】

《像山那样思考》是《沙乡年鉴》中收录的一则随笔。《沙乡年鉴》记录了作者对自然界中各种生命之间彼此折射辉映的亲知和体悟,文笔优美,思想深邃,被誉为"绿色圣经"。

本文文笔简洁洗练，从中可以体验到哲人的深刻，又可以领略到诗人的激情和想象。这一切，构成了文章鲜明的诗意美和思辨色彩。科学的事实和诗的描述合拍合辙，让读者首先沉浸在一种诗的氛围之中，然后开始评论和思考，最后回归于心灵的顿悟和思想的升华。

大自然在反抗

蕾切尔·卡逊

蕾切尔·卡逊（1907—1964），美国海洋生物学家。她1935年至1952年间供职于美国联邦政府所属的鱼类及野生生物调查所，这使她有机会接触到许多环境问题。在此期间，她曾写过一些有关海洋生态的著作，如《在海风下》《海的边缘》《环绕着我们的海洋》，这些著作使她获得了第一流作家的声誉。

我们冒着极大的危险竭力把大自然改造得适合我们心意，但却未能达到目的，这确实是一个令人痛心的讽刺。然而看来这就是我们的实际情况。虽然很少有人提及，但人人都可以看到的真情实况是，大自然不是这样容易被塑造的，而且昆虫也能找到窍门巧妙地避开我们用化学药物对它们的打击。

荷兰生物学家C.J.波里捷说："昆虫世界是大自然中最惊人的现象。对昆虫世界来说，没有什么事情是不可能的；通常看来最不可能发生的事情也会在昆虫世界里出现。一个深入研究昆虫世界的奥秘的人，他将会为不断发生的奇妙现象惊叹不已。他知道在这里任何事情都可能发生，完全不可能的事情也会经常出现。"

这种"不可能的事情"现在正在两个广阔的领域内发生。通过遗传选择，昆虫正在发生应变以抵抗化学药物，这一问题将在下一章进行讨论。不过现在我们就要谈到的一个更为广泛的问题是，我们使用化学物质的大举进攻正在削弱环境本身所固有的、阻止昆虫发展的天然防线。每当我们把这些防线击破一次，就有一大群昆虫涌现出来。

报告从世界各地传来，它们很清楚地揭示了一个情况，即我们正处于一个非常严重的困境之中。在彻底地用化学物质对昆虫进行了十几年的控制之后，昆虫学家们发现那些被他们认为已在几年前解决了的问题又回过头来折磨他们了。而且还出现了新的问题，只要出现一种哪怕数量很不显眼的昆虫，它们也一定会迅速增长到严重成灾的程度。由于昆虫的天赋本领，化学控制已搬起石头砸了自己的脚，由于设计和使用化学控制时未曾考虑到复杂的生物系统，化学控制方法已被盲目地投入了反对生物系统的战斗。人们可以预测化学物质对付少数个别种类昆虫的效果，但却无法预测化学物质袭击整个生物群落的后果。

现今在一些地方，无视大自然的平衡成了一种流行的做法；自然平衡在比较早期的、比较简单的世界上是一种占优势的状态，现在这一平衡状态已被彻底地打乱了，也许我们已不再想到这种状态的存在了。一些人觉得自然平衡问题只不过是人们的随意臆测,但是如果把这种想法作为行动的指南将是十分危险的。今天的自然平衡不同于冰河时期的自然平衡,但是这种平衡还存在着:这是一个将各种生命联系起来的复杂、精密、高度统一的系统,再也不能对它漠然不顾了,它所面临的状况好像一个正坐在悬崖边沿而又盲目蔑视重力定律的人一样危险。自然平衡并不是一个静止固定的状态;它是一种活动的、永远变化的、不断调整的状态。人也是这个平衡中的一部分。有时这一平衡对人有利。有时它会变得对人不利。当这一平衡受人本身的活动影响过于频繁时,它总是变得对人不利。

现在,人们在制订控制昆虫的计划时忽视了两个重要事实。第一个是,对昆虫真正有效的控制是由自然界完成的,而不是人类。昆虫的繁殖数量受到限制是由于存在一种被生态学家们称为环境防御作用的东西,这种作用从第一个生命出现以来就一直存在着。可利用的食物数量、气候和天气情况、竞争生物或捕食性生物的存在,这一切都是极为重要的。昆虫学家罗伯特·麦特卡夫说:"防止昆虫破坏我们世界安宁的最重大的一个因素是昆虫在它们内部进行的自相残杀的战争。"然而,现在大部分化学药物被用来杀死一切昆虫,无论是我们的朋友还是我们的敌人都一律格杀勿论。

第二个被忽视的事实是,一旦环境的防御作用被削弱了,某些昆虫的真正具有爆炸性的繁殖能力就会复生。许多种生物的繁殖能力几乎超出了我们的想象力,尽管我们现在和过去也曾有过省悟的瞬间。从学生时代起我就记得一个奇迹:在一个装着干草和水的简单混合物的罐子里,只要再加进去几滴取自含有原生动物的成熟培养液中的物质,在几天之内,这个罐子中就会出现一群旋转着的、向前移动的小生命——亿万个数不清的鞋子形状的微小动物草履虫。每一个小得像一颗灰尘,它们全都在这个温度适宜、食物丰富、没有敌人的临时天堂里不受约束地繁殖着。这种景象使我一会儿想起了使得海边岩石变白的藤壶已近在眼前,一会儿又使我想起了一大群水母正在游过的景象,它们一里一里地移动着,它们那看来无休止颤动着的鬼影般的形体像海水一样虚无缥缈。

当鳕鱼迁移经过冬季的海洋去它们的产卵地时,我们看到了大自然的控制作用是怎样创造奇迹的。在产卵地上,每个雌鳕鱼产下几百万个卵。如果所有鳕鱼的卵都存活下来变成小鱼的话,这海洋就肯定会变成鳕鱼的固体团块了。一般来说,每一对鳕鱼产生几百万之多的幼鱼,只有当这么多的幼鱼都完全存活下来发展成成鱼去顶替它们双亲的情况下,它们才会给自然界带来干扰。

生物学家们常持有一种假想:如果发生了一场不可思议的大灾难,自然界的抑制作用都丧失了,而有一个单独种类的生物却全部生存繁殖起来,那时将会发生什么事情。一个世纪之前,托马斯·修克思勒曾计算过一个单独的雌蚜虫(它具有不要配偶就能繁殖的稀奇能力)在一年时间中所能繁殖的蚜虫的总重量相当于美国人口总重量的四分之一。

幸亏这种极端情况仅仅在理论上才存在,但是这一由失常的大自然所造成的可怕结果曾被动物种群的研究者们所见识。畜牧业者们消灭郊狼的热潮已造成了田鼠成灾的结果,而以前,郊狼是田鼠的控制者。在这方面,经常重演的那个关于亚利桑那的凯白勃鹿的故事是另外一个例子。有一个时期，这种鹿与其环境处于一种平衡状态。一定数量的食肉兽——狼、美洲豹和郊狼限制着鹿的数量不超过它们的食物供给量。后来，人们为了"保存"这些鹿而发起一个运动去杀掉鹿的敌人——食肉兽。于是，食肉兽消逝了，鹿惊人地增多起来，这个地区很快就没有足够的草料供它们吃了。由于它们采食树叶，树木上没有叶子的地方也越来越高了，这时许多鹿因饥饿而死亡，其死亡数量超过了以前被食肉兽杀死的数量。另外，整个环境也被这种鹿为寻找食物所进行的不顾一切的努力而破坏了。

田野和森林中捕食性的昆虫起着与凯白勃地区的狼和郊狼同样的作用。杀死了它们，被捕食的昆虫的种群就会汹涌澎湃地发展起来。

没有一个人知道在地球上究竟有多少种昆虫，因为还有很多的昆虫尚未被人们认识。不过，已经记录在案的昆虫已超过70万种。这意味着，根据种类的数量来看，地球上的动物有70%～80%是昆虫。这些昆虫的绝大多数都在被自然力量控制着，而不是靠人的任何干涉。如果情况真是这样，那么就很值得怀疑任何巨大数量的化学药物（或任何其他方法）怎么能压制住昆虫的种群数量。

糟糕的是，往往在这种天然保护作用丧失之前，我们总是很少知晓这种由昆虫的天然敌人所提供的保护作用。我们中间的许多人生活在世界上，却对这个世界视而不见，察觉不到它的美丽、它的奇妙和正生存在我们周围的各种生物的奇怪的、有时是令人震惊的强大能力。这就是人们对捕食昆虫和寄生生物的活动能力几乎一无所知的原因。也许我们曾看到过在花园灌木上的一种具有凶恶外貌的奇特昆虫——螳螂，并且朦胧地意识到去祈求这种螳螂来消除其他昆虫。然而，只有当我们夜间去花园散步，并且用手电筒瞥见到处都有螳螂向着它的捕获物悄悄爬行的时候，我们才会理解我们所看到一切；到那时，我们就会理解由这种凶手和受害者所演出的这幕戏剧的含义；到那时，我们就会开始感觉到大自然借以控制自己的那种残忍的压迫力量的含义。

捕食者（那些杀害和削弱其他昆虫的昆虫）是种类繁多的。其中有些是敏捷的，快速得就像燕子在空中捕捉猎物一样。还有些一面沿着树枝费力地爬行，一面摘取和狼吞虎咽那些不移动的像蚜虫这样的昆虫。黄蚂蚁捕获这些蚜虫，并且用它的汁液去喂养幼蚁。泥瓦匠黄蜂在屋檐下建造了柱状泥窝，并且用昆虫充积在窝中，黄蜂幼虫将来以这些昆虫为食。这些房屋的守护者——黄蜂飞舞在正在吃料的牛群的上空，它们消灭了使牛群受罪的吸血蝇。大声嗡嗡叫的食蚜虻蝇——人们经常把它错认为蜜蜂，它们把卵产在蚜虫出没的植物叶子上，而后孵出的幼虫能消灭大量的蚜虫。瓢虫，又叫"花大姐"，也是一个最有效的蚜虫、介壳虫和其他吃植物的昆虫的消灭者。毫不夸张地讲，一个瓢虫可消耗几百个蚜虫以燃起自己小小的能量之火，瓢虫需要这些能量去生产一群卵。

习性更加奇特的是寄生性昆虫。寄生昆虫并不立即杀死它们的宿主，它们用各种适当的办法去利用受害者作为它们自己孩子的营养物。它们把卵产在俘虏的幼虫或卵内，这样，它们自己将来孵出的幼虫就可以靠消耗宿主而得到食物。一些寄生昆虫把它们的卵用黏液粘贴在毛虫身上；在孵化过程中，出生的寄生幼虫就钻入到宿主的皮肤里面。其他一些寄生昆虫靠着一种天生伪装的本能把它们的卵产在树叶上，这样吃嫩叶的毛虫就会不幸地把它们吃进肚里去。

在田野上，在树篱笆中，在花园里，在森林中，捕食性昆虫和寄生性昆虫都在工作着。在一个池塘上空，蜻蜓飞掠着，阳光照射在翅膀上发出了火焰般的光彩。它们的祖先曾经是在生活着巨大爬行类动物的沼泽中过日子的。今天，它们仍像古时候一样，用锐利的目光在空中捕捉蚊子，用它那形成一个篮子状的几条腿兜捕蚊子。在水下，蜻蜓的幼蛹（又叫"小妖精"）捕捉水生阶段的蚊子——孑孓和其他昆虫。

在那儿，在一片树叶前面有一只不易察觉的草蜻蛉，它带着绿纱状的翅膀和金色的眼睛，害羞地躲躲闪闪。它是一种曾在二叠纪生活过的古代种类的后裔。草蜻蛉的成虫主要吃植物花蜜和蚜虫的蜜汁，并且时时把它的卵都产在一个长茎的柄根，把卵和一片叶子连在一起。从这些卵中生出了它的孩子——一种被称为"蚜狮"的奇怪的、直竖着的幼虫，它们靠捕食蚜虫、介壳虫或小动物为生，它们捕捉这些小虫子，并把它们的体液吸干。在草蜻蛉做出白色丝茧以度过其蛹期之前，每个草蜻蛉都能消灭几百个蚜虫。

许多蜂和蝇也有同样的能力，它们完全依靠寄生作用来消灭其他昆虫的卵及幼虫而生存。一些寄生卵极小的蜂类，由于它们的巨大数量和它们巨大的活动能力，它们制止了许多危害庄稼的昆虫的大量繁殖。

所有这些小小的生命都在工作着——在晴天时，在下雨时，在白天，在夜晚，甚至当隆冬严寒使生命之火被扑灭得只留下灰烬的时候，这些小生命仍一直在不间断地工作着。不过在冬天时，这种生气勃勃的力量仅仅是在冒着烟，它等待着当春天唤醒昆虫世界的时候，它才再重新闪耀出巨大活力。在这期间，在雪花的白色绒毯下面，在被严寒冻硬了的土壤下面，在树皮的缝隙中，在隐蔽的洞穴里，寄生昆虫和捕食性昆虫都找到了地方使自己躲藏起来以度过这个寒冷的季节。

……

基于昆虫的生活特性和我们所需要的天然特性，所有这一切都一直是我们在保持自然平衡使之倾倒到对我们有利一面的斗争中的同盟军。但是，现在我们却把我们的炮口转向了我们的朋友。可怕的是，我们已经粗心地轻视了它们在保护我们免受黑潮般的敌人的威胁方面的价值，没有它们的帮助，这些敌人就会猖獗起来危害我们。

杀虫剂数量逐年增多，种类繁多，毁坏力加强；随之，环境防御能力的全面持续降低正在日益明显地变成无情的现实。随着时间的流逝，我们可以预料昆虫的骚扰会逐渐更加严重，有的种类传染疾病，还有的种类毁坏农作物，其种类之多将超出我们已知的范围。

"然而，这不过只是纯理论性的结论吧？"你会问，"这种情况肯定不会真正发生——无论如何，在我这一辈子里将不会发生。"但是，它正在发生着，就在这儿，就在现在。科学期刊已经记载了在1958年约50例自然平衡的严重错乱。每一年都有更多的例子被发现。我对这一问题进行的一次近期回顾，参考了215篇报告和讨论，它们都是谈由于农药所引起的昆虫种群平衡灾害性失常。

有时喷洒化学药物后，那些本来想通过喷药来加以控制的昆虫反而惊人地增多起来。如安大略的黑蝇在喷药后，其数量比喷药前增加了16倍。另外，在英格兰，随着喷洒一种有机磷化学农药而出现了白菜蚜虫的严重暴发——这是一种没有见过类似记载的大暴发。

　　……

　　所有这些例子谈的都是侵害农作物的昆虫，而带来疾病的那些昆虫又怎么样呢？这方面已经有了不少警告。一个例子是在南太平洋的尼桑岛上，在第二次世界大战期间，那儿一直在大量地进行喷药，不过在战争快结束的时候喷药就停止了。很快，大群传染疟疾的蚊子重新入侵该岛，当时所有捕食蚊子的昆虫都已被杀死了，而新的群体还没来得及发展起来，因此蚊子的大量暴发是极易想见的。马歇尔·莱尔德描述了这一情景，他把化学控制比作一个踏车，一旦我们踏上，因为害怕后果我们就不能停下来。

　　世界上一部分疾病可能以一种很独特的方式与喷药发生关系。有理由认为，像蜗牛这样的软体动物看来几乎不受杀虫剂的影响。这一现象已被多次观察到。在佛罗里达州东部对盐化沼泽喷药后通常有大量生物死亡，唯有水蜗牛幸免。这种景象如同人们所描述的是一幅恐怖的图画——它很像是由超现实主义画家的刷子创作出来的。在死鱼和气息奄奄的螃蟹身体中间，水蜗牛一边爬动一边吞食着那些被致命毒雨害死的遇难者。

　　然而，这一切有什么重要意义呢？这一现象之所以重要，是因为许多蜗牛可以作为许多寄生性蠕虫的宿主，这些寄生虫在它们的生活循环中，一部分时间要在软体动物中度过，一部分时间要在人体中度过。血吸虫病就是一个例子，当人们在喝水或在被感染的水中洗澡时，它可以透过皮肤进入人体，引起人的严重疾病。血吸虫是靠丁螺宿主而进入水体的。这种疾病尤其广泛地分布在亚洲和非洲地区。在有血吸虫的地方，助长丁螺大量繁殖的昆虫控制办法似乎总导致严重的后果。

　　当然，人类并不是丁螺所引起的疾病的唯一受害者。牛、绵羊、山羊、鹿、麋、兔和其他各种温血动物中的肝病都可以由肝吸虫引起，这些肝吸虫的生活史有一段是在淡水丁螺中度过的。受到这些蠕虫传染的动物肝脏不适宜再作为人类食物，而且照例要被没收。这种损失每年要浪费美国牧牛人大约350万美元。任何引起丁螺数量增长的活动都会明显地使这一问题变得更加严重。

　　在过去的十年中，这些问题已投下了一个长长的暗影，然而我们对它们的认识却一直十分缓慢。大多数有能力去钻研生物控制方法并协助付诸实践的人却一直过分忙于在实行化学控制的更富有刺激性的小天地中操劳。1960年报道，在美国仅有2%的经济昆虫学家在从事生物控制的现场工作，其余98%的主要人员都被受聘去研究化学杀虫剂。

　　为什么会这样呢？一些主要的化学公司正在把金钱倾倒到大学里以支持在杀虫剂方面的研究工作。这种情况产生了吸引研究生的奖学金和有吸引力的职位。而在另一方面，生物控制研究却从来没有人捐助过——原因很简单，生物控制不可能许诺给任何人像在化学工业中出现的运气。生物控制研究工作都留给了州和联邦的职员们，在这些地方的工资要少得多了。

这种状况也解释了这样一个不那么神秘的事实,即某些杰出的昆虫学家正在领头为化学控制辩护。对这些人中某些人的背景进行的调查披露出他们的全部研究计划都是由化学工业资助的。他们的专业威望,有时甚至他们的工作本身都要依靠着化学控制方法的永世长存。毫不夸张地说,难道我们能期待他们去咬那只给他们喂食物的手吗?

在为化学物质成为控制昆虫的基本方法的普遍欢呼声中,偶尔有少量研究报告被少数昆虫学家提出,这些昆虫学家没有无视这一事实,即他们既不是化学家,也不是工程师,他们是生物学家。

……

他们的那个规划进行得怎么样呢?在诺瓦·斯克梯雅,遵照毕凯特博士修订的喷药计划的果园种植者和使用强毒性化学药物的种植者一样,正在生产出大量的头等水果。另外,他们获得上述成绩其实际花费却是较少的。在诺瓦·斯克梯雅苹果园中,用于杀虫剂的经费只相当于其他大多数苹果种植区经费总数的10%~20%。

比得到这些辉煌成果更为重要的一个事实是,即由诺瓦·斯克梯雅昆虫学家们所执行的这个修改过的喷药计划是不会破坏大自然的平衡的。整个情况正在向着由加拿大昆虫学家G.C.尤里特十年前所提出的那个哲学观点的方向顺利前进,他曾说:"我们必须改变我们的哲学观点,放弃我们认为人类优越的态度,我们应当承认我们能够在大自然实际情况的启发下发现一些限制生物种群的设想和方法,这些设想和方法要比我们自己搞出来的更为经济合理。"

【导读】

本文选自《寂静的春天》。《寂静的春天》于1962年在美国问世时,是一本很有争议的书,是标志着人类首次关注环境问题的著作。它那惊世骇俗的关于农药危害人类环境的预言,不仅受到与之利害攸关的生产与经济部门的猛烈抨击,而且也强烈震撼了社会广大民众。卡逊这本里程碑式的警世之作开启了人类的环保事业,同时也引发了旷日持久的"反《寂静的春天》运动"。2015年11月《寂静的春天》,被评为最具影响力的20本学术书之一。

思考与练习

一、思考题

近年来,在节假日,不少城市居民选择暂离城市的喧嚣,到农村去进行生态旅游,感受新鲜的空气,体验田园乐趣,与大自然亲密接触。请谈谈你对此的看法。

二、能力训练

1. 注释与赏析

理解并赏析下面这首诗。

题大禹寺义公禅房

孟浩然

义公习禅寂,结宇依空林。

户外一峰秀,阶前众壑深。

夕阳连雨足,空翠落庭阴。

看取莲花净,应知不染心。

2. 写作练习

1)写一篇文章,题目是"自然的馈赠"。

2)请以"高山无言"为题写一篇散文。

3. 表达训练

1)以"我最喜欢的季节"为题演讲。

2)以"智者乐水仁者乐山"为题演讲。

第四单元　感悟人性

　　人是自然进化的产物，人是自然的一部分，但人又能超越自然，那是因为人具有理性和自我意识。正如马克思所说："人的本质是一切社会关系的总和。"人创造了人类社会，并使每个人都生活于其中。一方面，作为自然进化的产物，人始终是这一蔚蓝星球上最为靓丽的一笔。天地之间，一切都可以朽去，人的伟大却历久弥新。另一方面，作为社会层面上的人，又具有其他自然物所不能比拟的优势，其根本在于人的思维能力，而且是理性的思辨。而且，人与动物的区别在于，人不仅能够思考，还拥有各种各样复杂的情感，如亲情、友情、爱情，都是被人间称颂的至深之情。此外，人活动于社会之中，要做很多的事情，人类的发展也需要每个人为之做出一点什么。他要离开自己的家庭走向社会，去和许许多多陌生的人交往，去体验集体的生存状态。怎样在这个集体里生存得更好，怎样去和这个集体中的每一个人打交道？我该怎样面对别人，别人又会怎样对待我？这是我们每个人都应该思考的问题。学会做人，学会与人交往是十分重要的。

梦微之①

白居易

　　白居易（772-846），字乐天，号香山居士，又号醉吟先生，祖籍山西太原，生于河南新郑。唐代伟大的现实主义诗人，唐代三大诗人之一。白居易与元稹共同倡导新乐府运动，世称"元白"，与刘禹锡并称"刘白"。白居易的诗歌题材广泛，形式多样，语言平易通俗，有"诗魔"和"诗王"之称。有《白氏长庆集》传世，代表诗作有《长恨歌》《卖炭翁》《琵琶行》等。

夜来携手梦同游，晨起盈巾泪莫收。
漳浦老身三度病②，咸阳宿草八回秋③。
君埋泉下④泥销骨，我寄人间⑤雪满头。
阿卫⑥韩郎⑦相次去，夜台茫昧得知不⑧？

【注释】

①微之：唐朝诗人元稹，字微之，与诗人同科及第，并结为终生诗友。

②"漳浦"句：以三国时刘桢卧病漳浦自比。刘桢《赠五官中郎将四首》其二："余婴沉痼疾，窜身清漳滨。"漳浦，指漳河。今山西省东部有清漳、浊漳二河，东南流至河北、河南两省边境，合为漳河。

③"咸阳"句：指元稹已死多年。元稹死于大和五年（831）七月，次年七月葬咸阳县（治所在今陕西咸阳）。宿草，指墓地上隔年的草，用为悼念亡友之辞。《礼记·檀弓上》："朋友之墓，有宿草而不哭焉。"

④ 君埋泉下：指微之去世。

⑤ 寄人间：寄居人间。

⑥ 阿卫：微之的小儿子。

⑦ 韩郎：微之的爱婿。

⑧ 夜台：指坟墓，因为闭于坟墓，不见光明，所以称为夜台，后来也用来指代阴间。茫昧：模糊不清。

【导读】

这首《梦微之》是白居易所作的一首七言律诗。全诗用梦中相会之愉悦和醒来之痛苦相对比，以乐景衬哀情，更突出了对故人的思念之切和对自己现实不幸的感伤和惆怅。悼亡之情，铭心刻骨，如泣如诉，催人泪下。

唐贞元十七年（801年），30岁的白居易在长安结识了23岁的元稹，他们为对方的文采精华而折服，政治上又都反对宦官专权、提倡轻徭薄赋。为了实现古代仕人怀有的那份安邦定国的宏伟抱负，二人同时参加了吏部的制科考试，并且同时当上校书郎。直到元稹因敷水驿事件得罪宦官被贬下放，白居易以死上书无效。元和十年（815年），元稹被贬为通州司马，同年白居易被贬为江州司马。此后，二人只能互通书信、倾诉衷肠。太和五年（831年），元稹病逝于武昌。开成五年（840年），白居易六十八岁，大病初愈，时距九年，诗人对老友的情感依旧很深。加上健康与心绪亦与日俱非，更增添了对故人的思念，在某夜梦到元稹后，诗人创作了此诗。

红楼梦（节选）

曹雪芹

曹雪芹（约1715—1763），名霑，字梦阮，号雪芹，又号芹溪、芹圃，生于江宁（今江苏南京）。曹雪芹素性放达，爱好广泛，对诗书、绘画、中医、工艺、饮食等均有所研究。他以坚韧不拔的毅力，历经多年艰辛，终于创作出极具思想性、艺术性的伟大作品——《红楼梦》。

宝玉因不见了林黛玉，便知她躲了别处去了，想了一想，索性迟两日，等她的气消一消再去也罢了。因低头看见许多凤仙石榴等各色落花，锦重重地落了一地，因叹道："这是她心里生了气，也不收拾这花儿来了。待我送了去，明儿再问着她。"说着，只见宝钗约着他们往外头去。宝玉道："我就来。"说毕，等他二人去远了，便把那花兜了起来，登山渡水，过树穿花，一直奔了那日同林黛玉葬桃花的去处来。将已到了花冢，犹未转过山坡，只听山坡那边有呜咽之声，一行数落着，哭得好不伤感。宝玉心下想道："这不知是哪房里的丫头，受了委屈，跑到这个地方来哭。"一面想，一面刹住脚步，听她哭道是：

　　花谢花飞飞满天，红消香断有谁怜？
　　游丝软系飘春榭，落絮轻沾扑绣帘。
　　闺中女儿惜春暮，愁绪满怀无释处；
　　手把花锄出绣帘，忍踏落花来复去？
　　柳丝榆荚自芳菲，不管桃飘与李飞；
　　桃李明年能再发，明年闺中知有谁？
　　三月香巢已垒成，梁间燕子太无情！
　　明年花发虽可啄，却不道人去梁空巢也倾。
　　一年三百六十日，风刀霜剑严相逼；
　　明媚鲜妍能几时，一朝漂泊难寻觅。
　　花开易见落难寻，阶前闷杀葬花人；
　　独倚花锄泪暗洒，洒上空枝见血痕。
　　杜鹃无语正黄昏，荷锄归去掩重门；
　　青灯照壁人初睡，冷雨敲窗被未温。
　　怪奴底事倍伤神？半为怜春半恼春。
　　怜春忽至恼忽去，至又无言去不闻。
　　昨宵庭外悲歌发，知是花魂与鸟魂？
　　花魂鸟魂总难留，鸟自无言花自羞；
　　愿奴胁下生双翼，随花飞到天尽头。
　　天尽头，何处有香丘？
　　未若锦囊收艳骨，一抔净土掩风流；
　　质本洁来还洁去，强于污淖陷渠沟。
　　尔今死去侬收葬，未卜侬身何日丧？
　　侬今葬花人笑痴，他年葬侬知是谁？
　　试看春残花渐落，便是红颜老死时。
　　一朝春尽红颜老，花落人亡两不知！

【导读】

　　《红楼梦》是一部具有世界影响力的人情小说，举世公认的中国古典小说巅峰之作，中国封建社会的百科全书，传统文化的集大成者。小说以"大旨谈情，实录其事"自勉，只按自己的事体情理，按迹循踪，摆脱旧套，新鲜别致，取得了非凡的艺术成就。

　　《红楼梦》里有那么多可爱的青年，尤其是少女，她们永远年轻。由于《红楼梦》的存在，林黛玉永远是那样一个少女，她犀利、有灵性，才能卓越于他人，诗歌各个方面的创作也比别人来得高级。《黛玉葬花》是文学名著《红楼梦》中的经典片段。林黛玉最怜惜花，觉得花落以后埋在土里最干净，说明她对美有独特的见解。她写了葬花词，以花比喻自己，在《红楼梦》中是最美丽的诗歌之一。贾宝玉和林黛玉在葬花的时候有一段对话，成为《红楼梦》中一场情人之间解除误会的绝唱。

《葬花吟》是作者着力摹写的文字，是作者借以塑造黛玉这一艺术形象，表现其性格特征的重要作品，是黛玉感叹身世遭遇的全部哀音的代表。其风格上仿效初唐的歌行体，在抒情上淋漓尽致，艺术表现上十分成功，极具文学价值。

竹林的故事

废名

> 废名（1901—1967），原名冯文炳，湖北黄梅人，中国现代诗人、小说家，被视为"京派文学"的鼻祖。文学史研究者习惯于称他的小说为田园小说，其创作大致可以划分为前后两个时期，前期的作品主要收入在其第一个小说集《竹林的故事》中，内容主要包括两方面：一是表现带有古民风采的人物的纯朴美德，具有一种"田园牧歌"情调；二是表现由于宗法社会关系的渐趋解体给农民带来的凄苦命运，具有一种挽歌情调。

出城一条河，过河西走，坝脚下有一簇竹林，竹林里露出一重茅屋，茅屋两边都是菜园：十二年前，它们的主人是一个很和气的汉子，大家呼他老程。

那时我们是专门请一位先生在祠堂里讲《了凡纲鉴》，为得拣到这菜园来割菜，因而结识了老程。老程有一个小姑娘，非常害羞而又爱笑，我们以后就借了割菜来逗她玩笑。我们起初不知道她的名字，问她，她笑而不答，有一回见了老程呼"阿三"，我才挽住她的手："哈哈，三姑娘！"我们从此就呼她三姑娘。从名字看来，三姑娘应该还有姊妹或兄弟，然而我们除掉她的爸爸同妈妈，实在没有看见别的谁。

一天我们的先生不在家，我们大家聚在门口掷瓦片，老程家的捏着香纸走我们的面前过去，不一刻又望见她转来，不笔直地循走原路，勉强带笑地弯近我们："先生！替我看看这签。"我们围着念菩萨的绝句，问道："你求的是什么呢？"她对我们诉一大串，我们才知道她的阿三头上本来还有两个姑娘，而现在只要让她有这一个，不再三朝两病的就好了。

老程除了种菜，也还打鱼卖。四五月间，霪雨之后，河里满河山水，他照例拿着摇网走到河边的一个草墩上——这墩也就是老程家的洗衣裳的地方，因为太阳射不到这来，一边一棵树交荫着成一座天然的凉棚。水涨了，搓衣的石头沉在河底，呈现绿团团的坡，刚刚高过水面，老程像乘着划船一般站在上面把摇网朝水里兜来兜去；倘若兜着了，那就不移地地转过身倒在挖就了的荡里——三姑娘的小小的手掌，这时跟着她的欢跃的叫声热闹起来，一直等到蹦跳蹦跳好容易给捉住了，才又坐下草地望着爸爸。

流水潺潺，摇网从水里探起，一滴滴的水点打在水上，浸在水当中的枝条也冲击着嚓嚓作响。三姑娘渐渐把爸爸站在那里都忘掉了，只是不住地抠土，嘴里还低声地歌唱；头毛低到眼边，才把脑壳一扬，不觉也就瞥到那滔滔水流上的一堆白沫，顿时兴奋起来，然而立刻不见了，偏头又给树叶子遮住了——使得眼光回复到爸爸的身上，是突然一声"啊呀"！这回是一尾大鱼！而妈妈也沿坝走来，说盐钵里的盐怕还够不了一飧饭。

老程由街转头，茅屋顶上正在冒烟，叱咤一声，躲在园里吃菜的猪飞奔地跑，——三姑娘也就出来了，老程从荷包里掏出一把大红头绳："阿三，这个打辫好吗？"三姑娘抢在手上，一面还接下酒壶，奔向灶角里去。"留到端午扎艾蒿，别糟蹋了！"妈妈这样答应着，随即把酒壶伸到灶孔烫。三姑娘到房里去了一会又出来，见了妈妈抽筷子，便赶快拿出杯子——家里只有这一个，老是归三姑娘照管——踮着脚送在桌上；然而老程终于还是要亲自朝中间挪一挪，然后又取出壶来。"爸爸喝酒，我吃豆腐干！"老程实在用不着下酒的菜，对着三姑娘慢慢地喝了。

三姑娘八岁的时候，就能够代替妈妈洗衣。然而绿团团的坡上，从此也不见老程的踪迹了——这只要看竹林的那边河坝倾斜成一块平坦的上面，高耸着一个不毛的同教书先生（自然不是我们的先生）用的戒方一般模样的土堆，堆前竖着三四根只有杪梢还没有斩去的枝丫吊着被雨粘住的纸幡残片的竹竿，就可以知道是什么意义。

老程家的已经是四十岁的婆婆，就在平常，穿的衣服也都是青蓝大布，现在不过系鞋的带子也不用那水红颜色的罢了，所以并不显得十分异样。独有三姑娘的黑地绿花鞋的尖头蒙上一层白布，虽然更显得好看，却叫人见了也同三姑娘自己一样懒懒的没有话可说了。

然而那也并非是长久的情形。母女都是那样勤敏，家事的兴旺，正如这块小天地，春天来了，林里的竹子，园里的菜，都一天一天地绿得可爱。老程的死却正相反，一天比一天淡漠起来，只有鹞鹰在屋头上打圈子，妈妈呼喊女儿道："去，去看担里放的鸡娃。"三姑娘才走到竹林那边，知道这里睡的是爸爸了。到后来，青草铺平了一切，连曾经有个爸爸这件事实几乎也没有了。

正二月间城里赛龙灯，大街小巷，真是人山人海。最多的还要算邻近各村上的女人，她们像一阵旋风，大大小小牵成一串从这街冲到那街，街上的汉子也借这个机会撞一撞她们。然而能够看得见三姑娘同三姑娘的妈妈吗？不，一回也没有看见！锣鼓喧天，惊不了她母女两个，正如惊不了栖在竹林的雀子。鸡上埘的时候，比这里更西也是住在坝下的堂嫂子们，顺便也邀请一声"三姐"，三姑娘总是微笑地推辞。妈妈则极力鼓励着一路去，三姑娘送客到坝上，也跟着出来，看到底攀缠着走了不；然而别人的渐渐走得远了，自己的不还是影子一般的依在身边吗？

三姑娘的拒绝，本是很自然的，妈妈的神情反而有点莫名其妙了！用询问的眼光朝妈妈脸上一瞧——却也正在瞧过来，于是又掉头望着嫂子们走去的方向："有什么可看？成群打阵，好像是发了疯的！"

这话本来想使妈妈热闹起来，而妈妈依然是无精打采沉着面孔。河里没有水，平沙一片，显得这坝从远远看来是蜿蜒着一条蛇，站在上面的人，更小到同一颗黑子了。由这里望过去，半圆形的城门，也低斜得快要同地面合成了一起；木桥俨然是画中见过的，而往来蠕动都在沙滩；在坝上分明数得清楚，及至到了沙滩，一转眼就失了心目中的标记，只觉得一簇簇的仿佛是远山上的树林罢了。至于聒聒的喧声，却比站在近旁更能入耳，虽然听不着说的是什么，听者的心早被他牵引了去了。竹林里也同平常一样，雀子在奏他们的晚歌，然而对于听惯了的人只能够增加静寂。

打破这静寂的终于还是妈妈："阿三！我就是死了也不怕猫跳！你老这样守着我，到底……"

妈妈不作声，三姑娘抱歉似的不安，突然来了这埋怨，刚才的事倒好像给一阵风赶跑了，增长了一番力气娇恼着："到底！这也什么到底不到底！我不欢喜玩！"

三姑娘同妈妈间的争吵，其原因都出在自己的过于乖巧，比如每天清早起来，把房里的家具抹得干净，妈妈却说："乡户人家呵，要这样？"偶然一出门做客，只对着镜子把散在额上的头毛梳理一梳理，妈妈却硬从盒子里拿出一枝花来。现在站在坝上，眶子里的眼泪快要迸出来了，妈妈才不作声。这时节难为的是妈妈了，皱着眉头不转眼地望，而三姑娘老不抬头！待到点燃了案上的灯，才知道已经走进了茅屋，这期间的时刻竟是在梦中过去了。

灯光下也立刻照见了三姑娘，拿一束稻草，一菜篮适才饭后同妈妈在园里割回的白菜，坐下板凳三棵捆成一把。

"妈妈，这比以前大得多了！两棵怕就有一斤。"

妈妈哪想到屋里还放着明天早晨要卖的菜呢？三姑娘本不依恃妈妈的帮忙，妈妈终于不出声地叹一口气伴着三姑娘捆了。

三姑娘不上街看灯，然而当年背在爸爸的背上是看过了多少次的，所以听了敲在城里响在城外的锣鼓，都能够在记忆中画出是怎样的情境来。"再是上东门，再是在衙门口领赏……"忖着声音所来的地方自言自语地这样猜。妈妈正在做嫂子的时候，也是一样地欢喜赶热闹，那情境也许比三姑娘更记得清白，然而对于三姑娘的仿佛亲临一般的高兴，只是无意地吐出来几声"是"——这几乎要使得三姑娘稀奇得伸起腰来了："刚才还催我去玩哩！"

三姑娘实在是站起来了，一二三四地点着把数，然后又一把把地摆在菜篮，以便于明天一大早挑上街去卖。

见了三姑娘活泼泼地肩上一担菜，一定要奇怪，昨夜晚为什么那样没出息，不在火烛之下现一现那黑然而美的瓜子模样的面庞呢？不——倘若奇怪，只有自己的妈妈。人一见了三姑娘挑菜，就只有三姑娘同三姑娘的菜，其余的什么也不记得，因为耽误了一刻，三姑娘的菜就买不到手；三姑娘的白菜原是这样好，隔夜没有浸水，煮起来比别人的多，吃起来比别人的甜了。

我在祠堂里足足住了六年之久，三姑娘最后留给我的印象，也就在卖菜这一件事。

三姑娘这时已经是十二三岁的姑娘，因为是暑天，穿的是竹布单衣，颜色淡得同月色一般——这自然是旧的了,然而倘若是新的,怕没有这样合式,不过这也不能够说定,因为我们从没有看见三姑娘穿过新衣;总之三姑娘是好看罢了。三姑娘在我们的眼睛里同我们的先生一样熟,所不同的,我们一望见先生就往里跑,望见三姑娘都不知不觉地站在那里笑。然而三姑娘是这样淑静,愈走近我们,我们的热闹便愈是消灭下去,等到我们从她的篮里拣起菜来,又从自己的荷包里掏出了铜子,简直是犯了罪孽似的觉得这太对不起三姑娘了。而三姑娘始终是很习惯的,接下铜子又把菜篮肩上。

一天三姑娘是卖青椒。这时青椒出世还不久,我们大家商议买四两来煮鱼吃——鲜青椒煮鲜鱼,是再好吃没有的。三姑娘在用秤称,我们都高兴得了不得,有的说买鲫鱼,有的说鲫鱼还不及鳊鱼。其中有一位是最会说笑的,向着三姑娘道:"三姑娘,你多称一两,回头我们的饭熟了,你也来吃,好不好呢?"

三姑娘笑了:"吃先生们的一餐饭使不得?难道就要我出东西?"

我们大家也都笑了;不提防三姑娘果然从篮子里抓起一把掷在原来称就了的堆里。

"三姑娘是不吃我们的饭的,妈妈在家里等吃饭。我们没有什么谢三姑娘,只望三姑娘将来碰一个好姑爷。"

我这样说。然而三姑娘也就赶跑了。

从此我没有见到三姑娘。到今年,我远道回家过清明,阴雾天气,打算去郊外看烧香,走到坝上,远远望见竹林,我的记忆又好像一塘春水,被微风吹起波皱了。正在徘徊,从竹林上坝的小径,走来两个妇人,一个站住了,前面的一个且走且回应,而我即刻认定了是三姑娘!

"我的三姐,就有这样忙,端午中秋接不来,为得先人来了饭也不吃!"

那妇人的话也分明听到。再没有别的声息:三姑娘的鞋踏着沙土。我急于要走过竹林看看,然而也暂时面对流水,让三姑娘低头过去。

【导读】

东方情感的特色是含蓄与敦厚,感情交流方式讲究性灵的意会,《竹林的故事》里无论是老程一家的父女之情、母女之情,还是"我"作为一个旁观者对他们一家人的命运的感慨都体现了这个特色。而文章里的种种"意境"正是和这种感情特色紧紧联系在一起的。比如三姑娘陪老程抓鱼的那段,父女之情就是和捕鱼时描绘的这个"境"紧紧融合在一起的。"赛龙灯"那段,母女两人因为都太为对方着想而起了争执,她们的情绪和心理变化与黑夜里遥见遥想的赛会景象交错描绘而产生的意境,真令人有如亲验的感觉。而全文的最后一个"境",是由"我"多年之后回乡在河边坝上遇到了三姑娘而起的。这个"境"既是全文节奏上的高潮,也是总和全文叙述风格的文眼。作者把这篇小说所要表达的艺术特色、情感特色以及对人生的感悟推到了极致。这个"境"里糅合了对故土的回忆、对美的爱怜、对善的同情、对命运的哀伤与无奈,又真正表现出了东方传统文化里含蓄与敦厚的美。

我愿意是急流

裴多菲·山陀尔

> 裴多菲·山陀尔（1823—1849），匈牙利伟大的革命诗人，也是匈牙利民族文学的奠基人。他十五岁开始写诗，在短暂而光辉的一生中，共写了八百多首抒情诗和九首长篇叙事诗。最著名的抒情诗有《民族之歌》《我的歌》《一个念头在烦恼着我》《自由与爱情》《我愿意是急流》《把国王吊上绞架》等；最著名的叙事诗有《农村的大锤》《雅诺什勇士》《使徒》。

我愿意是急流，
是山里的小河，
在崎岖的路上、
岩石上经过……
只要我的爱人
是一条小鱼，
在我的浪花中
快乐地游来游去。

我愿意是荒林，
在河流的两岸，
对一阵阵的狂风，
勇敢地作战……
只要我的爱人
是一只小鸟，
在我的稠密的
树枝间作窠，鸣叫。

我愿意是废墟，
在峻峭的山岩上，
这静默的毁灭
并不使我懊丧……
只要我的爱人

是青青的常春藤，
沿着我荒凉的额，
亲密地攀缘上升。

我愿意是草屋，
在深深的山谷底，
草屋的顶上
饱经风雨的打击……
只要我的爱人
是可爱的火焰，
在我的炉子里
愉快地缓缓闪现。

我愿意是云朵，
是灰色的破旗，
在广漠的空中，
懒懒地飘来荡去，
只要我的爱人
是珊瑚似的夕阳，
傍着我苍白的脸，
显出鲜艳的辉煌。

【导读】

　　这首诗以热烈奔放的真挚情感抒发了作者对"我的爱人"的恋情。全诗共分五个自然段落，分别用五组意象来比喻和对应"我"和"我的爱人"的爱情关系："急流"与"小鱼"，"荒林"与"小鸟"，"废墟"与"常春藤"，"草屋"与"火焰"，"云朵"与"夕阳"。这五组意象的对比，体现了诗人两种不同情感的表达：在前两组中是凸显"我"的伟岸高大形象；在后三组意象中，作者却笔锋一转，以悲剧的情调抒写了"我"的"毁灭""打击"和"飘来荡去"，而"我的爱人"却犹如"常春藤""火焰"和"夕阳"那样充满着勃勃生机与熊熊热情，这又是突出了"我的爱人"的伟大精神力量。这首诗表达了诗人希望爱情平等，并在为革命事业的奋斗中相互支持、相互鼓励的观念。

当你老了

威廉·巴特勒·叶芝

> 威廉·巴特勒·叶芝（1865—1939），爱尔兰著名抒情诗人、剧作家和散文家，是"爱尔兰文艺复兴运动"的领袖，也是艾比剧院的创建者之一。叶芝的诗受浪漫主义、唯美主义、神秘主义、象征主义和玄学诗的影响，代表作有《钟楼》《驶向拜占庭》等。1923年获诺贝尔文学奖。

当你老了，白发苍苍，睡意蒙眬，
在炉前打盹，请取下这本诗集，
慢慢吟诵，回想你过去眼神的柔和，
回想它们昔日清幽的晕影。

多少人爱你青春欢畅的时光，
爱慕你的美丽，假意或真心，
唯独有一人爱你朝圣者的灵魂，
爱你衰老了的脸上痛苦的皱纹。

垂下头来，在灼热的炉栅边，
凄然地轻轻诉说那爱情的消逝，
逝去的爱，如今已步入高山，
在密密星群里掩藏它的赧颜。

【导读】

诗人写这首诗时，他所爱恋的对象正值青春年少，有着靓丽的容颜和迷人的风韵。古往今来，爱情似乎总是与青春、美貌联系在一起。当人们沐浴在爱情的辉光中，脑海里只有当下，总是潜藏着一种拒绝时间、拒绝变化、将瞬间化为永恒的欲望。而诗人偏要穿越悠远的时光隧道，想到红颜少女的垂暮之年，想象她白发苍苍，身躯佝偻的样子。

对一位正享受青春之果的少女宣讲她的暮年，这是太残酷了，就像对一个刚出世的儿童说他一定要死一样，但这又是不可抗拒的自然规律。然而诗人这样写并非只是要向她说出这个"真理"，而是要通过这种方式向她表达自己的爱。诗人仿佛是一个孤独者，远远地，却又执着地注视着、爱恋着那位被人们众星捧月般围绕着的姑娘，向她献出自己独特的却真正弥足珍贵的爱情，因为别人或真情，或假意地爱着的，只是她的容颜，独有诗人爱着她高贵的灵魂。红颜易老，青春难留，而少女高贵的灵魂、内在的美却随着岁月的流逝永驻，就像酒，藏之愈久，味之弥醇，因而诗人的爱情也得以超越时光，超越外在的美丽。

这首爱情诗是独特的，其独特来自诗人独特而真挚的情感，没有这种情感，刻意去别出心裁，只会让人觉得做作。与其说是诗人在想象中描述爱人的暮年，不如说是诗人在向爱人，同时也向滔滔流逝的岁月剖白自己天地可鉴的真情。从这个意义上讲，打动我们的正是诗中流溢出的那股哀伤无望，却又矢志无悔的真挚情感。

思考与练习

一、思考题

人的情感有千千万万种类型，但在现实生活中对我们能够产生最直接和最重大影响的无外乎友情、亲情、爱情和要处理的各种各样的关系，这些是每一个大学生都不可避免要涉及的问题。

请结合前面的作品谈一谈作为一个成功的社会人应该怎样面对和处理这些情感和问题，你在现实生活中又是怎样处理的。

二、能力训练

1. 注释与背诵

（1）居上位而不骄，在下位而不忧。（《周易》）

（2）君子之道，或出或处，或默或语。二人同心，其利断金。同心之言，其臭如兰。（《周易》）

（3）知人者智，自知者明。（《老子》）

2. 写作训练

用或欣赏，或包容，或理解，或换位的方式或态度与你认为最难打交道的人沟通，看看对方的反应，想想你自己的感受，然后把它写出来。

3. 表达训练

以"爱是一种能力"为题，进行演讲。

4. 开放性讨论

将同学们分成若干小组，每个小组10人，小组成员共同探讨一个或几个问题。问题可由老师给出或是班级事务中遇到的实际问题。

第五单元　洞察历史

中国古代的文献和文学作品里有众多的咏史怀古篇。从诗到词，从文到赋，从志怪到传奇，从文言到白话，任何一种文学形式的繁盛都有其自身的特色。登临咏怀之际，许多作者"观古今于须臾，抚四海于一瞬""念天地之悠悠，独怆然而涕下"，不仅以其超迈的视野、深刻的见识给人以思想启迪，还以其博大的胸襟、炽热的情怀给人以心灵震撼。历史的积淀是厚重的，一些反复呈现的历史现象，实质上演示了社会发展的必然规律，值得我们牢牢汲取。

历史是迄今为止人类全部社会实践活动的总和，包蕴着人类的全部成功和失败、欢乐与痛苦、经验和教训。洞察历史可使人开阔眼界，见识深远。中华民族有五千年的悠久历史，汲取历史上成功的经验和失败的教训，这是一笔极为难得的文化遗产和精神财富。

谏太宗十思疏

魏徵

> 魏徵（580—643），字玄成，巨鹿下曲阳县（今河北晋县）人。唐朝杰出的政治家、思想家、文学家和史学家。隋末参加瓦岗起义，后归唐。贞观元年（627年），授谏议大夫。迁侍中，册封郑国公。直言进谏，推行王道，辅佐唐太宗共创"贞观之治"，成为"一代名相"。贞观十七年（643年）去世，谥号文贞。魏徵参与修撰《群书治要》及《隋书》序论，《梁书》《陈书》《齐书》的总论等，其言论多见于《贞观政要》。

臣闻求木之长①者，必固其根本②；欲流之远者，必浚③其泉源；思国之安者，必积其德义。源不深而望流之远，根不固而求木之长，德不厚而思国之治，臣虽下愚④，知其不可，而况于明哲⑤乎！人君当神器之重⑥，居域中⑦之大，将崇极天之峻，永保无疆之休⑧。不念居安思危，戒奢以俭，德不处其厚，情不胜其欲，斯亦伐根以求木茂，塞源而欲流长者也。

凡百元首⑨，承天景命⑩，莫不殷忧⑪而道著，功成而德衰。有善始者实⑫繁，能克终者盖寡⑬，岂其取之易而守之难乎？盖在殷忧必竭诚以待下，既得志则纵情以傲物⑭。竭诚则吴越为一体⑮，傲物则骨肉为行路⑯。虽董⑰之以严刑，振⑱之以威怒，终苟免而不怀仁⑲，貌恭而不心服。怨不在大⑳，可畏惟人㉑；载舟覆舟㉒，所宜深慎。奔车朽索，其可忽乎？

　　君人者，诚能见可欲㉓则思知足以自戒，将有作㉔则思知止以安人㉕，念高危㉖则思谦冲而自牧㉗，惧满溢则思江海下百川㉘，乐盘游㉙则思三驱㉚以为度，忧懈怠则思慎始而敬终㉛，虑壅蔽㉜则思虚心以纳下，想谗邪㉝则思正身以黜恶㉞，恩所加则思无因喜以谬赏，罚所及则思无因怒而滥刑。总此十思，弘兹九德㉟，简㊱能而任之，择善而从之。则智者尽其谋，勇者竭其力，仁者播其惠，信者效㊲其忠。文武争驰，君臣无事，可以尽豫游之乐，可以养松乔㊳之寿，鸣琴垂拱㊴，不言而化。何必劳神苦思，代下司职，役聪明之耳目，亏无为㊵之大道哉！

【注释】

① 长（zhǎng）：生长。

② 固其根本：使它的根本牢固。本：树根。

③ 浚（jùn）：疏通，挖深。

④ 思国之治：一作"思国之理"。下愚：地位低见识浅的人。

⑤ 明哲：聪明睿智（的人）。

⑥ 当神器之重：处于皇帝的重要位置。神器，指帝位。古时认为"君权神授"，所以称帝位为"神器"。

⑦ 域中：指天地之间。

⑧ 休：美。这里指政权的平和美好。

⑨ 凡百元首：所有的元首，泛指古代的帝王。

⑩ 承天景命：承受了上天赋予的重大使命。景：大。

⑪ 殷忧：深忧。

⑫ 实：的确。

⑬ 克终者盖寡：能够坚持到底的大概不多。克：能。盖：表推测语气。

⑭ 傲物：傲视别人。物：这里指人。

⑮ 吴越为一体：吴越，指春秋时的吴国与越国，当时两国之间长期为仇，战伐不断。坦诚相见则可使有仇的人也团结成一体。

⑯ 骨肉为行路：亲骨肉之间也会变得像陌生人一样。骨肉：有血缘关系的人。行路：路人，比喻毫无关系的人。

⑰ 董：督责。

⑱ 振：通"震"，震慑。

⑲ 苟免而不怀仁：（臣民）只求苟且免于刑罚而不怀念感激国君的仁德。

⑳ 怨不在大：（臣民）对国君的怨恨不在大小。

㉑ 可畏惟人：可怕的只是百姓。人，本应写作"民"，因避皇上李世民之名讳而写作"人"。

㉒ 载舟覆舟：这里比喻百姓能拥戴皇帝，也能推翻他的统治。出自《荀子·王制》："君者，舟也；庶人者，水也。水则载舟，水则覆舟。"

㉓ 见可欲：见到能引起（自己）喜好的东西。出自《老子》第三章"不见可欲，使民心不乱"。下文的"知足""知止"（知道适可而止），出自《老子》第四十四章"知足不辱""知止不殆"。

㉔ 将有作：将要兴建某建筑物。作：兴作，建筑。
㉕ 安人：安民，使百姓安宁。
㉖ 念高危：想到帝位高高在上。危：高。
㉗ 则思谦冲而自牧：就想到要谦虚并加强自我修养。冲：虚。牧：约束。
㉘ 江海下百川：江海处于众多河流的下游。下：居……之下。
㉙ 盘游：打猎取乐。
㉚ 三驱：据说古代圣贤之君在打猎布网时只拦住三面而有意网开一面，从而体现圣人的"好生之仁"。另一种解释为田猎活动以一年三次为度。
㉛ 敬终：谨慎地把事情做完。
㉜ 虑壅（yōng）蔽：担心（言路）不通受蒙蔽。壅：堵塞。
㉝ 想谗邪：考虑到（朝中可能会出现）谗佞奸邪。谗：说人坏话，造谣中伤。邪：不正派。
㉞ 正身以黜（chù）恶：使自身端正（才能）罢黜奸邪。黜：排斥，罢免。
㉟ 弘兹九德：弘扬这九种美德。九德，指忠、信、敬、刚、柔、和、固、贞、顺。
㊱ 简：选拔。
㊲ 效：献出。
㊳ 松乔：赤松子和王子乔，古代传说中的仙人。
㊴ 垂拱：垂衣拱手。比喻很轻易地天下就实现大治了。
㊵ 无为：道家主张清静虚无，顺其自然。

【导读】

《谏太宗十思疏》是魏徵于贞观十一年（637 年）写给唐太宗的奏章，意在劝谏太宗居安思危，戒奢以俭，积其德义。太宗，即李世民，唐朝第二个皇帝，是中国历史上最有成就的开明君主之一，在他的统治时期，出现了安定富强的政治局面，史称"贞观之治"。"十思"是奏章的主要内容，即十条值得深思的情况。"疏"即"奏疏"，是古代臣下向君主议事进言的一种文体，属于议论文。

全篇以"思国之安者，必积其德义"为中心展开论述。先从正反两方面进行论述，提出为君必须"居安思危，戒奢以俭"的结论。然后提醒太宗，守成之君易失人心。因在"殷忧"时易"竭诚以待下"，而在"得志"时则会"纵情以傲物"，便有"覆舟"之危。由此提出"积德义"必须"十思"。着重规劝太宗对于物质享受要适度，在自身修养上要"谦冲"，在用人上要"虚心纳下"，在行施法制上要不计个人恩怨。结尾归结出治国方法的关键在于知人善任，选拔人才，达到"垂拱而治"的理想境界。作者的这些主张，为唐太宗所采纳，有助于成就唐王朝的"贞观之治"。全篇以"思"字作为贯穿行文线索，脉络分明，条理清晰。文中多用比喻，把道理说得生动形象，并采用排比、对仗，句式工整，气理充畅。

登幽州台①歌

陈子昂

> 陈子昂（659—700），字伯玉，梓州射洪（今四川射洪）人，唐代诗人，初唐诗文革新人物之一。少年时乐善好施颇有侠名，二十四岁举进士，得到当时女皇武则天青睐，授麟台正字。后因权臣迫害，蒙冤入狱而死。代表作有《感遇》《登幽州台歌》等。

前不见古人，后不见来者。
念②天地之悠悠，独怆然而涕③下。

【注释】
① 幽州台：即黄金台，又称蓟北楼，故址在今北京大兴。
② 念：想到。
③ 涕：眼泪。

【导读】
本诗感慨怀才不遇的寂寥情绪，诗文奔放，极具感染力。"前不见古人，后不见来者。"这里的古人是指古代那些能够礼贤下士的贤明君主。但是，前代的贤君与后来的明主均未能见到，以此来感慨自己生不逢时；当登台远眺时，眼前所能看到的也仅仅是茫茫天地，孤单寂寞的悲伤之感油然而起，也只能独自伤心流泪。

本诗名为幽州台，却未对其作一字描写，而只抒发登台的感慨，但这并不影响其成为千古名篇，因其以慷慨悲凉的基调，表现诗人怀才不遇的苦闷，而这种情怀在旧时文人中屡见不鲜，因此获得广泛共鸣。本诗风格极具"汉魏风骨"，为唐代诗文的先驱之作。在表现张力上，诗文视野宽广，意境浑厚，语言奔放，感染力强。短短二十二字，却给世人展示了一幅意境超然广阔的画面。前部分着重勾勒浩瀚天地，沧桑易变的人事，结尾处凌空一跃，饱含情感地抒发其慷慨悲壮之感。

五代史伶官①传序

欧阳修

> 欧阳修（1007—1072），字永叔，号醉翁、六一居士，汉族，吉州永丰（今江西省吉安市永丰县）人，北宋政治家、文学家。因吉州原属庐陵郡，以"庐陵欧阳修"自居。欧阳修是在宋代文学史上最早开创一代文风的文坛领袖，为"唐宋八大家"之一。

呜呼！盛衰之理，虽曰天命，岂非人事哉！原庄宗②之所以得天下，与其所以失之者，可以知之矣。

世言晋王③之将终也，以三矢赐庄宗而告之曰："梁，吾仇也④；燕王⑤，吾所立；契丹⑥，与吾约为兄弟；而皆背晋以归梁。此三者，吾遗恨也。与尔三矢，尔其无忘乃父之志⑦！"庄宗受而藏之于庙⑧。其后用兵，则遣从事⑨以一少牢告庙，请其矢，盛以锦囊，负而前驱，及凯旋而纳之⑩。

方其系燕父子以组⑪，函⑫梁君臣之首，入于太庙，还矢先王⑬，而告以成功，其意气之盛，可谓壮哉！及仇雠⑭已灭，天下已定，一夫⑮夜呼，乱者四应，仓皇东出，未及见贼而士卒离散，君臣相顾，不知所归。至于誓天断发⑯，泣下沾襟，何其衰也！岂得之难而失之易欤⑰？抑本其成败之迹⑱，而皆自于人欤？

《书》⑲曰："满招损，谦得益。"忧劳可以兴国，逸豫⑳可以亡身，自然之理也。故方其盛也，举㉑天下之豪杰莫能与之争；及其衰也，数十伶人困之，而身死国灭，为天下笑。夫祸患常积于忽微㉒，而智勇多困于所溺㉓，岂独伶人也哉㉔！作《伶官传》。

【注释】

① 伶（líng）官：宫廷中的乐官和授有官职的演戏艺人。

② 原：推究，考查。庄宗：即后唐庄宗李存勖，李克用长子，继父为晋王，又于后梁龙德三年（923年）称帝，国号唐。同年灭后梁。同光四年（926年），在兵变中被杀，在位仅三年。

③ 晋王：西域突厥族沙陀部酋长李克用。因受唐王朝之召镇压黄巢起义有功，后封晋王。

④ 矢：箭。梁：后梁太祖朱温，原是黄巢部将，叛变归唐，后封为梁王。

⑤ 燕王：指卢龙节度使刘仁恭。其子刘守光，后被朱温封为燕王。此处称刘仁恭为燕王，是笼统说法。

⑥ 契丹：宋时北方的一个部族。

⑦ 与：赐给。其：语气副词，表示命令或祈求。乃：你的。

⑧ 庙：指宗庙，古代帝王祭祀祖先之所。此处专指李克用的祠，同下文的"太庙"。

⑨ 从事：原指州郡长官的僚属，这里泛指一般幕僚随从。少牢：用一猪一羊祭祀。

⑩ 纳之：把箭放好。

⑪ 系：捆绑。组：绳索。

⑫ 函：木匣。此处用作动词，盛以木匣。

⑬ 先王：指晋王李克用。

⑭ 仇雠（chóu）：仇敌。

⑮ 一夫：指庄宗同光四年（926年）发动贝州兵变的军士皇甫晖。

⑯ 誓天断发：截发置地，向天发誓。

⑰ 岂：难道。欤（yú）：表疑问的语气助词。

⑱ 抑：表转折的连词，相当于"或者""还是"。本：考究。迹：事迹，道理。

⑲《书》：《尚书》。

⑳ 逸（yì）豫：安逸舒适。

㉑ 举：全、所有。

㉒ 忽微：形容细小之事。忽是寸的十万分之一，微是寸的百万分之一。

㉓ 溺：溺爱，对人或事物爱好过分。
㉔ 也哉：语气词连用，表示反诘语气。

【导读】

《五代史伶官传序》是宋代文学家欧阳修创作的一篇史论。此文通过对五代时期的后唐盛衰过程的具体分析，推论出："忧劳可以兴国，逸豫可以亡身"和"祸患常积于忽微，而智勇多困于所溺"的结论，说明国家兴衰败亡不由天命而取决于"人事"，借以告诫当时北宋王朝执政者要吸取历史教训，居安思危，防微杜渐，力戒骄奢纵欲。

文章开门见山，提出全文主旨：盛衰之理，决定于人事。然后便从"人事"下笔，叙述庄宗由盛转衰、骤兴骤亡的过程，以史实具体论证主旨。具体写法上，采用先扬后抑和对比论证的方法，先极赞庄宗成功时意气之盛，再叹其失败时形势之衰，兴与亡、盛与衰前后对照，强烈感人，最后再辅以《尚书》古训，更增强了文章说服力。全文紧扣"盛衰"二字，夹叙夹议，史论结合，笔带感慨，语调顿挫多姿，感染力很强，成为历来传诵的佳作。

滕王阁序①（节选）

王勃

王勃（650—676），唐代诗人。汉族，字子安。绛州龙门（今山西河津）人。王勃与于龙以诗文齐名，并称"王于"，亦称"初唐二杰"。王勃也与杨炯、卢照邻、骆宾王齐名，齐称"初唐四杰"，其中王勃是"初唐四杰"之冠。

披②绣闼③，俯雕甍④。山原旷⑤其盈视⑥，川泽纡⑦其骇瞩⑧。闾阎⑨扑⑩地，钟鸣鼎食⑪之家；舸⑫舰弥⑬津，青雀黄龙⑭之舳⑮。云销⑯雨霁⑰，彩⑱彻⑲区⑳明。落霞与孤鹜齐飞，秋水共长天一色。渔舟唱晚，响穷㉑彭蠡㉒之滨；雁阵惊寒，声断㉓衡阳㉔之浦㉕。

【注释】

① 滕王阁序：全称《秋日登洪府滕王阁饯别序》，亦名《滕王阁诗序》，骈文名篇。
② 披：开。
③ 绣闼（tà）：绘饰华美的门。
④ 雕甍（méng）：雕饰华美的屋脊。
⑤ 旷：辽阔。
⑥ 盈视：极目远望，满眼都是。
⑦ 纡（yū）：迂回曲折。
⑧ 骇瞩：对所见的景物感到惊骇。
⑨ 闾（lú）阎（yán）：里门，这里代指房屋。
⑩ 扑：满。
⑪ 钟鸣鼎食：古代贵族鸣钟列鼎而食，所以用钟鸣鼎食指代名门望族。

⑫ 舸（gě）：船。《方言》："南楚江、湘，凡船大者谓之舸。"
⑬ 弥：满。
⑭ 青雀黄龙：船的装饰形状，船头作鸟头形或龙头形。
⑮ 舳（zhú）：船尾把舵处，这里代指船只。
⑯ 销："销"通"消"，消散。
⑰ 霁（jì）：雨过天晴。
⑱ 彩：日光。
⑲ 彻：通贯。
⑳ 区：天空。
㉑ 穷：穷尽，引申为"直到"。
㉒ 彭蠡（lǐ）：古代大泽，即今鄱阳湖。
㉓ 断：止。
㉔ 衡阳：今属湖南省，境内有回雁峰，相传秋雁到此就不再南飞，待春而返。
㉕ 浦：水边、岸边。

【导读】

《滕王阁序》全文层次井然，脉络清晰；由地及人，由人及景，由景及情，可谓丝丝入扣，层层扣题。写景颇有特色，作者精心勾画，运用灵活多变的手法描写山水，体现了一定的美学特征。"落霞与孤鹜齐飞，秋水共长天一色"这一句素称千古绝唱。青天碧水，天水相接，上下浑然一色；彩霞自上而下，孤鹜自下而上，好似齐飞，相映增辉，构成一幅色彩明丽而又上下浑成的绝妙好图。这两句在句式上不但上下句相对，而且在一句中自成对偶，形成"当句对"的特点，如"落霞"对"孤鹜"，"秋水"对"长天"，这是王勃骈文的一大特点。

咏 史①

龚自珍

龚自珍（1792—1841），字璱人，号定庵，浙江临安（今浙江杭州）人。清代思想家、文学家、诗人和改良主义的先驱者。著有《定庵文集》，留存文章300余篇，诗词近800首，今人辑为《龚自珍全集》。

金粉②东南十五州，万重恩怨属名流。
牢盆③狎客操全算，团扇才人踞上游④。
避席畏闻文字狱⑤，著书都为稻粱谋⑥。
田横⑦五百人安在，难道归来尽列侯⑧？

【注释】

① 此题虽为"咏史",实为揭露社会现实。

② 金粉:妇女化妆用品,用作繁华绮丽之意。

③ 牢盆:煮盐器,代指盐商,此诗中实指主管盐务的官僚。

④ 踞上游:指占据高位。

⑤ 文字狱:统治者迫害知识分子,以文字犯忌,罗织罪名。

⑥ 稻粱谋:只考虑维持生计。语出杜甫《同诸公登慈恩寺塔》一诗:"君看随阳雁,各有稻粱谋。"

⑦ 田横:秦末群雄之一,原为齐国贵族,在陈胜吴广起义后,田横与田儋、田荣也反秦自立,兄弟三人先后占据齐地为王。后刘邦统一天下,田横不肯称臣于汉,率门客逃往海岛,刘邦派人招抚,田横被迫赴洛,在途中自杀。

⑧ 列候:爵位名。汉制,王子封侯,称诸侯;异姓功臣封侯,称列候。

【导读】

龚自珍这首《咏史》诗写出了清代一些知识分子的典型心情。清前期曾屡兴文字狱,大量知识分子因文字获罪被杀。在这种酷虐的专制统治下,大多数知识分子不敢参与集会,言行十分谨慎,唯恐被牵入文字狱中。他们著书立说,也只是为了自己的生计,不敢追求真理,直抒自己的见解。作者是清代后期的一个有叛逆精神的思想家,对这种现象十分愤慨,因而以婉转之笔出之。

对于当时日趋颓废的社会风气,诗人有着清醒的认识。此诗以东南一带上层社会生活为背景,对这一现象作了充分的揭示。首联以概括之笔,渲染东南名流们纸醉金迷的生活,暴露其空虚无聊的精神世界。颔联写市侩小人、虚浮之徒把握权柄、占据要津的不合理现象。颈联则反映处于思想高压下的文人们,已成为一群苟且自保的庸俗之辈。尾联借田横五百壮士杀身取义的故事,感叹气节丧尽、毫无廉耻的社会现状。此诗从现实感慨出发,而以历史故事作为映衬,具有强烈的批判与讽刺效果。

思考与练习

一、思考题

认真阅读本单元所选篇目,总结我国文学的发展历史。了解每个时代代表的文学作品,试分析其特点。

二、能力训练

1. 注释与理解

请同学们自己查注释,理解下文的意思。

钗头凤·红酥手
陆游

红酥手,黄縢酒,满城春色宫墙柳。东风恶,欢情薄,一怀愁绪,几年离索。错!错!错!

春如旧,人空瘦,泪痕红浥鲛绡透。桃花落,闲池阁,山盟虽在,锦书难托。莫!莫!莫!

2. 写作训练

（1）以"文学发展史"为题，写一篇文章。

（2）搜集屈原的人生事迹，结合自己的想法写一篇文章。

3. 表达训练

以"我看到的中国古代文学"为题演讲。

第六单元　洞明世事

　　本单元所选作品体裁多样，风格各异，呈现了生活本相。人情世态是世界上最为丰富多彩的风景，也是人生最难以认识和把握的对象。在平淡的生活之中表现出有意义的内涵，通过精巧、绵密的构思，富有华彩或哲理性的语言，在写景、叙事、抒情或论述中深婉迂曲又自然而然地表现出来。这些作品打上了作者的个性、人格的印记，具有真实性、独特性；同时，它又是社会生活、时代风云在作者心底留下的痕迹，具有社会性、时代性。学习这些文章要联系自己的生活经验，了解作者的思想感情和阐述的道理，通过想象和联想，体会文章的情思和意味，同时，学习作者语言运用的技巧，鉴赏作家不同的语言风格，从而培养良好的读书趣味。

《论语》

　　《论语》是一部语录体散文集，由孔子门人及再传弟子纂录而成，书中辑录了孔子及其弟子的言行。《论语》共二十篇，每篇又分成若干章节，它以端庄、严肃的文笔反映了孔子在哲学、政治、伦理、文学、艺术、教育等各方面的思想见解。《论语》中的篇章，言简意赅、平实深刻、形象隽永，为语录体的典范。它是我国思想文化史上具有深远影响的一部著作，对后代文学语言的形成和发展产生了巨大影响。南宋时，朱熹将它与《孟子》《大学》《中庸》合称为"四书"。

　　季路问事①鬼神。子曰："未能事人，焉能事鬼？"曰："敢问死。"曰："未知生，焉知死？"（《论语·先进》）

　　子食于有丧者之侧，未尝饱也。（《论语·述而》）

　　厩②焚，子退朝，曰："伤人乎？"不问马。（《论语·乡党》）

　　子夏③曰："商④闻之矣：死生有命，富贵在天。"（《论语·颜渊》）

　　伯牛⑤有疾，子问之，自牖⑥执其手，曰："亡之，命矣夫！斯人也而有斯疾也！斯人也而有斯疾也！"（《论语·雍也》）

　　君子有三戒：少之时，血气未定，戒之在色；及其壮也，血气方刚，戒之在斗；及其老也，血气既衰，戒之在得。（《论语·季氏》）

【注释】

　　① 事：侍奉。

② 厩：马棚，马房。
③ 子夏：姓卜，名商，字子夏。孔子著名弟子。
④ 商：子夏自称。
⑤ 伯牛：冉耕，字伯牛。孔子弟子。
⑥ 牖：窗户。

【导读】

上文选取的是《论语》中关于生命的言论，以下分别解析。

选文第一则至第三则反映的是儒家重视生命、珍爱生命的思想。第一则中"未能事人，焉能事鬼？""事人"指侍奉君王父母。孔子认为，在君王父母在世时，如果没有尽忠尽孝，君父死后也就谈不上侍奉鬼神。在人与鬼之间，孔子更重视人。"未知生，焉知死？"在生与死之间，孔子更重视生。当然，儒家对死亡亦十分重视。第二则中"子食于有丧者之侧，未尝饱也"是说孔子在有丧事的人旁边吃饭，不曾吃饱过。表明了孔子的恻隐之心以及对于死亡的尊重。另《荀子·礼论》也有言："事死如生，事亡如存。"表明儒家对死亡甚是看重。第三则的大意是马房失火被毁，孔子退朝回家，问道："伤人了吗？"没有问马。在当时的社会背景下，马是私有财物。此处孔子问人不问马，体现的是孔子对人生命的急切关爱。

第四则和第五则体现的是儒家的天命观。生命与死亡、富贵与贫贱、健康与疾病，儒家认为是由天命所决定的。尽管如此，儒家并非消极地对待人生，而是深感人在世的深厚责任。《论语·泰伯》有言："士不可以不弘毅，任重而道远。仁以为己任，不亦重乎？死而后已，不亦远乎？"儒家面对生命的有限，是抱着珍惜人生、救世安民的积极人生观以超越生死，实现人生的不朽。

第六则中，孔子认为人生在世当有三戒：年少的时候，要戒除事物的诱惑；成熟时，要戒除与人争斗；老年时，则要戒除贪婪。这是孔子对人生的价值取向，亦是其处世哲学。

涉务

颜之推

颜之推（531—约597），字介，生于士族官僚家庭，祖籍琅琊临沂（今山东临沂），中国古代文学家、教育家。颜之推博学多识，一生著述甚丰，所著书大多已亡佚，仅存《颜氏家训》和《还冤志》两书，《急就章注》《证俗音字》和《集灵记》有辑本。

士君子之处世，贵能有益于物①耳，不徒高谈虚论，左琴右书，以费人君禄位也。

国之用材，大较②不过六事：一则朝廷之臣，取其鉴达治体③，经纶博雅④；二则文史之臣，取其著述宪章，不忘前古；三则军旅之臣，取其断决有谋，强干习事⑤；四则藩屏之臣⑥，取其明练⑦风俗，清白爱民；五则使命之臣，取其识变从宜⑧，不辱君命；六则兴造之臣，取其程⑨功节费，开略⑩有术。此则皆勤学守行⑪者所能办也。人性有长短，岂责具美于六涂哉⑫！但当皆晓指趣⑬，能守一职，便无愧耳。

吾见世中文学之士，品藻⑭古今，若指诸掌，及有试用，多无所堪⑮。居承平⑯之世，不知有丧乱之祸；处庙堂之下，不知有战陈之急⑰；保俸禄之资，不知有耕稼之苦；肆⑱吏民之上，不知有劳役之勤：故难可以应世经务⑲也。晋朝南渡⑳，优借士族，故江南冠带有才干者㉑，擢为令仆已下㉒，尚书郎、中书舍人已上，典㉓掌机要。其余文义之士。多迂诞㉔浮华，不涉世务，纤微过失，又惜行搥楚㉕，所以处于清高，盖护㉖其短也。至于台阁令史㉗，主书、监帅，诸王签省㉘，并晓习吏用，济办时须，纵有小人之态，皆可鞭枚肃督，故多见委使㉙，盖用其长也。人每不自量，举世㉚怨梁武帝父子爱小人而疏士大夫，此亦眼不能见其睫㉛耳。

梁世士大夫皆尚褒㉜衣博带，大冠高履，出则车舆，入则扶侍。郊郭之内，无乘马者。周弘正为宣城王所爱，给一果下马，常服御之㉝，举朝以为放达。至乃尚书郎乘马，则纠劾㉞之。及侯景之乱㉟，肤脆骨柔，不堪行步，体羸㊱气弱，不耐寒暑，坐死仓猝㊲者，往往而然。建康令王复，性既儒雅，未尝乘骑，见马嘶喷陆梁。莫不震慑，乃谓人曰："正是虎，何故名为马乎？"其风俗至此。

古人欲知稼穑之艰难，斯盖贵谷务本之道也。夫食为民天㊳，民非食不生矣。三日不粒，父子不能相存㊴。耕种之，茠鉏㊵之，刈获之，载积之，打拂之，簸扬之，凡几涉手，而入仓廪，安可轻农事而贵末业㊶哉，江南朝士，因晋中兴，南渡江，卒为羁旅㊷，至今八九世，未有力田，悉资俸禄而食耳㊸。假令有者，皆信㊹。僮仆为之，未尝目观起一垅土㊺，耘一株苗，不知几月当下，几月当收，安识世间余务乎？故治官则不了㊻，营家则不办，皆优闲之过也。

【注释】

① 物：事、人物。
② 大较：大概。
③ 鉴达：通达明白。治体：治国的原则。
④ 经纶：治国的谋略。博雅：广博、雅正。
⑤ 习事：这里指熟悉军事。
⑥ 藩屏之臣：指地方官，其职责是藩屏（卫护）朝廷。
⑦ 明练：熟悉。
⑧ 识：认识。变：变化的形势。宜：恰当。
⑨ 程：标准。
⑩ 开：开创。略：谋略。
⑪ 守行：保持操行。
⑫ 人性：这里指人的资质。责：要求。具：全。
⑬ 指趣：同"旨趣"，宗旨，要领。

⑭ 品藻：品评。
⑮ 堪：胜任。
⑯ 承平：太平。
⑰ 庙堂：指朝廷。陈：通"阵"。
⑱ 肆：盘踞。
⑲ 应世经务：应付世态，处理事务。
⑳ 晋朝南渡：指西晋灭亡后，于公元317年司马睿在江南建立东晋。
㉑ 优：优厚。借：奖励。冠带：指士大夫。
㉒ 擢：提拔。令：尚书令、中书令。仆：仆射。已：通"以"。
㉓ 典：掌管。
㉔ 迂诞：指言语不合情理。
㉕ 惜行：不忍、不愿施加（鞭笞）。捶：用木棍打。楚：用荆条打。
㉖ 护：掩饰。
㉗ 台阁：指中央机构。令史：指在枢府供职的属吏。
㉘ 主书：管理文书的官。监帅：一种名位卑微的官。诸王：指藩王。签：签帅，诸王的顾问官。省：省事，也是一种名位卑微的官。
㉙ 吏用：官吏的职责。济办时须：做好当时应该做的事情。肃督：严厉监督。多见委使：多被委任。
㉚ 举世：整个世界。
㉛ 眼不能见其睫：比喻昧于己见，没有自知之明。
㉜ 褒：宽大。
㉝ 周弘正：齐梁之际的清谈家。宣城王：梁简文帝之子，封宣城郡王。果下马：一种矮小的马，能乘之行于果树下。服御：骑。
㉞ 纠劾：监察、揭发。
㉟ 侯景之乱：侯景原是北朝武人，后降梁朝。梁武帝太清二年（548年），侯景叛乱，攻破梁朝都城建康，梁武帝被困台城饿死。
㊱ 羸（léi）：瘦。
㊲ 仓猝：仓促。
㊳ 食为民天：语出《汉书·郦食其传》，"王者以民为天，而民以食为天"，天为最高象征。
㊴ 不粒：不吃粮食。相存：相互保全对方。
㊵ 茠（hāo）：除草。鉏：同"锄"。
㊶ 末业：指商贾一类的事。
㊷ 羁旅：寄居。
㊸ 力田：致力于耕作。资：依靠。
㊹ 信：任凭。
㊺ 墢（fá）土：翻起的土块。
㊻ 不了：办不了。

【导读】

《颜氏家训》共二十篇，是颜之推为了用儒家思想教育子孙，以保持自己家庭的传统与地位，而写出的一部系统完整的家庭教育教科书，但远远超出了一般"家训"的范围。它涉及面较广，内容相当丰富，其中有作者的历世经验，立身治家之道，也有对社会现象的看法。立论平实，见解亦多可取之处，从中可以了解到南北朝时期的政治面貌和学风特点，有较高的史料价值和学术价值。

《涉务》是《颜氏家训》的第十一篇。"涉"是接触、从事、致力；"务"是实际事务。作者针对魏晋以来重门第、尚清谈的社会风气，提出了应该注重接触和致力于实际事务，特别要重视农事的主张。作者这种见解，对匡正时弊是有积极意义的。这是一篇议论文，是论述"涉务"的道理的。作者摒弃了一般议论文的写法，没有一本正经地板着面孔说教，也没有引经据典来解释，但道理却讲得透彻、深刻、明白。这充分显示了作者明道说理的艺术才能。

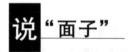

鲁迅

> 鲁迅（1881—1936），原名周树人，字豫才，浙江绍兴人。中国现代伟大的文学家、思想家、革命家，中国现代文学的奠基人。1902年去日本留学，回国后先后在北京大学、中山大学、厦门大学任教。1918年后，陆续创作出版了小说集《呐喊》《彷徨》《故事新编》，散文诗集《野草》，散文集《朝花夕拾》，杂文集《热风集》《华盖集》等。

"面子"，是我们在谈话里常常听到的，因为好像一听就懂，所以细想的人大约不很多。

但近来从外国人的嘴里，有时也听到这两个音，他们似乎在研究。他们以为这一件事情，很不容易懂，然而是中国精神的纲领，只要抓住这个，就像二十四年前的拔住了辫子一样，全身都跟着走动了。相传前清时候，洋人到总理衙门去要求利益，一通威吓，吓得大官们满口答应，但临走时，却被从边门送出去。不给他走正门，就是他没有面子；他既然没有了面子，自然就是中国有了面子，也就是占了上风了。这是不是事实，我断不定，但这故事，"中外人士"中是颇有些人知道的。

因此，我颇疑心他们想专将"面子"给我们。

但"面子"究竟是怎么一回事呢？不想还好，一想可就觉得糊涂。它像是很有好几种的，每一种身价，就有一种"面子"，也就是所谓"脸"。这"脸"有一条界线，如果落到这线的下面去了，即失了面子，也叫作"丢脸"。不怕"丢脸"，便是"不要脸"。但倘使做了超出这线以上的事，就"有面子"，或曰"露脸"。而"丢脸"之道，则因人而不同，例如车夫坐在路边赤膊捉虱子，并不算什么，富家姑爷坐在路边赤膊捉虱子，才成为"丢脸"。但车夫也并非没有"脸"，不过这时不算"丢"，要给老婆踢了一脚，就躺倒哭起来，这才成为他的"丢脸"。这一条"丢脸"律，是也适用于上等人的。这样看来，"丢脸"的机会，似乎上等人比较多，但也不一定。例如车夫偷一个钱袋，被人发现，是失了面子的，而上等人大捞一批金珠珍玩，却仿佛也不见得怎样"丢脸"，况且还有"出洋考察"①，是改头换面的良方。

谁都要"面子"，当然也可以说是好事情，但"面子"这东西，却实在有些怪。九月三十日的《申报》就告诉我们一条新闻：沪西有业木匠大包作头之罗立鸿，为其母出殡，邀开"贳器店之王树宝夫妇帮忙，因来宾众多，所备白衣，不敷分配，其时适有名王道才，绰号三喜子，亦到来送殡，争穿白衣不遂，以为有失体面，心中怀恨……邀集徒党数十人，各执铁棍，据说尚有持手枪者多人，将王树宝家人乱打，一时双方有剧烈之战争，头破血流，多人受有重伤……"。白衣是亲族有服者所穿的，现在必须"争穿"而又"不遂"，足见并非亲族，但竟以为"有失体面"，演成这样的大战了。这时候，好像只要和普通有些不同便是"有面子"，而自己成了什么，却可以完全不管。这类脾气，是"绅商"也不免发露的：袁世凯将要称帝的时候，有人以列名于劝进表中为"有面子"；有一国从青岛撤兵的时候，有人以列名于万民伞上为"有面子"。

所以，要"面子"也可以说并不一定是好事情——但我并非说，人应该"不要脸"。现在说话难，如果主张"非孝"，就有人会说你在煽动打父母，主张男女平等，就有人会说你在提倡乱交——这声明是万不可少的。

况且，"要面子"和"不要脸"实在也可以有很难分辨的时候。不是有一个笑话么？一个绅士有钱有势，我假定他叫四大人罢②，人们都以能够和他攀谈为荣。有一个专爱夸耀的小瘪三，一天高兴地告诉别人道："四大人和我讲过话了！"人问他："说什么呢？"答道："我站在他门口，四大人出来了，对我说：滚开去！"当然，这是笑话，是形容这人的"不要脸"，但在他本人，是以为"有面子"的，如此的人一多，也就真成为"有面子"了。别的许多人，不是四大人连"滚开去"也不对他说么？

在上海，"吃外国火腿"③虽然还不是"有面子"，却也不算怎么"丢脸"了，然而比起被一个本国的下等人所踢来，又仿佛近于"有面子"。

中国人要"面子"，是好的，可惜的是这"面子"是"圆机活法"④，善于变化，于是就和"不要脸"混起来了。长谷川如是闲说"盗泉"云："古之君子，恶其名而不饮，今之君子，改其名而饮之。"也说穿了"今之君子"的"面子"的秘密。

【注释】

①"出洋考察"：旧时的军阀、政客在失势或失意时，常以"出洋考察"作为暂时隐退、伺机再起的手段。其中也有并不真正"出洋"，只用这句话来保全面子的。

② 罢：同"吧"。

③"吃外国火腿"：旧时上海俗语，意指被外国人所踢。

④"圆机活法"：随机应变的方法。"圆机"，语见《庄子·盗跖》："若是若非，执而圆机。"

【导读】

这篇文章短小精悍，以幽默、讽刺的文笔，鞭挞丑陋，针砭时弊。其语言生动、诙谐、犀利，论述精到透辟，有着深刻的现实意义。在这篇杂文中，鲁迅先生揭露了中国人所谓"面子"的虚伪。在中国人的意识里，面子占有极其重要的位置。在日常生活中人们常会听到这些词语："给面子""好大的面子""这是面子事儿""可别丢了面子""这人死要面子"……"面子"真是个微妙的东西。鲁迅对病态社会中的病态人格，毫不留情地进行了攻击。这些批判和揭露，直到今天，仍然有积极的现实意义。

九十九度中

林徽因

> 林徽因（1904—1955），诗人、建筑学家，原名徽音，福建闽侯人。1930年后在东北大学、燕京大学任教。后从事诗歌创作，为新月派成员之一。主要作品有小说《九十九度中》，散文《窗子以外》，剧本《梅真和他们》。曾任清华大学建筑系教授。

三个人肩上各挑着黄色，有"美丰楼"字号大圆篓的，用着六个满是泥泞凝结的布鞋，走完一条被太阳晒得滚烫的马路之后，转弯进了一个胡同里去。

"劳驾，借光——三十四号甲在哪一头？"在酸梅汤的摊子前面，让过一辆正在飞奔的家车——钢丝轮子亮得晃眼的——又向蹲在墙角影子底下的老头儿，问清了张宅方向后，这三个流汗的挑夫便又努力地往前走。那六只泥泞布履的脚，无条件地，继续着他们机械式的展动。

在那轻快的一瞥中，坐在洋车上的卢二爷看到黄篓上饭庄的字号，完全明白里面装的是丰盛的筵席，自然地，他估计到他自己午饭的问题。家里饭乏味，菜蔬缺乏个性，太太的脸难看，你简直就不能对她提到那厨子问题。这几天天太热，太热，并且今天已经二十二，什么事她都能够牵扯到薪水问题上，孩子们再一吵，谁能够在家里吃中饭！

"美丰楼饭庄"黄篓上黑字写得很笨大，方才第三个挑夫挑得特别吃劲，摇摇摆摆地使那黄篓左右地晃……

美丰楼的菜不能算坏，义永居的汤面实在也不错，于是义永居的汤面？还是市场万花斋的点心？东城或西城？找谁同去聊天？逸九新从南边来的住在哪里？或许老孟知道，何不到和记理发馆借个电话？卢二爷估计着，犹豫着，随着洋车的起落。他又好像已经决定了在和记借电话，听到伙计们的招呼："……二爷您好早？……用电话，这边您哪！……"

伸出手臂，他睨一眼金表上所指示的时间，细小的两针分停在两个钟点上，但是分明的都在挣扎着到达十二点上边。在这时间中，车夫感觉到主人在车上翻动不安，便更抓稳了车把，弯下一点背，勇猛地狂跑。二爷心里仍然疑问着面或点心，东城或西城，车已赶过前面的几辆。一个女人骑着自行车，由他左侧冲过去，快镜似的一瞥鲜艳的颜色，脚与腿，腰与背，侧脸、眼和头发，全映进老卢的眼里，那又是谁说过的老卢就是爱看女人！女人谁又不爱？难道你在街上真闭上眼不瞧那过路的漂亮的！

"到市场，快点。"老卢吩咐他车夫奔驰的终点，于是主人和车夫戴着两顶价格极不相同的草帽，便同在一个太阳底下，向东安市场奔去。

很多好看的碟子和鲜果点心，全都在大厨房院里，从黄色层篓中检点出来。立着监视的有饭庄的"二掌柜"和张宅的"大师傅"；两人都因为胖的缘故，手里都有把大蒲扇。大师傅举着扇，扑一下进来凑热闹的大黄狗。

"这东西最讨嫌不过！"这句话大师傅一半拿来骂狗，一半也是来权作和掌柜的寒暄。

"可不是？这东西最可恶。"二掌柜好脾气地用粗话也骂起狗。

狗无聊地转过头到垃圾堆边闻嗅隔夜的肉骨。

奶妈抱着孙少爷进来，七少奶每月用六元现洋雇她，抱孙少爷到厨房，门房，大门口，街上一些地方喂奶连游玩的。今天的厨房又是这样的不同。饭庄的"头把刀"带着几个伙计在灶边手忙脚乱地炒菜切肉丝，奶妈觉得孙少爷是更不能不来看：果然看到了生人，看到狗，看到厨房桌上全是好看的干果、鲜果、糕饼、点心。孙少爷格外高兴，在奶妈怀里跳，手指着要吃。奶妈随手赶开了几只苍蝇，拣一块山楂糕放到孩子口里，一面和伙计们打招呼。

忽然看到陈升走到院子里找赵奶奶，奶妈对他挤了挤眼，含笑地问："什么事值得这么忙？"同时她打开衣襟露出前胸喂孩子奶吃。

"外边挑担子的要酒钱。"陈升没有平时的温和，或许是太忙了的缘故。老太太这次做寿，比上个月四少奶小孙少爷的满月酒的确忙多了。

此刻那三个粗蠢的挑夫蹲在外院槐树荫下，用黯黑的毛巾擦他们的脑袋，等候着他们这满身淋汗的代价。一个探首到里院偷偷看院内华丽的景象。

里院和厨房所呈的纷乱固然完全不同，但是它们纷乱的主要原因则是同样的，为着六十九年前的今天。六十九年前的今天，江南一个富家里又添了一个绸缎金银裹托着的小生命。经过六十九个像今年这样流汗天气的夏天，又产生过另十一个同样需要绸缎金银的生命以后，那个生命乃被称为长寿而又有福气的妇人。这个妇人，今早由两个老妈扶着，坐在床前，拢一下斑白稀疏的鬓发，对着半碗火腿稀饭摇头："赵妈，我哪里吃得下这许多？你把锅里的拿去给七少奶的云乖乖吃吧……"

七十年的穿插，已经卷在历史的章页里，在今天的院里能呈露出多少，谁也不敢说，事实是今天，将有很多打扮得极体面的男女来庆祝，庆祝能够维持这样长久寿命的女人，并且为这一庆祝，饭庄里已将许多生物的寿命裁削了，拿它们的肌肉来补充这庆祝者的肠胃。

前两天这院子就为了这事改变了模样，簇新的喜棚支出瓦檐丈余尺高。两旁红喜字玻璃方窗，由胡同的东头，和顺车厂的院里是可以看得很清楚的。前晚上六点左右，小三和环子，两个洋车夫的儿子，倒土筐的时候看到了，就告诉他们嬷："张家喜棚都搭好了，是哪一个孙少爷娶新娘子？"他们嬷为这事，还拿了鞋样到陈大嫂家说个话儿。正看到她在包饺子，笑嘻嘻地得意得很，说老太太做整寿——多好福气——她当家的跟了张老太爷多少年。

昨天张家三少奶还叫她进去，说到日子要她去帮个忙儿。

喜棚底下圆桌面就有七八张，方凳更是成叠地堆在一边；几个夫役持着鸡毛帚，忙了半早上才排好五桌。小孩子又多，什么孙少爷、侄孙少爷，姑太太们带来的那几位都够淘气的。李贵这边排好几张，那边小爷们又扯走了排火车玩。天热得厉害，苍蝇是免不了多，点心干果都不敢先往桌子上摆。冰化得也快，篓子底下冰水化了满地！汽水瓶子挤满了厢房的廊上，五少奶看见了只嚷不行，全要冰起来。

全要冰起来！真是的，今天的食品全摆起来够像个菜市，四个冰箱也腾不出一点空隙。这新买来的冰又放在哪里好？李贵手里捧着两个绿瓦盆，私下里咕噜着为这筵席所发生的难题。

赵妈走到外院传话，听到陈升很不高兴地在问三个挑夫要多少酒钱。

"瞅着给吧。"一个说。

"怪热天多赏点吧。"又一个抿了抿干燥的口唇，想到方才胡同口的酸梅汤摊子，嘴里觉着渴。

就是这嘴里渴得难受，杨三把卢二爷拉到东安市场西门口，心想方才在那个"喜什么堂"门首，明明看到王康坐在洋车脚蹬上睡午觉。王康上月底欠了杨三十四吊钱，到现在仍不肯还，只顾着躲他。今天债主遇到赊债的赌鬼，心头起了各种的计算——杨三到饿的时候，脾气常常要比平时坏一点。天本来就太热，太阳简直是冒火，谁又受得了！方才二爷坐在车上，尽管用劲踩铃，金鱼胡同走道的学生们又多，你撞我闯的，挤得真可以的。杨三擦了汗一手抓住车把，拉了空车转回头去找王康要账。

"要不着八吊要六吊，再要不着，要他的几个混蛋嘴巴！"杨三脖干儿上太阳烫得像火烧。"四吊多钱我买点羊肉，吃一顿好的。葱花烙饼也不坏——谁又说大热天不能喝酒？喝点又怕什么——睡得更香。卢二爷到市场吃饭，进去少不了好几个钟头……"

喜燕堂门口挂着彩，几个乐队里人穿着红色制服，坐在门口喝茶——他们把大铜鼓撂在一旁，铜喇叭夹在两膝中间。杨三知道这又是哪一家办喜事。反正一礼拜短不了有两天好日子，就在这喜燕堂，哪一个礼拜没有一辆花马车，里面搀出花溜溜的新娘？今天的花车还停在一旁……

"王康，可不是他！"杨三看到王康在小挑子的担里买香瓜吃。

"有钱的娶媳妇，和咱们没有钱的娶媳妇，还不是一样？花多少钱娶了她，她也短不了要这个那个的——这年头！好媳妇，好！你瞧怎么着？更惹不起！管你要钱，气你喝酒！再有了孩子，又得顾他们吃，顾他们穿……"

王康说话就是要"逗个乐儿"，人家不敢说的话他敢说，一群车夫听到他的话，个个高兴地凑点尾声。李荣手里捧着大饼，用着他最现成的粗话引着那几个年轻的笑。李荣从前是拉过家车的——可惜东家回南，把事情就搁下来了——他认得字，会看报，他会用新名词来发议论："文明结婚可不同了，这年头是最讲'自由''平等'的了。"底下再引用了小报上捡来离婚的新闻打哈哈。

杨三没有娶过媳妇，他想娶，可是"老家儿"早过去了没有给他定下亲，外面瞎妍的他没敢要。前两天，棚铺的掌柜娘要同他做媒，提起一个姑娘说是什么都不错，这几天不知道怎么又没有讯儿了。今天洋车夫们说笑的话，杨三听了感着不痛快。看看王康的脸在太阳里笑得皱成一团，更使他气起来。

王康仍然笑着说话，没有看到杨三，手里咬剩的半个香瓜里面，黄黄的一把瓜子像不整齐的牙齿向着上面。

"老康！这些日子都到哪里去了？我这儿还等着钱吃饭呢！"杨三乘着一股劲发作。

听到声，王康怔了向后看，"呵，这打哪儿说得呢？"他开始赖账了，"你要吃饭，你打你自己腰包里掏！要不然，你出个份子，进去那里边，"他手指着喜燕堂，"吃个现成的席去。"王康的嘴说得滑了，禁不住这样嘲笑着杨三。

周围的人也都跟着笑起来。

本来准备着对付赖账的巴掌，立刻打在王康的老脸上了。必须的扭打，由蓝布幕的小摊边开始，一直扩张到停洋车的地方。来往汽车的喇叭，像被打的狗，呜呜叫噪。好几辆正在街心奔驰的洋车都停住了，流汗车夫连喊着"靠里！""瞧车！"脾气暴的人顺口就是："这大热天，单挑这么个地方！"

巡警离开了岗位；小孩子们围上来；喝茶的军乐队人员全站起来看；女人们吓得只喊："了不得，前面出事了吧！"

杨三提高嗓子只嚷着问王康："十四吊钱，是你——是你拿走了不是了？——"

呼喊的声浪由扭打的两人出发，膨胀，膨胀到周围各种人的口里："你听我说……""把他们拉开……""这样挡着路……瞧腿要紧"。嘈杂声中还有人叉着手远远地喊："打得好呀，好拳头！"

喜燕堂正厅里挂着金喜字红幛，几对喜联，新娘正在服从号令，连连地深深地鞠躬。外边的喧吵使周围客人的头同时向外面转，似乎打听外面喧吵的缘故。新娘本来就是一阵阵地心跳，此刻更加失掉了均衡，一下子撞上，一下子沉下，手里抱着的鲜花随着只是打颤，雷响深入她耳朵里，心房里。

"新郎新妇——三鞠躬——三鞠躬。"阿淑在迷惘里弯腰伸直，伸直弯腰。昨晚上她哭，她妈也哭，将一串经验上得来的教训，拿出来赠给她——什么对老人要忍耐点，对小的要和气，什么事都要让着点——好像生活就是靠容忍和让步支持着！

她焦心的不是在公婆妯娌间的委曲求全。这几年对婚姻问题谁都讨论得热闹，她就不懂那些讨论的道理遇到实际时怎么就不发生关系。她这结婚的实际，并没有因为她多留心报纸上，新文学上，所讨论的婚姻问题，家庭问题，恋爱问题，而减少了问题。

"二十五岁了……"有人问到阿淑的岁数时，她妈总是发愁似的轻轻地回答那问她的人，底下说不清是叹息是啰唆。

在这旧式家庭里，阿淑算是已经超出应该结婚的年龄很多了，她知道。父母那急着要她出嫁的神情使她太难堪！他们天天在替她选择合适的人家——其实哪里是选择！反对她尽管反对，那只是消极的无奈何的抵抗，她自己明知道是绝对没有机会选择，乃至于接触比较合适，理想的人物！她挣扎了三年，三年的时间不算短，在她父亲看去那更是不可信的长久……

"余家又托人来提了，你和阿淑商量商量吧，我这身体眼见得更糟，这潮湿天……"父亲的话常常说得很响，故意要她听得见。有时在饭桌上脾气或许更坏一点。"这六十块钱，养活这一大家子！养儿养女都不够，还要捐什么钱？干脆饿死！"有时更直接更难堪："这又是谁的新褂子？阿淑，你别学时髦穿了到处走，那是找不着婆婆家的——外面瞎认识什么朋友我可不答应，我们不是那种人家！"……懦弱的母亲低着头装作缝衣："妈劝你将就点……爹身体近来不好……女儿不能在娘家一辈子的……这家子不算坏；差事不错，前妻没有孩子不能算填房。"

理论和实际似乎永不发生关系；理论说婚姻得怎样又怎样，今天阿淑都记不得那许多了。实际呢，只要她点一次头，让一个陌生的，异姓的，异性的人坐在她家里，乃至于她旁边，吃一顿饭的手续，父亲和母亲这两三年——竟许已是五六年——来的难题便突然地，在他们是觉得极文明地解决了。

对于阿淑这订婚的疑惧，常使她父亲像小孩子似的自己安慰自己：阿淑这门亲事真是运气呀，说时总希望阿淑听见这话。不知怎样，阿淑听到这话总很可怜父亲，想装出高兴样子来安慰他。母亲更可怜；自从阿淑订婚以来总似乎对她抱歉，常常哑着嗓子说："看我做母亲的这份心上面。"

看做母亲的那份心上面！那天她初次见到那陌生的，异姓的异性的人，那个庸俗的典型触碎她那一点脆弱的爱美的希望，她怔住了，能去寻死，为婚姻失望而自杀么？可以大胆告诉父亲，这婚约是不可能的么？能逃脱这家庭的苛刑（在爱的招牌下的）去冒险，去漂落么？

她没有勇气说什么，她哭了一会，妈也流了眼泪，后来妈说：阿淑你这几天瘦了，别哭了，做娘的也只是一份心。现在一鞠躬，一鞠躬地和幸福作别，事情已经太晚得没有办法了。

吵闹的声浪愈加明显了一阵，伴娘为新娘戴上戒指，又由赞礼的喊了一些命令。

迷离中阿淑开始幻想那外面吵闹的原因：洋车夫打电车吧，汽车轧伤了人吧，学生又请愿，当局派军警弹压吧……但是阿淑想怎么我还如是焦急，现在我该像死人一样了，生活的波澜该沾不上我了，像已经临刑的人。但临刑也好，被迫结婚也好，在电影里到了这种无可奈何的时候总有一个意料不到快慰人心的解脱，不合法，特赦，恋人骑着马星夜奔波地赶到……但谁是她的恋人？除却九哥！学政治法律，讲究新思想的九哥，得着他表妹阿淑结婚的消息不知怎样？他恨由父母把持的婚姻……但谁知道他关心么？他们多少年不来往了，虽然在山东住的时候，他们曾经邻居，两小无猜地整天在一起玩。幻想是不中用的，九哥先就不在北平，两年前他回来过一次，她记得自己遇到九哥扶着一位漂亮的女同学在书店前边，她躲过了九哥的视线，惭愧自己一身不入时的装束，她不愿和九哥的女友做个太难堪的比较。

　　感到手酸，心酸，浑身打颤，阿淑由一堆人拥簇着退到里面房间休息。女客们在新娘前后彼此寒暄招呼，彼此注意大家的装扮。有几个很不客气，在批评新娘子，显然认为不满意。"新娘太单薄点。"一个摺着十几层下颏的胖女人，摇着扇和旁边的六姨说话。阿淑觉得她自己真可以立刻碰得粉碎；这位胖太太像一座石臼，六姨则像一根铁杵横在前面。阿淑两手发抖拉紧了一块丝巾，听老妈在她头上不住地搬弄那几朵绒花。

　　随着花露水香味进屋子来的，是锡娇和丽丽，六姨的两个女儿，她们的装扮已经招了许多羡慕的眼光。有电影明星细眉的锡娇抓把瓜子嗑着，猩红的嘴唇里露出雪白的牙齿。她暗中扯了她妹妹的衣襟，嘴向一个客人的侧面努了一下。丽丽立刻笑红了脸，拿出一条丝绸手绢蒙住嘴挤出人堆到廊上走，望着已经在席上的男客们。有几个已经提起筷子高高兴兴地在选择肥美的鸡肉，一面讲着笑话，顿时都为着丽丽的笑声，转过脸来，镇住眼看她。丽丽扭一下腰，又摆了一下，软的长衫轻轻展开，露出裹着肉色丝袜的长腿走过另一边去。

　　年轻的茶房穿着蓝布大褂，肩搭一块桌布，由厨房里出来，两只手拿四碟冷荤，几乎撞住丽丽。闻到花露水香味，茶房忘却顾忌地斜过眼看。昨晚他上菜的时候，那唱戏的云娟坐在首席曾对着他笑，两只水钻耳坠，打秋千似的左右晃。他最忘不了云娟旁座的张四爷，抓住她如玉的手臂劝干杯的情形。笑眯眯的带醉的眼，云娟明明是向着正端着大碗三鲜汤的他笑。他记得放平了大碗，心还怦怦地跳。直到晚上他睡不着，躺在院里板凳上乘凉，随口唱几声"孤王……酒醉……"才算松动了些。今天又是这么一个笑嘻嘻的小姐，穿着这一身软，茶房垂下头去拿酒壶，心底似乎恨谁似的一股气。

　　"逸九，你喝一杯什么？"老卢做东这样问。

　　"我来一杯香桃冰激凌吧。"

　　"你去拣几块好点心，老孟。"主人又招呼那一个客。午饭问题算是如此解决了。为着天热，又为着起得太晚，老卢看到点心铺前面挂的"卫生冰激凌，咖啡，牛乳，各样点心"这种动人的招牌，便决意里面去消磨时光。约到逸九和老孟来聊天，老卢显然很满意了。

　　三个人之中，逸九最年少，最摩登。在中学时代就是一口英文，屋子里挂着不是"梨娜"就是"琴妮"的相片，从电影杂志里细心剪下来的，圆一张，方一张，满壁动人的娇憨。——他到上海去了两年，跳舞更是出色了，老卢端详着自己的脚，打算找逸九带他到舞场拜老师去。

　　"哪个电影好，今天下午？"老孟抓一张报纸看。

　　邻座上两个情人模样男女，对面坐着呆看。男人有很温和的脸，抽着烟没有说话；女人的侧相则颇有动人的轮廓，睫毛长长的活动着，脸上时时浮微笑。她的青纱长衫罩着丰润的肩臂，带着神秘性的淡雅。两人无声地吃着冰激凌，似乎对于一切完全地满足。

　　老卢、老孟谈着时局，老卢既是机关人员，时常免不了说"我又有个特别的消息，这样看来里面还有原因"，于是一层一层地做更详细原因的检讨，深深地浸入政治波澜里面。

　　逸九看着女人的睫毛，和浮起的笑窝，想到好几年前同在假山后捉迷藏的琼，两条发辫，一个垂前，一个垂后地跳跃。琼已经死了这六七年，谁也没有再提起过她。今天这青长衫的女人，单单叫他心底涌起琼的影子。不可思议的，淡淡的，记忆描着活泼的琼。在极旧式的家庭里淘气，二舅舅提根旱烟管，厉声地出来停止她各种的嬉戏。但是琼只是敛住声音低低地笑。雨下大了，院中满是水，又是琼胆子大，把裤腿卷过膝盖，赤着脚，到水里装摸鱼。不小心她滑倒了，还是逸九去把她抱回来。和琼差不多大小的还有阿淑，住在对门，他们时常在一起玩，逸九忽然记起瘦小，不爱说话的阿淑来。

"听说阿淑快要结婚了，嬷嘱咐到表姨家问候，不知道阿淑要嫁给谁！"他似乎怕到表姨家。这几年的生疏叫他为难，前年他们遇见一次，装束不入时的阿淑倒有种特有的美，一种灵性……奇怪今天这青长衫女人为什么叫他想起这许多……

"逸九，你有相当的聪明，手腕，你又能巴结女人，你也应该来试试，我介绍你见老王。"

倦了的逸九忽然感到苦闷。

老卢手弹着桌边表示不高兴。"老孟你少说话，逸九这位大少爷说不定他倒愿意去演电影呢！"种种都有一点落伍的老卢嘲笑着翩翩年少的朋友出气。

青纱长衫的女人和她朋友吃完了，站了起来。男的手托着女人的臂腕，无声地绕过他们三人的茶桌前面，走出门去。老卢、逸九注意到女人有秀美的腿，稳健的步履。两人的融洽，在不言不语中流露出来。

"他们是甜心！"

"愿有情人都成眷属。"

"这女人算好看不？"

三个人同时说出口来，个个有所感触。

午后的热，由窗口外嘘进来，三个朋友吃下许多清凉的东西，更不知做什么好。"电影院去，咱们去研究一回什么'人生问题''社会问题'吧。"逸九望着桌上的空杯，催促着卢、孟两个走。心里仍然浮着琼的影子。活泼，美丽，健硕，全幻灭在死的幕后，时间一样地向前，计量着死的实在。像今天这样，偶尔地回忆就算是证实琼有过活泼生命的唯一的证据。

东安市场门口洋车像放大的蚂蚁一串，头尾衔接着放在街沿。杨三已不在他寻常停车的地方。

"区里去，好，区里去！咱们到区里说个理去！"就是这样，王康和杨三到底结束了殴打，被两个巡警弹压下来。

刘太太打着油纸伞，端正地坐在洋车上，想金裁缝太不小心了，今天这件绸衫下摆仍然不合适，领也太小，紧得透不了气，想不到今天这样热，早知道还不如穿纱的去。裁缝赶做的活总要出点毛病。实甫现在脾气更坏一点，老嫌女人们麻烦。每次有个应酬你总要听他说一顿的。今天张老太太做整寿，又不比得寻常的场面可以随便……

对面来了浅蓝色衣服的年轻小姐，极时髦的装束使刘太太睁大了眼注意了。

"刘太太哪里去？"蓝衣小姐笑了笑，远远招呼她一声过去了。

"人家的衣服怎么如此合适！"刘太太不耐烦地举着花纸伞。

"呜呜——呜呜"汽车的喇叭响得震耳。

"打住。"洋车夫紧抓车把，缩住车身前冲的趋势。汽车过去后，由刘太太车旁走出一个巡警，带着两个粗人，一根白绳由一个的臂膀系到另一个的臂上。巡警执着绳端，板着脸走着。一个粗人显然是车夫，手里仍然拉着空车，嘴里咕噜着。很讲究的车身，各件白铜都擦得放亮，后面铜牌上还镌着"卢"字。这又是谁家的车夫，闹出事让巡警拉走。刘太太恨恨地一想车夫们爱肇事的可恶，反正他们到区里去少不了东家设法把他们保出来的……

"靠里！靠里！"威风的刘家车夫是不耐烦挤在别人车后的——老爷是局长，太太此刻出去阔绰地应酬，洋车又是新打的，两盏灯发出银光……哗啦一下，靠手板在另一个车边擦一下，车已猛冲到前头走了。刘太太的花油纸伞在日光中摇摇荡荡地迎着风，顺着街心溜向北去。

胡同口酸梅汤摊边刚走开了三个挑夫。酸凉的一杯水，短时间地给他们愉快，六只泥泞的脚仍然踏着滚烫的马路行去。卖酸梅汤的老头儿手里正数着几十枚铜元，一把小鸡毛帚夹在腋下。他翻上两颗黯淡的眼珠，看看过去的花纸伞，知道这是到张家去的客人。他想今天为着张家做寿，客人多，他们的车夫少不得来摊上喝点凉的解渴。

"两吊……三吊……"他动着他的手指，把一叠铜元收入摊边美人牌香烟的纸盒中。不知道今天这冰够不够使用的，他翻开几重荷叶，和一块灰黑色的破布，仍然用着他黯淡的眼珠向瓷缸里的冰块端详了一回。"天不热，喝的人少，天热了，冰又化得太快！"事情哪一件不有为难的地方，他叹口气再翻眼看看过去的汽车。汽车轧起一阵尘土，笼罩着老人和他的摊子。

寒暑表中的水银从早起上升，一直过了九十五度的黑线上。喜棚底下比较荫凉的一片地面上曾聚过各种各色的人物。丁大夫也是其间一个。

丁大夫是张老太太内侄孙，德国学医刚回来不久，麻利，漂亮，现在社会上已经有了声望，和他同席的都借着他是医生的缘故，拿北平市卫生问题做谈料，什么鼠疫、伤寒、预防针、微菌，全在吞咽八宝冬瓜、瓦块鱼、锅贴鸡、炒虾仁中间讨论过。

"贵医院有预防针，是好极了。我们过几天要来麻烦请教了。"说话的以为如果微菌听到他有打预防针的决心也皆气馁了。

"欢迎，欢迎。"

厨房送上一碗凉菜。丁大夫踌躇之后决意放弃吃这碗菜的权利。

小孩们都抢了盘子边上放的小冰块，含到嘴里嚼着玩，其他客喜欢这凉菜的也就不少。天实在热！

张家几位少奶奶装扮得非常得体，头上都戴朵红花，表示对旧礼教习尚仍然相当遵守的。在院子中盘旋着做主人，各人心里都明白自己今天的体面。好几个星期前就顾虑到的今天，她们所理想到的今天各种成功，已然顺序地，在眼前实现。虽然为着这重要的今天，各人都轮流着觉得受过委屈,生过气,用过心思和手腕,将就过许多不如意的细节。

老太太颤巍巍地喘息着,继续维持着她的寿命。杂乱模糊的回忆在脑子里浮沉。兰兰七岁的那年……送阿旭到上海医病的那年真热……生四宝的时候在湖南,于是生育、病痛、兵乱、行旅、婚娶、没秩序、没规则地纷纷在她记忆下掀动。

"我给老太太拜寿,您给回一声吧。"

这又是谁的声音?这样大!老太太睁开打瞌睡的眼,看一个浓妆的妇人对她鞠躬问好。刘太太——谁又是刘太太,真是的!今天客人太多了,好吃劲。老太太扶着赵妈站起来还礼。

"别客气了,外边坐吧。"二少奶伴着客人出去。

谁又是这刘太太?……谁?老太太模模糊糊地又做了一些猜想,望着门槛又堕入各种的回忆里去。

坐在门槛上的小丫头寿儿,看着院里石榴花出神。她巴不得酒席可以快点开完,底下人们可以吃中饭,她肚子里实在饿得慌。一早眼睛所接触的,大部分几乎全是可口的食品,但是她仍然是饿着肚子,坐在老太太门槛上等候呼唤。她极想再到前院去看看热闹,但是想到上次被打的情形,只得竭力忍耐。在饥饿中,有一桩事她仍然没有忘掉她的高兴。因为老太太的整寿,大少奶给她一副银镯。虽然为着捶背而酸乏的手臂懒得转动,她仍不时得意地举起手来,晃摇着她的新镯子。

午后的太阳斜到东廊上,后院子暂时沉睡在静寂中。幼兰在书房里和羽哭着闹脾气:"你们都欺侮我,上次赛球我就没有去看。为什么要去?反正人家也不欢迎我……慧石不肯说,可是我知道你和阿玲在一起玩得上劲。"抽噎的声音微微地由廊上传来。

"等会客人进来了不好看……别哭……你听我说……绝对没有这回事的。咱们是亲表谁不知道我们亲热,你是我的兰,永远,永远的是我的最爱最爱的……你信我……"

"你在哄骗我,我……我永远不会再信你的了……"

"你又来伤我,你心狠……"

声音微下去,也和缓了许多,又过了一些时候,才有轻轻的笑语声。小丫头仍然饿得慌,仍然坐在门槛上没有敢动,她听着小外孙小姐和羽孙少爷老是吵嘴,哭哭啼啼的,她不懂。一会儿他们又笑着一块儿由书房里出来。

"我到婆婆的里间洗个脸去。寿儿你给我打盆洗脸水去。"

寿儿得着打水的命令,高兴地站起来。什么事也比坐着等老太太睡醒都好一点。

"别忘了晚饭等我一桌吃。"羽说完大步地跑出去。

后院顿时又堕入闷热的静寂里;柳条的影子画上粉墙,太阳的红比得胭脂。墙外天蓝蓝的没有一片云,像戏台上的布景。隐隐地送来小贩子叫卖的声音——卖西瓜的——卖凉席的,一阵一阵。

挑夫提起力气喊他孩子找他媳妇。天快要黑下来,媳妇还坐在门口纳鞋底子;赶着那一点天亮再做完一只。一个月她当家的要穿两双鞋子,有时还不够的,方才当家的回家来说不舒服，睡倒在炕上，这半天也没有醒。她放下鞋底又走到旁边一家小铺里买点生姜，说几句话儿。

断续着呻吟，挑夫开始感到苦痛，不该喝那冰凉东西，早知道这大暑天，还不如喝口热茶！迷惘中他看到茶碗、茶缸、施茶的人家，碗、碟、果子杂乱地绕着大圆箩，他又像看到张家的厨房。不到一刻他肚子里像纠麻绳一般痛，发狂地呕吐使他沉入严重的症候里和死搏斗。

挑夫媳妇失了主意，喊孩子出去到药铺求点药。那边时常夏天是施暑药的……

邻居积渐知道挑夫家里出了事，看过报纸的说许是霍乱，要扎针的。张秃子认得大街东头的西医丁家，他披上小褂子，一边扣钮子，一边跑。丁大夫的门牌挂得高高的，新漆大门两扇紧闭着。张秃子找着电铃死命地按，又在门缝里张望了好一会，才有人出来开门。什么事？什么事？门房望着张秃子生气，张秃子看着丁宅的门房说："劳驾——劳驾您大爷，我们'街坊'李挑子中了暑，托我来行点药。"

"丁大夫和管药房先生'出份子去了'，没有在家，这里也没有旁人，这事谁又懂得？！"门房吞吞吐吐地说，"还是到对门益年堂打听吧。"大门已经差不多关上。

张秃子又跑了，跑到益年堂，听说一个孩子拿了暑药已经走了。张秃子是信教的，他相信外国医院的药，他又跑到那边医院里打听，等了半天，说那里不是施医院，并且也不收传染病的，医生晚上也都回家了，助手没有得上边话不能随便走开的。

"最好快报告区里，找卫生局里人。"管事的告诉他，但是卫生局又在哪里……

到张秃子失望地走回自己院子里的时候，天已经黑了下来，他听见李大嫂的哭声知道事情不行了。院里瓷罐子里还放出浓馥的药味。他顿一下脚，"咱们这命苦的……"他已在想如何去捐募点钱，收殓他朋友的尸体。叫孝子挨家去磕头吧！

天黑了下来张宅跨院里更热闹，水月灯底下围着许多孩子，看变戏法的由袍子里捧出一大缸金鱼，一盘子"王母蟠桃"献到老太太面前。孩子们都凑上去验看金鱼的真假。老太太高兴地笑。

大爷熟识捧场过的名伶自动地要送戏，正院前边搭着戏台，当差的忙着拦阻外面杂人往里挤，大爷由上海回来，两年中还是第一次——这次碍着母亲整寿的面，不回来太难为情。这几天行市不稳定，工人们听说很活动，本来就不放心走开，并且厂里的老赵靠不住，大爷最记挂……

看到院里戏台上正开场，又看廊上的灯，听听厢房各处传来的牌声、风扇声、开汽水声，大爷知道一切都圆满地进行，明天事完了，他就可以走了。

"伯伯上哪儿去？"游廊对面走出一个清秀的女孩。他怔住了看，慧石——是他兄弟的女儿，已经长得这么大了？大爷伤感着，看他早死兄弟的遗腹女儿，她长得实在像她爸爸……实在像她爸爸……

"慧石，是你。长得这样俊，伯伯快认不得了。"

慧石只是笑笑。大伯伯还会说笑话，她觉得太料想不到的事，同时她像被电击一样，触到伯伯眼里蕴住的怜爱，一股心酸抓紧了她的嗓子。

她仍只是笑。

"哪一年毕业？"大伯伯问她。

"明年。"

"毕业了到伯伯那里住。"

"好极了。"

"喜欢上海不？"

她摇摇头："没有北平好。可是可以找事做，倒不错。"

伯伯走了，容易伤感的慧石急忙回到卧室里，想哭一哭，但眼睛湿了几回，也就不哭了，又在镜子前抹点粉笑了笑。她喜欢伯伯对她那和蔼的态度。嬷常常不满伯伯和伯母的，常说些不高兴他们的话，但她自己却总觉得喜欢这伯伯的。也许是骨肉关系有种不可思议的亲热，也许是因为感激知己的心，慧石知道她更喜欢她这伯伯了。

厢房里电话铃响。

"丁宅呀，找丁大夫说话？等一等。"

丁大夫的手气不坏，刚和了一牌三翻，他得意地站起来接电话："知道了知道了，回头就去叫他派车到张宅来接。什么？要暑药的？发痧中暑？叫他到平济医院去吧。"

"天实在热，今天，中暑的一定不少。"五少奶坐在牌桌上抽烟，等丁大夫打电话回来。"下午两点的时候刚刚九十九度啦！"她睁大了眼表示严重。

"往年没有这么热，九十九度的天气在北平真可以的了。"一个客人摇了摇檀香扇，急着想做庄。

咯突一声，丁大夫将电话挂上。报馆到这时候积渐热闹，排字工人流着汗在机器房里忙着。编辑坐到公事桌上面批阅新闻。本市新闻由各区里送到，编辑略略将张宅名伶送戏一节细细看了看，想到方才同太太在市场吃冰激凌后，遇到街上的打架，又看看那段厮打的新闻，于是很自然地写着"西四牌楼三条胡同卢宅车夫杨三……"新闻里将杨三王康的争斗形容得非常动听，一直到了"扭区成讼"。

再看一些零碎，他不禁注意到挑夫霍乱数小时毙命一节，感到白天去吃冰激凌是件不聪明的事。

杨三在热臭的拘留所里发愁，想着主人应该得到他出事的消息了，怎么还没有设法来保他出去。王康则在又一间房子里喂臭虫，苟且地睡觉。

"……哪儿呀，我卢宅呀，请王先生说话……"老卢为着洋车被扣已经打了好几个电话了，在晚饭桌他听着太太的埋怨……那杨三真是太没有样子，准是又喝醉了，三天两回闹事。

"……对啦，找王先生有要紧事，出去饭局了么？回头请他给卢宅来个电话！别忘了！"

这大热晚上难道闷在家里听太太埋怨？杨三又没有回来，还得出去雇车，老卢不耐烦地躺在床上看报，一手抓起一把蒲扇赶开蚊子。

【导读】

小说《九十九度中》是早期运用现代派手法的名篇。作者选取北京夏季炎热的一天，以挑夫流动的脚步，将貌似互不往来的社会各阶层不同的生活场景连缀在一起。小说截取生活中有代表性的片段，且让这些片段带着生活本身的空间广延性与时间连续性，展示了20世纪30年代中国都市生活的样态，以其相当的整体性具备了现代中篇小说的格局，同时处处体现出悲悯的情感和对底层的人道主义关怀。

钱

梁实秋

> 梁实秋（1903—1987），原名梁治华，字实秋，笔名子佳、秋郎、程淑等，浙江杭县（今杭州）人，出生于北京，中国著名的现当代散文家、学者、文学批评家、翻译家，国内第一个研究莎士比亚的权威。一生给中国文坛留下了两千多万字的著作，其散文集创造了中国现代散文著作出版的最高纪录。代表作有《雅舍小品》等。

钱这个东西，不可说，不可说。一说起阿堵物①，就显着俗。其实钱本身是有用的东西，无所谓俗。或形如契刀②，或外圆而孔方③，样子都不难看。若是带有斑斑绿锈，就更古朴可爱。稍晚的"交子""钞引"④以至于近代的纸币，也无不力求精美雅观，何俗之有？钱财的进出取舍之间诚然大有道理，不过贪者自贪，廉者自廉，关键在于人，与钱本身无涉。像和峤⑤那样的爱钱如命，只可说是钱癖，不能斥之曰俗；像石崇⑥那样的挥金似土，只可说是奢汏⑦，不能算得上雅。俗也好，雅也好，事在人为，钱无雅俗可辨。

有人喜集邮，也有人喜集火柴盒，也有人喜集戏报子⑧，也有人喜集鼻烟壶⑨；也有人喜集砚、集墨、集字画古董，甚至集眼镜、集围裙、集三角裤。各有所好，没有什么道理可讲。但是古今中外几乎人人都喜欢收集的却是通货⑩。钱不嫌多，愈多愈好。庄子曰："钱财不积⑪，则贪者忧。"岂止贪者忧？不贪的人也一样地想积财。

人在小的时候都玩过扑满⑫，这玩意儿历史悠久，《西京杂记》⑬："扑满者，以土为器，以蓄钱，有入窍而无出窍，满则扑之。"北平⑭叫卖小贩，有喊"小盆儿小罐儿"的，担子上就有大大小小的扑满，全是陶土烧成的，形状不雅，一碰就碎。虽然里面容不下多少钱，可是孩子们从小就知道储蓄的道理了。外国也有近似扑满的东西，不过通常不是颠扑得碎的，是用钥匙可以打开的，多半作猪形，名之为"猪银行"。不晓得为什么选择猪形，也许是取其大肚能容吧？

我们的平民大部分是穷苦的，靠天吃饭，就怕干旱水涝，所以养成一种饥荒心理。"常将有日思无日，莫待无时思有时。"储蓄的美德普遍存在于各阶层。我从前认识一位小学教员。别看她月薪只有区区三十余元，她省吃俭用，省俭到午餐常是一碗清汤挂面洒上几滴香油,二十年下来,她拥有两栋小房。(谁忍心说她是不劳而获的资产阶级?)我也知道一位人力车夫,劳其筋骨⑮,为人做马牛,苦熬了半辈子,携带一笔小小的资财,回籍买田娶妻生子做了一个自耕的小地主。这些可敬的人,他们的钱是一文一文⑯积攒起来的。而且他们常是量入为储,每有收入,不拘多寡,先扣一成两成作为储蓄,然后再安排支出。就这样,他们爬上了社会的阶梯。

"人无横财不富,马非青草不肥。"话虽如此,横财逼人而来,不是人人唾手可得,也不是全然可以泰然接受的。"腰缠十万贯,骑鹤上扬州"⑰,只是一厢情愿的想法,暴发之后,势难持久,君不见:显宦的孙子做了乞丐,巨商的儿子做了龟奴⑱?及身而验的现世报⑲,更是所在多有。钱财这个东西,真是难以捉摸,聚散无常。所以谚云:"积财千万,不如薄技在身。"

钱多了就有麻烦,不知放在哪里好。枕头底下没有多少空间,破鞋窠里面也塞不进多少。眼看着财源滚滚,求田问舍怕招物议⑳,多财善贾㉑又怕风波,无可奈何只好送进银行。我在杂志上看到过一段趣谈:印第安人酋长某㉒,平素聚敛不少,有一天背了一大口袋钞票存入银行,定期一年,期满之日他要求全部提出,行员把钞票一叠一叠地堆在柜台上,有如山积。酋长看了一下,徐㉓曰:"请再续存一年。"行员惊异,既要续存,何必提出?酋长说:"不先提出,我怎么知道我的钱是否安然无恙地保存在这里?"这当然是笑话,不过我们从前也有金山银山之说,却是千真万确的。我们从前金融执牛耳㉔的大部分是山西人,票庄掌柜的几乎一律是老西儿㉕。据说他们家里就有金山银山。赚了金银运回老家,熔为液体,泼在内室地上,积年累月一勺一勺地泼上去,就成了一座座亮晶晶的金山银山。要用钱的时候凿下一块就行,不虞㉖盗贼光顾。没亲眼见过金山银山的人,至少总见过冥衣铺㉗用纸糊成的金童玉女金山银山吧?从前好像还没有近代恶性通货膨胀的怪事,然而如何维护既得的资财,也已经是颇费心机了。如今有些大户把钱弄到某些外国去,因为那里的银行有政府担保,没有倒闭之虞,而且还为存户保密,真是服务周到极了。

善居积的陶朱公㉘,人人羡慕,但是看他变姓名游江湖,其心理恐怕有几分像是挟巨资逃往国外做寓公㉙,离乡背井的,多少有一点不自在。所以一个人尽管贪财,不可无餍㉚。无冻馁㉛之忧,有安全之感,能罢手时且罢手,大可不必"人为财死"而后已,陶朱公还算是聪明的。

钱,要花出去,才发生作用。穷人手头不裕,为了住顾不得衣,为了衣顾不得食,为了食谈不到娱乐,有时候几个孩子同时需要买新鞋,会把父母急得冒冷汗!贫窭㉜到这个地步,一个钱也不能妄用,只有牛衣对泣的份㉝。小康之家用钱大有伸缩余地,最高明的是不求生活水准之全面提高,而在几点上稍稍突破,自得其乐。有人爱买书,有人爱买衣裳,有人爱度周末,各随所好。把钱集中用在一点上,便可比较容易适度满足自己的欲望。至于豪富之家,挥金如土,未必是福,穷奢极欲,乐极生悲,如果我们举例说明,则近似幸灾乐祸,不提也罢。纪元前五世纪雅典的泰蒙㉞,享受了人间的荣华富贵,也吃尽了世态炎凉的苦头,他最了解金钱的性质,他认识了金钱的本来面目,钱是人类的公娼!与其像泰蒙那样疯狂而死，不如早些疏散资财，做些有益之事，清清白白，赤裸裸来去无牵挂㉟。

【注释】

① 阿堵物：魏晋时人对钱的别称。王衍自命高雅，口未尝言"钱"字，其妻试探他，令婢女以钱绕床，使不得行。王衍只得叫婢女："拿掉阿堵物！"见刘义庆《世说新语·规箴》。阿堵，当时人的口语，意思为"这个"。

② 契刀：中国古代铜币，铸于西汉王莽时。

③ 外圆而孔方：旧时铜钱的形制，所以钱又称为"孔方兄"。

④ 交子：中国最早的纸币，出现于宋初。钞引：宋代政府发给茶盐商人的运销证券。

⑤ 和峤：西晋时人，家富性吝，人称"钱癖"。

⑥ 石崇：西晋时富豪，生活极奢靡。

⑦ 奢汰：奢侈无度。

⑧ 戏报子：戏剧海报的旧称。

⑨ 鼻烟壶：装鼻烟末的器具，形制精巧。鼻烟，一种不需点燃，由鼻孔吸入的粉末状烟。

⑩ 通货：流通货币的简称。

⑪ "庄子曰"句：见《庄子·徐无鬼》。

⑫ 扑满：储蓄钱币的瓦罐，储满后敲碎取钱。扑，打碎。

⑬ 《西京杂记》：晋葛洪著，古代笔记。

⑭ 北平：今北京市。

⑮ 劳其筋骨：这话出自《孟子·告子下》。

⑯ 一文：古代钱币单位。因钱币的一面铸有文字，一枚钱称为一文。

⑰ "腰缠"二句：南朝梁代殷芸所著《殷芸小说·吴蜀人》中的话。

⑱ 龟奴：旧时在妓院里做杂务的男子。

⑲ 及身：在世时。验：应验。现世报：佛教用语，指做善恶之事在今生就得报应。

⑳ 求田问舍：添置土地房屋等家产。这是刘备批评许汜的话，见《三国志·陈登传》。物议：众人的批评。

㉑ 贾（gǔ）：经商。

㉒ 印第安人：美洲最古老的土著居民。酋长：部落首领。

㉓ 徐：慢慢地。

㉔ 执牛耳：古代称主盟者为执牛耳，后泛指在某一领域里居领先地位的人。

㉕ 票庄：钱庄。老西儿：对山西人的俗称。明清时经营钱庄的多为山西籍商人。

㉖ 虞：担忧。

㉗ 冥衣铺：出售死人丧葬衣物的店铺。

㉘ 陶朱公：春秋时，越国大夫范蠡辅佐越王勾践灭吴后，弃官经商致富，居住在陶这个地方，称朱公，所以叫陶朱公。

㉙ 寓公：指闲居在客地的官僚等。

㉚ 餍（yàn）：满足。

㉛ 冻馁：受冻挨饿。

㉜ 贫窭（jù）：贫寒。

㉝ 牛衣对泣：西汉王章贫困时，卧牛衣中与妻子相对哀泣，见《汉书·王章传》。牛衣，给牛御寒的覆盖物，用草或麻编成。

㉞ 雅典的泰蒙：莎士比亚悲剧《雅典的泰蒙》，写富商泰蒙慷慨好客，后钱财耗尽，亲友纷纷离他而去。雅典，古希腊城邦。

㉟ 赤裸裸来去无牵挂：见《红楼梦》第二十二回，原句是"赤条条来去无牵挂"。

【导读】

　　本文选自梁实秋的《雅舍小品》第四册。文章开头从钱的形制和历史说起，从小事务引出大题目。以"雅"的和峤与"俗"的石崇对举，出笔自然。"钱无雅俗可辨"，本文的观点即在此。文中妙在不从大处说，而从小物——扑满展开议论，说明人从小有储蓄钱财的爱好，并且从中国说到国外，可见作者学识之博，见识之广。文中写出了对平民而言，喜欢储蓄、节俭发家是美德，生动的事例信手拈来，又显其见闻之广。人情世态，现于笔下。最后论述了对钱应该持通达的态度。

思考与练习

　　一、思考题

　　古今中外的优秀作家为我们塑造了很多不可磨灭的人物形象，我们不仅受到艺术的熏陶，同时也受到人格的教化与陶冶，更重要的是我们学会了怎样做人这一立身之本。在本单元所选篇目中，你学到了哪些处事的道理？

　　二、能力训练

　　1. 写作训练

　　选择一个古代先贤进行研究，写一篇散文，题目为"与生活对话"。

　　2. 表达训练

　　以"平凡的世界"为题演讲。

第七单元　文学地图

　　中国文学地图的出现，可以远溯到上古时代。中国古代文学地理的研究实践，可谓源远流长。春秋时代的学者把《诗经》中的《国风》按照不同的地区来分类，所体现的就是文学地理的意识。通过文学家的地理分布及其变迁，可以看出文学与地理环境的关系是一个互动关系。地理环境会影响文学家的气质、心理、文化底蕴、价值观念、审美倾向和文学选择等，反过来文学家所完成的文学积累、所形成的文学传统、所营造的文学风气等也会对当地的人文环境形成影响。我们生活在这广袤的大地上，一直律动着文学的心跳！是胸怀，是性灵，是人与情，是人们一路奔波想要的栖息……文学家们用闪光的文字，带我们领略别样的风景和人生地图。

自题金山画像①

苏轼

　　苏轼（1037—1101），字子瞻，号东坡居士，眉州眉山（今属四川）人，苏洵之子。北宋文豪，其文纵横恣肆，为"唐宋八大家"之一。其诗、词、散文均成就极高，且擅长书法、绘画，是中国文学艺术史上罕见的全才。其诗题材广阔，清新豪健，善用夸张比喻，独具风格。作品有《东坡七集》《东坡易传》《东坡书传》《东坡乐府》等。

　　　　心似已灰②之木，身如不系之舟。
　　　　问汝平生功业，黄州惠州儋州③。

【注释】

　　① 金山画像：指金山寺苏轼画像，李公麟所作。《金山志》："李龙眠（公麟）画东坡像留金山寺，后东坡过金山寺，自题。"

　　② 心似已灰：即心如死灰。《庄子·齐物论》："形固可以使如槁木，而心固可使如死灰乎？"

　　③ 黄州惠州儋州：作者反对王安石新法，以作诗"旁讪朝廷"罪贬谪黄州，后又贬谪惠州、儋州。在这三个地方，作者度过了长期的贬谪生活。

【导读】

　　苏轼用二十余年屡遭贬官的经历，总结自己的一生，堪称一幅别样的人生地图。看似饱含无奈的自嘲，但在这背后更是隐藏不住的豁达和幽默，可以说每一次被贬，每一次人生的低谷，都是他思想境界和人格魅力提升的起点。看后两句"问汝平生功业，黄州惠州儋州"

一反忧伤情调,以久惯世路的旷达来取代人生失意的哀愁,自我解脱力是惊人的。苏轼认为自己一生的功业,不在做礼部尚书或祠部员外郎时,更不在杭州、徐州、密州(作者曾在此三地做过知府),恰恰在被贬谪的"三州(黄州、惠州、儋州)"。

失意也罢,坎坷也罢,苏东坡却丝毫不减豪放本色。我们回望他六十多年的人生会发现,少年的意气风发,中年的愈挫愈勇,老年的达观淡泊,竟然如此完美地结合在他的身上,以至于尽管中华五千年的悠悠岁月,文人雅士何其之多,但是苏轼他那旷世的才情,他那可敬可爱的人格,那他诗词中倾泻而出的真性情,却依旧惊艳着我们,打动着我们。

峨眉山行纪(节选)①

范成大

> 范成大(1126-1193),字至能,一字幼元,早年自号此山居士,晚号石湖居士。汉族,平江府吴县(今江苏省苏州市)人。南宋名臣、文学家。他的作品风格平易浅显、清新妩媚。诗题材广泛,以反映农村社会生活内容的作品成就最高。与杨万里、陆游、尤袤合称南宋"中兴四大诗人"(又称南宋四大家)。有《石湖集》《吴船录》《吴郡志》等著作传世。

乙未②,大霁③。……过新店、八十四盘、娑罗平④。娑罗者,其木叶如海桐⑤,又似杨梅⑥,花红白色,春夏间开,惟此山有之。初登山半即见之,至此满山皆是。大抵大峨⑦之上,凡草木禽虫悉非世间所有。昔固传闻,今亲验之。余来以季夏⑧,数日前雪大降,木叶犹有雪渍斓斑⑨之迹。草木之异,有如八仙而深紫⑩,有如牵牛⑪而大数倍,有如蓼⑫而浅青。闻春时异花尤多,但是时山寒,人鲜能识之⑬。草叶之异者亦不可胜数。山高多风,木不能长,枝悉下垂。古苔如乱发鬖鬖⑭挂木上,垂至地,长数丈。又有塔松⑮,状似杉而叶圆细,亦不能高;重重偃蹇如浮图⑯,至山顶尤多。又断⑰无鸟雀,盖山高,飞不能上。

自娑罗平过思佛亭、软草平、洗脚溪,遂极峰顶光相寺⑱。亦板屋数十间,无人居,中间有普贤小殿⑲。以卯⑳初登山,至此已申㉑后。初衣暑绤㉒,渐高渐寒,到八十四盘则骤寒。比及山顶,亟挟纩两重㉓,又加毳衲驼茸之裘㉔,尽衣笥㉕中所藏,系重巾,蹑㉖毡靴,犹凛栗㉗不自持,则炽炭拥炉危坐㉘。山顶有泉,煮米不成饭,但碎如砂粒。万古冰雪之汁,不能熟物㉙,余前知。自山下携水一缶㉚来,财㉛自足也。

移顷㉜,冒寒登天仙桥,至光明岩,炷香㉝。小殿上木皮盖之。王瞻叔㉞参政尝易以瓦,为雪霜所薄㉟,一年辄碎。后复以木皮易之,翻㊱可支二三年。人云佛现悉以午㊲。今已申后,不若归舍,明日复来。逡巡㊳,忽云出岩下旁谷中㊴,即雷洞山也。云行勃勃㊵如队仗,既当岩,则少㊶驻。云头现大圆光,杂色之晕㊷数重。倚立相对,中有水墨影,若仙圣跨象者㊸。一碗茶顷,光没,而其旁复现一光如前,有顷亦没。云中复有金光两道,横射岩腹,人亦谓之"小现"。日暮，云物皆散，四山寂然。乙夜灯出㊹，岩下遍满，弥望以千百计。夜寒甚，不可久立。

丙申㊺，复登岩眺望㊻，岩后岷山万重㊼；少北则瓦屋山㊽，在雅州㊾；少南则大瓦屋，近南诏㊿，形状宛然㊶瓦屋一间也。小瓦屋亦有光相㊷，谓之"辟支佛现"㊸。此诸山之后，即西域雪山。崔嵬刻削㊴，凡数十百峰。初日照之，雪色洞明㊵，如烂银㊶晃耀曙光中。此雪自古至今未尝消也。山绵延入天竺诸蕃㊷，相去不知几千里，望之但如在几案㊸间。瑰奇胜绝之观㊹，真冠㊵平生矣。

复诣岩殿致祷，俄氛雾㉛四起，混然㉜一白。僧云："银色世界也。"有顷，大雨倾注，氛雾辟易㉝。僧云："洗岩雨也，佛将大现。"兜罗绵云㉞复布岩下，纷郁㉟而上，将至岩数丈㊱辄止。云平如玉地。时雨点有余飞。俯视岩腹，有大圆光偃卧㊲平云之上，外晕三重，每重有青、黄、红、绿之色。光之正中，虚明凝湛㊳，观者各自见其形现于虚明之处，毫厘无隐，一如对镜，举手动足，影皆随形，而不见傍人。僧云："摄身光也。"此光既没，前山风起云驰。风云之间，复出大圆相光横亘数山，尽诸异色。合集成采，峰峦草木，皆鲜妍绚蒨㊴，不可正视。云雾既散，而此光独明，人谓之"清现"。凡佛光欲现，必先布云，所谓"兜罗绵世界"，光相依云而出。其不依云，则谓之"清现"，极难得。食顷，光渐移，过山而西。左顾雷洞山上，复出一光，如前而差小㊵。须臾，亦飞行过山外。至平野间转徙㊶，得得与岩正相值㊷，色状俱变，遂为金桥。大略如吴江垂虹㊸，而两坨各有紫云捧之㊹。凡自午至未，云物净尽，谓之"收岩"。独金桥现至酉㊵后始没。

【注释】

① 本文选自《吴船录》。原文无题目，题目系后人所加。宋孝宗淳熙四年（1177），作者自四川制置使被召回临安。本文是作者回临安途中游峨眉记行的一部分。

② 乙未：乙未日，即宋孝宗淳熙四年六月二十七日。

③ 霁（jì）：雨停止。

④ 盘：言其道路盘曲。平：也写作"坪"。

⑤ 海桐：常绿乔木，生于福建、广东海边。叶子呈倒卵形，有光泽，边缘向背面卷；花白色，有香味；果实呈椭圆形。

⑥ 杨梅：常绿灌木或乔木，叶子狭长，花褐色，雌雄异株。果实味酸甜。

⑦ 大峨：峨眉山分大峨、中峨、小峨，绵亘数县。大峨是峨眉山的主峰，位于四川省峨眉县的西南方。

⑧ 季夏：阴历六月。从前，把每一季的三个月分别以"孟""仲""季"称之。

⑨ 雪渍（zì）斓（lán）斑：雪水浸润的水斑。

⑩ 有：肯定性无定代词，有的。下面两句中的"有"字与之相同。八仙：又叫绣球花，一种落叶灌木，丛生，高二米左右，叶呈椭圆形，秋天开淡紫色花，呈球状。

⑪ 牵牛：牵牛花，又叫喇叭花。一年生草本植物，缠绕茎。叶呈心脏形状，通常三裂，有长柄花冠呈喇叭形，有淡红、紫红、紫蓝几种颜色，筒部为白色，早晨花开，午前即萎。

⑫ 蓼（liǎo）：一年生草本植物，叶子呈披针形，秋开呈穗状的淡红色小花。

⑬ 人鲜能识之：作者《娑罗平》诗中"神农尝外尽灵药，天女散余多异花"，就是指这些很少被人认识的草木。

⑭ 乱发鬖鬖（sān）：鬖鬖，下垂的样子，作"发"的后置定语。

⑮ 塔松：形状像宝塔一样的松树。

⑯ 偃蹇（jiǎn）：耸立。浮图：又写作"佛图""浮屠"，塔。

⑰ 断：副词，绝。

⑱ 极：形容词用作动词，最后到达。光相寺：在大峨山绝顶，旧名普光殿，唐以后改名"光相寺"。

⑲ 普贤：菩萨名。我国佛教四大圣地，各以一个菩萨为主。峨眉山以普贤为主，五台山（在山西省五台县）以文殊为主，普陀山（在浙江省舟山市普陀区）以观音为主，九华山（安徽省池州市青阳县）以地藏菩萨为主。

⑳ 卯：清晨五时至七时。

㉑ 申：下午三时至五时。

㉒ 衣：名词用作动词，穿。绤（xì）：粗葛布。

㉓ 亟（jí）：急迫，赶紧。挟（xié）：持，拿，这里指穿上。纩（kuàng）：丝棉。

㉔ 毳（cuì）：鸟兽的细毛。衲（nà）：和尚穿的衣服。驼茸（róng）：骆驼的细毛绒。裘：皮衣，这里泛指衣服。

㉕ 笥（sì）：盛衣服的方形竹器。

㉖ 蹑（niè）：踩，这里作"穿"解。

㉗ 凛栗（lǐnlì）：冷得发抖。

㉘ 炽：动词，使动用法，使（炭）烧得很旺。危坐：端坐。

㉙ 万古冰雪之汁，不能熟物：峨眉山高，气压低，水的沸点低，所以食物煮不熟。作者的认识是不科学的。

㉚ 缶（fǒu）：一种肚大口小的陶器。

㉛ 财：通"才"。

㉜ 移顷：移时，不久。

㉝ 炷香：烧香。

㉞ 干瞻叔：名之望，字瞻叔，宋高宗绍兴进士，宋孝宗时官至参知政事。

㉟ 薄：浸蚀。

㊱ 翻：通"反"，反而。

㊲ 佛现悉以午：佛，佛光。午，上午十一时至下午一时。过午以后，太阳高悬天空，山中的云气（文中所谓"兜罗绵云"）铺满岩谷，在平平的云海上面就会出现一个直径数公尺的彩色圆环，颜色越来越浓，外红内紫，极为绚丽，峨眉山为佛地，人们见此奇景，就谓之"佛光"。佛光的变化取决于太阳的位置和云海的状况。佛光的成因，与雨过天晴后虹的成因类似。

㊳ 逡（qūn）巡：有所顾虑而徘徊或不敢前进，这里指拿不定主意。

㊴ 旁：本作"傍"，此据文渊阁《四库全书》本。下文"而其旁复现一光如前""而不见旁人"两句中的"旁"同。

㊵ 勃勃：通"菲菲"或"纷纷"。"勃勃"与"菲菲""纷纷"古代读音相近，音近义通。《楚辞·离骚》中"芳菲菲其弥章"。

㊶ 少：通"稍"。

㊷ 晕（yùn）：日月周围的光圈。

㊸ 仙圣：指普贤。跨象：普贤塑像往往骑着大象。

㊹ 乙夜：二更时候，约为夜间十时。灯，就是所谓"圣灯"或"神灯"。峨眉山顶有几处地方，晴夜远望山林，可以看到像萤火一样的光点，阴历三四月最多，五至八月较少。起因可能是磷火。

㊺ 丙申：二十八日。

㊻ 眺（tiào）望：远望。

㊼ 岩：光明岩。岷（mín）山：在四川省与甘肃省交界的地方。

㊽ 瓦屋山：岷山的支脉。

㊾ 雅州：今四川雅安地区。

㊿ 南诏：唐代国名，五代时为段思平所灭，改称大理国，治所为羊苴咩（jū miē）城（今云南省大理县）。辖区在今缅甸北部、老挝北部和云南省一带地方。

㊛ 宛然：好像。

㊕ 光相：佛光。下文的"相光"意思一样。

㊓ 辟支佛：辟支迦佛陀的简称，意译为"独悟"。凡无师承而独自悟知佛道的佛称"辟支迦佛陀"。现：光相出现。

㊔ 崔嵬（wéi）：高耸。刻削：好像用刀刻削成的，形容陡峭。

㊖ 洞明：透亮。

㊗ 烂银：光亮的银子。

㊘ 天竺（zhú）：我国古代对印度的称呼。番：也写作"番"，我国古代对边疆各族和外国的称呼。

㊙ 几（jī）：小桌子。案：一种旧式的狭长桌子。

㊚ 瑰（guī）奇：瑰丽奇特。观：景象。

㊛ 冠（guàn）：居第一位。

㊜ 氛（fēn）雾：雾气。

㊝ 混然：茫茫然。

㊞ 辟（bì）易：这里形容云雾飘飞状，云雾滚滚的样子。

㊟ 兜罗：外国树名，亦译作"堵罗"，意译为"柳花"。兜罗绵，兜罗树的花絮，意译为"柳花絮"。兜罗绵云，像兜罗绵那样的云。

㊠ 纷郁：盛多，浓密。

㊡ 将至岩数丈：离光明岩顶端还有几丈高。

㊢ 偃卧：仰卧，这里意为"平铺"。

㊣ 虚明：空虚而明亮。凝：凝结。这里指不动荡，稳定。湛（zhàn）：清澈。

㊤ 鲜妍绚蒨（xuàn qiàn）：新鲜，妍丽，绚烂，鲜明。

㊥ 差小：略微小一点。

㊦ 转徙：转移。

㊧ 得得：唐宋时代方言，意为"特地"，这里可解作"恰巧"。相值：相当。

㊨ 吴江垂虹：吴江上的垂虹桥。吴江，也称"吴淞江"。垂虹桥在吴江县县东。宋仁宗庆历八年（1048年）建造，本名"利往桥"。因桥上有一座"垂虹亭"，所以又名"垂虹桥"。

⑭ 圯（yí）：《说文解字》："东楚谓桥。"两圯，指桥的两旁。

⑮ 酉：下午五时至七时。

【导读】

　　自古以来，赞誉峨眉山的诗文多如峨眉山的奇花异木，数不胜数。范成大的《峨眉山行纪》是这些众多诗文中的优秀之作。作者以时间先后为顺序，逐日详细记述了入山探胜的经过，分别采取了不同的表现手法，主要写了三个方面：大峨的高寒气候，大峨的奇物草木，大峨的奇异佛现景观。总之，作者对峨眉山的水文地貌、气候植被、风土人情、名胜古迹一一详细介绍摹写，给人目不暇接、美不胜收之感。

江南的冬景

郁达夫

> 郁达夫（1896—1945），原名郁文，字达夫，幼名阿凤，浙江富阳人，中国现代作家、革命烈士。郁达夫是新文学团体"创造社"的发起人之一，一位为抗日救国而殉难的爱国主义作家。他擅长小说与散文，小说代表作有《春风沉醉的晚上》《沉沦》，散文代表作有《故都的秋》《江南的冬景》，著有散文集《屐痕处处》《闲书》。

　　凡在北国过过冬天的人，总都道围炉煮茗，或吃涮羊肉，剥花生米，饮白干的滋味。而有地炉、暖炕等设备的人家，不管它们外面是雪深几尺，或风大若雷，而躲在屋里过活的两三个月的生活，却是一年之中最有劲的一段蛰居异境；老年人不必说，就是顶喜欢活动的小孩子们，总也是个个在怀恋的，因为当这中间，有的萝卜、雅儿梨等水果的闲食，还有大年夜、正月初一、元宵等热闹的节期。

　　但在江南，可又不同；冬至过后，大江以南的树叶，也不至于脱尽。寒风——西北风——间或吹来，至多也不过冷了一日两日。到得灰云扫尽，落叶满街，晨霜白得像黑女脸上的脂粉似的。清早，太阳一上屋檐，鸟雀便又在吱叫，泥地里便又放出水蒸气来，老翁、小孩就又可以上门前的隙地里去坐着曝背谈天，营屋外的生涯了。这一种江南的冬景，岂不也可爱得很么？

　　我生长江南，儿时所受的江南冬日的印象，铭刻特深，虽则渐入中年，又爱上了晚秋，以为秋天正是读读书、写写字的人的最惠季节，但对于江南的冬景，总觉得是可以抵得过北方夏夜的一种特殊情调，说得摩登些，便是一种明朗的情调。

　　我也曾到过闽粤，在那里过冬天，和暖原极和暖，有时候到了阴历的年边，说不定还不得不拿出纱衫来着；走过野人的篱落，更还看得见许多杂七杂八的秋花！一番阵雨雷鸣过后，凉冷一点；至多也只好换上一件夹衣，在闽粤之间，皮袍棉袄是绝对用不着的；这一种极南的气候异状,并不是我所说的江南的冬景,只能叫它作南国的长春,是春或秋的延长。

江南的地质丰腴而润泽,所以含得住热气,养得住植物;因而长江一带,芦花可以到冬至而不败,红叶亦有时候会保持得三个月以上的生命。像钱塘江两岸的乌桕树,则红叶落后,还有雪白的桕子着在枝头,一点一丛,用照相机照将出来,可以乱梅花之真。草色顶多成了赭色,根边总带点绿意,非但野火烧不尽,就是寒风也吹不倒的。若遇到风和日暖的午后,你一个人肯上冬郊去走走,则青天碧落之下,你不但感不到岁时的肃杀,并且还可以饱觉着一种莫名其妙的含蓄在那里的生气;"若是冬天来了,春天也总马上会来"的诗人的名句,只有在江南的山野里,最容易体会得出。

说起了寒郊的散步,实在是江南的冬日,所给予江南居住者的一种特异的恩惠;在北方的冰天雪地里生长的人,是终他的一生,也绝不会有享受这一种清福的机会的。我不知道德国的冬天,比起我们江浙来如何,但从许多作家的喜欢以 Spaziergang 一字来做他们的创造题目的一点看来,大约是德国南部地方,四季的变迁,总也和我们的江南差仿不多。譬如说十九世纪的那位乡土诗人洛在格(Peter Rosegger, 1843—1918)罢,他用这一个"散步"做题目的文章尤其写得多,而所写的情形,却又是大半可以拿到中国江浙的山区地方来适用的。

江南河港交流,且又地滨大海,湖沼特多,故空气里时含水分;到得冬天,不时也会下着微雨,而这微雨寒村里的冬霖景象,又是一种说不出的悠闲境界。你试想想,秋收过后,河流边三五家人家会聚在一道的一个小村子里,门对长桥,窗临远阜,这中间又多是树枝槎桠的杂木树林;在这一幅冬日农村的图上,再洒上一层细得同粉也似的白雨,加上一层淡得几不成墨的背景,你说还够不够悠闲?若再要点景致进去,则门前可以泊一只乌篷小船,茅屋里可以添几个喧哗的酒客,天垂暮了,还可以加一味红黄,在茅屋窗中画上一圈暗示着灯光的月晕。人到了这一个境界,自然会得胸襟洒脱起来,终至于得失俱亡,死生不同了;我们总该还记得唐朝那位诗人做的"暮雨潇潇江上村"的一首绝句罢?诗人到此,连对绿林豪客都客气起来了,这不是江南冬景的迷人又是什么?

一提到雨,也就必然地要想到雪:"晚来天欲雪,能饮一杯无?"自然是江南日暮的雪景。"寒沙梅影路,微雪酒香村",则雪月梅的冬宵三友,会合在一道,在调戏酒姑娘了。"柴门闻犬吠,风雪夜归人",是江南雪夜,更深人静后的景况。"前村深雪里,昨夜一枝开",又到了第二天的早晨,和狗一样喜欢弄雪的村童来报告村景了。诗人的诗句,也许不尽是在江南所写,而作这几句诗的诗人,也许不尽是江南人,但假了这几句诗来描写江南的雪景,岂不直截了当,比我这一支愚劣的笔所写的散文更美丽得多?

有几年,在江南,在江南也许会没有雨没有雪地过一个冬,到了春间阴历的正月底或二月初再冷一冷下一点春雪的;去年(1934)的冬天是如此,今年的冬天恐怕也不得不然,以节气推算起来,大约太冷的日子,将在一九三六年的二月尽头,最多也总不过是七八天的样子。像这样的冬天,乡下人叫作旱冬,对于麦的收成或者好些,但是人口却要受到损伤;旱得久了,白喉、流行性感冒等疾病自然容易上身,可是想恣意享受江南的冬景的人,在这一种冬天，倒只会得到快活一点，因为晴和的日子多了，上郊外去闲步逍遥的机会自然也多；日本人叫作 Hiking，德国人叫作 Spaziergang 狂者，所最欢迎的也就是这样的冬天。

窗外的天气晴朗得像晚秋一样；晴空的高爽，日光的洋溢，引诱得使你在房间里坐不住，空言不如实践，这一种无聊的杂文，我也不再想写下去了，还是拿起手杖，搁下纸笔，上湖上散散步罢！

【导读】

郁达夫的散文具有极强的美学特征：清新隽永，明丽真挚，富有神韵；行文如行云流水，自然有致，笔随意转，舒卷自如。

本文是一篇写景散文，抒写作者的家乡——浙江富阳一带的冬日风光，突出了江南冬景的特点：温润、晴暖、优美。全文写了五个优美的画面：屋外曝背谈天图、寒郊散步图、冬雨农村图、江南雪景图、旱冬闲步图。在这些画面中，渗透着作者的赞美、眷恋自己的故乡——江南自然风光的真情，展现出清新明朗的心境。作者写江南冬景时，善于运用比较的手法，通过比较既加深了读者对江南冬景的印象，更借此抒发了作者对家乡风土的自豪感。

朱自清

朱自清（1898—1948），原名自华，后改名自清，字佩弦。原籍浙江绍兴，出生于江苏省东海县（今连云港市东海县平明镇）。现代杰出的散文家、诗人、学者、民主战士。1928 年出版第一本散文集《背影》。1932 年，任清华大学中国文学系主任。著有《欧游杂记》《伦敦杂记》《你我》等。

威尼斯（Venice）是一个别致地方。出了火车站，你立刻便会觉得：这里没有汽车，要到哪儿，不是搭小火轮，便是雇"刚朵拉"（Gondola）。大运河穿过威尼斯像反写的"S"，这就是大街。另有小河道 480 条，这些就是小胡同。轮船像公共汽车，在大街上走；"刚朵拉"是一种摇橹的小船，威尼斯所特有，它哪儿都去。威尼斯并非没有桥；378 座，有的是。只要不怕转弯抹角，哪儿都走得到，用不着下河去。可是轮船中人还是很多，"刚朵拉"的买卖也似乎并不坏。

威尼斯是"海中的城"，在意大利半岛的东北角上，是一群小岛，外面一道沙堤隔开亚得里亚海。在圣马克方场㊀的钟楼上看，团花簇锦似的东一块西一块在绿波里荡漾着。远处是水天相接，一片茫茫。这里没有什么煤烟，天空干干净净；在温和的日光中，一切都像透明的。中国人到此，仿佛在江南的水乡；夏初从欧洲北部来的，在这儿还可看见清清楚楚的春天的背影。海水那么绿，那么酽，会带你到梦中去。

㊀ 圣马尔谷广场。——编者注

威尼斯不单是明媚，在圣马克方场走走就知道。这个广场南面临着一道运河，场中偏东南便是那可以望远的钟楼。威尼斯最热闹的地方是这儿，最华妙庄严的地方也是这儿。除了西边，围着的都是三百年以上的建筑，东边居中是圣马克堂，却有了八九百年——钟楼便在它的右首。再向右是"新衙门"；教堂左首是"老衙门"。这两溜儿楼房的下一层，现在满开了铺子。铺子前面是长廊，一天到晚是来来去去的人。紧接着教堂，直伸向运河去的是公爷府；这个一半属于小方场，另一半便属于运河了。

圣马克堂是方场的主人，建筑在十一世纪，原是卑赞廷㊀式，以直线为主。十四世纪加上戈昔式的装饰，如尖拱门等；十七世纪又参入文艺复兴期的装饰，如栏干等。所以庄严华妙，兼而有之；这正是威尼斯的漂亮劲儿。教堂里屋顶与墙壁上满是碎玻璃嵌成的画，大概是真金色的地，蓝色或红色的圣灵像。这些像做得非常肃穆。教堂的地是用大理石铺的，颜色花样种种不同。在那种空阔阴暗的氛围中，你觉得伟丽，也觉得森严。教堂左右那两溜儿楼房，式样各别，并不对称；钟楼高322英尺，也偏在一边儿。但这两溜房子都是三层，都有许多拱门，恰与教堂的门面与圆顶相称；又都是白石造成，越衬出教堂的金碧辉煌来。教堂右边是向运河去的路，是一个小方场，本来显得空阔些，钟楼恰好填了这个空子。好像我们戏里的大将出场，后面一杆旗子总是偏着取势；这方场中的建筑，节奏其实是和谐不过的。十八世纪意大利卡那来陀（Ganaletto）一派画家专画威尼斯的建筑，取材于这方场的很多。德国德莱司敦画院中有几张，真好。

公爷府里有好些名人的壁画和屋顶画，丁陶来陀（Tintoretto，十六世纪）的大画《乐园》最著名；但更重要的是它建筑的价值。运河上有了这所房子，增加了不少颜色。这全然是戈昔式；动工在九世纪初，以后屡次遭火，屡次重修，现在的据说还是原来的式样。最好看的是它的西南两面；西南斜对着圣马克方场，南面正在运河上。在运河里看，真像在画中。它也是三层：下两层是尖拱门，一眼看去，无数的柱子。最下层的拱门简单疏阔，是载重的样子；上一层便繁密得多，为装饰之用；最上层却更简单，一根柱子没有，除了疏疏落落的窗和门之外，都是整块的墙面。墙面上用白的与玫瑰红的大理石砌成素朴的方纹，在日光里鲜明得像少女一般。威尼斯人真不愧着色的能手。这所房子从运河中看，好像在水里。下两层是玲珑的架子，上一层才是屋子；这是很巧的结构，加上那艳而雅的颜色，令人有惝恍迷离之感。府后有太息桥；从前一边是监狱，一边是法院，狱囚提讯须过这里，所以得名。拜伦诗中曾咏此，因而便脍炙人口起来，其实也只是近世的东西。

威尼斯的夜曲是很著名的。夜曲本是一种抒情的曲子，夜晚在人家窗下随便唱。可是运河里也有：晚上在圣马克方场的河边上，看见河中有红绿的纸球灯，便是唱夜曲的船。雇了"刚朵拉"摇过去，靠着那个船停下，船在水中间，两边挨次排着"刚朵拉"在微波里荡着，像是两只翅膀。唱曲的有男有女，围着一张桌子坐，轮到了便站起来唱，旁边有音乐和

㊀ 拜占庭。——编者注

着。曲词自然是意大利语,意大利的语音据说是最纯粹,最清朗。听起来似乎的确斩截些,女人的尤其如此——意大利的歌女是出名的。音乐节奏繁密,声情热烈,想来是最流行的"爵士乐"。在微微摇摆的红绿灯球底下,颤着酽酽的歌喉,运河上一片朦胧的夜也似乎透出玫瑰红的样子。唱完几曲之后,船上有人跨过来,反拿着帽子收钱,多少随意。不愿意听了,还可到第二处去。这个略略像当年的秦淮河的光景,但秦淮河却热闹得多。

从圣马克方场向西北去,有两个教堂在艺术上是很重要的。一个是圣罗珂堂,旁边有一所屋子,墙上屋顶上满是画;楼上下大小三间屋,共六十二幅画,是丁陶来陀的手笔。屋里暗极,只有早晨看得清楚。丁陶来陀作画时,因地制宜,大部分只粗粗勾勒,利用阴影,教人看了觉得是几经琢磨似的。《十字架》一幅在楼上小屋内,力量最雄厚。佛拉利堂在圣罗珂近旁,有大画家铁沁(Titian,十六世纪)和近代雕刻家卡奴洼(Ganova)的纪念碑。卡奴洼的,灵巧,是自己打的样子;铁沁的,宏壮,是十九世纪中叶才完成的。他的《圣处女升天图》挂在神坛后面,那朱红与亮蓝两种颜色鲜明极了,全幅气韵流动,如风行水上。倍里尼(Giovani Bellini,十五世纪)的《圣母像》,也是他的精品。他们都还有别的画在这个教堂里。

从圣马克方场沿河直向东去,有一处公园;从一八九五年起,每两年在此地开国际艺术展览会一次。今年是第十八届;加入展览的有意、荷、比、西、丹、法、英、奥、苏俄、美、匈、瑞士、波兰等十三国,意大利的东西自然最多,种类繁极了;未来派立体派的图画雕刻,都可见到,还有别的许多新奇的作品,说不出路数。颜色大概鲜明,教人眼睛发亮;建筑也是新式,简洁不啰唆,痛快之至。苏俄的作品不多,大概是工农生活表现,兼有沉毅和高兴的调子。他们也用鲜的颜色,但显然没有很费心思在艺术上,作风老老实实,并不向牛犄角里寻找新奇的玩意儿。

威尼斯的玻璃器皿,刻花皮件,都是名产,以典丽风华胜,缂丝也不错。大理石小雕像,是著名大品的缩本,出于名手的还有味。

【导读】

威尼斯这座世界名城已被许多人写入文中,摹在画上,摄入镜头,要想突破他人窠臼,重新再现这座城市的美丽风光,需要寻找另一种独特的视角。朱自清的游记散文《威尼斯》,实现了风情与游踪的整合,再造出新的艺术景象。

文章采用了风情与游踪双线交叠的手法,时而游踪,时而风物,分散重合,穿插交融,重构出一种和谐的美。如果我们依序按作者笔下的描述,将这些空间建筑连缀排列起来,会轻而易举地临摹出一幅以圣马克方场为中心的威尼斯主要胜地的游览图,而且准确清晰,这不能不归功于作者逻辑叙述的严谨和规范。在条理性、层次感极强的游记中,文章还穿插了威尼斯风情风物的介绍,表现出作者在建筑、造型、绘画、音乐、工艺制造、风土人情等多方面广博的知识和深厚的造诣。

北京的春节

老舍

> 老舍（1899—1966），满族，原名舒庆春，字舍予，生于北京。中国现代小说家、著名作家、杰出的语言大师、人民艺术家、北京人艺编剧。新中国第一位获得"人民艺术家"称号的作家。代表作有小说《骆驼祥子》《四世同堂》，剧本《茶馆》《龙须沟》等。老舍的文学语言通俗易懂，朴实无华，幽默诙谐，透露着独特的京韵。

按照北京的老规矩，过农历的新年（春节），差不多在腊月的初旬就开头了。"腊七腊八，冻死寒鸦"，这是一年里最冷的时候。可是，到了严冬，不久便是春天，所以人们并不因为寒冷而减少过年与迎春的热情。在腊八那天，人家里，寺观里，都熬腊八粥。这种特制的粥是祭祖祭神的，可是细一想，它倒是农业社会的一种自傲的表现——这种粥是用所有的各种的米，各种的豆，与各种的干果（杏仁、核桃仁、瓜子、荔枝肉、莲子、花生米、葡萄干、菱角米……）熬成的。这不是粥，而是小型的农业展览会。

腊八这天还要泡腊八蒜。把蒜瓣在这天放到高醋里，封起来，为过年吃饺子用的。到年底，蒜泡得色如翡翠，而醋也有了些辣味，色味双美，使人要多吃几个饺子。在北京，过年时，家家吃饺子。

从腊八起，铺户中就加紧地上年货，街上加多了货摊子——卖春联的、卖年画的、卖蜜供的、卖水仙花的等等都是只在这一季节才会出现的。这些赶年的摊子都教儿童们的心跳得特别快一些。在胡同里，吆喝的声音也比平时更多更复杂起来，其中也有仅在腊月才出现的，像卖宪书的、松枝的、薏仁米的、年糕的等等。

在有皇帝的时候，学童们到腊月十九就不上学了，放年假一月。儿童们准备过年，差不多第一件事是买杂拌儿。这是用各种干果（花生、胶枣、榛子、栗子等）与蜜饯搀①和成的，普通的带皮，高级的没有皮——例如：普通的用带皮的榛子，高级的用榛瓤儿。儿童们喜吃这些零七八碎儿，即使没有饺子吃，也必须买杂拌儿。他们的第二件大事是买爆竹，特别是男孩子们。恐怕第三件事才是买玩艺儿——风筝、空竹、口琴等——和年画儿。

儿童们忙乱，大人们也紧张。他们须预备过年吃的使的喝的一切。他们也必须给儿童赶做新鞋新衣，好在新年时显出万象更新的气象。

二十三日过小年，差不多就是过新年的"彩排"。在旧社会里，这天晚上家家祭灶王，从一擦黑儿鞭炮就响起来，随着炮声把灶王的纸像焚化，美其名叫送灶王上天。在前几天，街上就有多少多少卖麦芽糖与江米糖的，糖形或为长方块或为大小瓜形。按旧日的说法：用糖粘住灶王的嘴，他到了天上就不会向玉皇报告家庭中的坏事了。现在，还有卖糖的，但是只由大家享用，并不再粘灶王的嘴了。

过了二十三，大家就更忙起来，新年眨眼就到了啊。在除夕以前，家家必须把春联贴好，必须大扫除一次，名曰扫房。必须把肉、鸡、鱼、青菜、年糕什么的都预备充足，至少足够吃用一个星期的——按老习惯，铺户多数关五天门，到正月初六才开张。假若不预备下几天的吃食，临时不容易补充。还有，旧社会里的老妈妈论，讲究在除夕把一切该切出来的东西都切出来，省得在正月初一到初五再动刀，动刀剪是不吉利的。这含有迷信的意思，不过它也表现了人们确是爱和平的人，在一岁之首连切菜刀都不愿动一动。

除夕真热闹。家家赶做年菜，到处是酒肉的香味。老少男女都穿起新衣，门外贴好红红的对联，屋里贴好各色的年画，哪一家都灯火通宵，不许间断，炮声日夜不绝。在外边做事的人，除非万不得已，必定赶回家来，吃团圆饭，祭祖。这一夜，除了很小的孩子，没有什么人睡觉，而都要守岁。

元旦的光景与除夕截然不同：除夕，街上挤满了人；元旦，铺户都上着板子，门前堆着昨夜燃放的爆竹纸皮，全城都在休息。

男人们在午前就出动，到亲戚家、朋友家去拜年。女人们在家中接待客人。同时，城内城外有许多寺院开放，任人游览，小贩们在庙外摆摊，卖茶、食品和各种玩具。北城外的大钟寺、西城外的白云观、南城的火神庙（厂甸）是最有名的。可是，开庙最初的两三天，并不十分热闹，因为人们还正忙着彼此贺年，无暇及此。到了初五六，庙会开始风光起来，小孩们特别热心去逛，为的是到城外看看野景，可以骑毛驴，还能买到那些新年特有的玩具。白云观外的广场上有赛轿车赛马的；在老年间，据说还有赛骆驼的。这些比赛并不争取谁第一谁第二，而是在观众面前表演骡马与骑者的美好姿态与技能。

多数的铺户在初六开张，又放鞭炮，从天亮到清早，全城的炮声不绝。虽然开了张，可是除了卖吃食与其他重要日用品的铺子，大家并不很忙，铺中的伙计们还可以轮流着去逛庙、逛天桥和听戏。

元宵（汤圆）上市，新年的高潮到了——元宵节（从正月十三到十七）。除夕是热闹的，可是没有月光；元宵节呢，恰好是明月当空。元旦是体面的，家家门前贴着鲜红的春联，人们穿着新衣裳，可是它还不够美。元宵节，处处悬灯结彩，整条的大街像是办喜事，火炽而美丽。有名的老铺都要挂出几百盏灯来，有的一律是玻璃的，有的清一色是牛角的，有的都是纱灯；有的各形各色，有的通通彩绘全部《红楼梦》或《水浒传》故事。这在当年，也就是一种广告；灯一悬起，任何人都可以进到铺中参观；晚间灯中都点上烛，观者就更多。这广告可不庸俗。干果店在灯节还要做一批杂拌儿生意，所以每每独出心裁的，制成各样的冰灯，或用麦苗做成一两条碧绿的长龙，把顾客招来。

除了悬灯，广场上还放花合。在城隍庙里并且燃起火判，火舌由判官的泥像的口、耳、鼻、眼中伸吐出来。公园里放起天灯，像巨星似的飞到天空。

男男女女都出来踏月、看灯、看焰火；街上的人拥挤不动。在旧社会里，女人们轻易不出门，她们可以在灯节里得到些自由。

小孩子们买各种花炮燃放，即使不跑到街上去淘气，在家中照样能有声有光地玩耍。家中也有灯：走马灯——原始的电影——宫灯、各形各色的纸灯，还有纱灯，里面有小铃，到时候就叮叮地响。大家还必须吃汤圆呀。这的确是美好快乐的日子。

一眨眼，到了残灯末庙②，学生该去上学，大人又去照常做事，新年在正月十九结束了。腊月和正月，在农村社会里正是大家最闲在的时候，而猪牛羊等也正长成，所以大家要杀猪宰羊，酬劳一年的辛苦。过了灯节，天气转暖，大家就又去忙着干活了。北京虽是城市，可是它也跟着农村社会一齐过年，而且有过得分外热闹。

在旧社会里，过年是与迷信分不开的。腊八粥，关东糖，除夕的饺子，都须先去供佛，而后人们再享用。除夕要接神；大年初二要祭财神，吃元宝汤（馄饨），而且有的人要到财神庙去借纸元宝，抢烧头股香。正月初八要给老人们顺星、祈寿。因此那时候最大的一笔浪费是买香蜡纸马的钱。现在，大家都不迷信了，也就省下这笔开销，用到有用的地方去。特别值得提到的是现在的儿童只快活地过年，而不受那迷信的熏染，他们只有快乐，而没有恐惧——怕神怕鬼。也许，现在过年没有以前那么热闹了，可是多么清醒健康呢。以前，人们过年是托神鬼的庇佑，现在是大家劳动终岁，大家也应当快乐地过节。

【注释】
① 搀：旧同"掺"。
② 末庙：庙会的最后一天，指庙会结束。

【导读】
本文是现代作家老舍1951年创作的一篇散文。文中描绘了一幅幅老北京春节的民风民俗画卷，表现了春节的隆重与热闹，展现了中国节日习俗的温馨美好，同时对比新旧社会的春节，突出了新社会移风易俗、春节过得欢乐而健康，表达了作者对新中国、新社会的赞美。全文充满北京味儿的朴实语言，陈述朴素自然，不事雕琢，流畅通达，又有极强的表现力和感染力。

思考与练习

一、思考题

思考人文地理环境对文学家的气质、心理、知识结构、文化底蕴、价值观念、审美倾向、艺术感知、文学选择等构成的影响。

二、练习题

1. 写作训练

写一篇文章，题目是"我的故乡"。

2. 表达训练

以"故乡的风景"为题演讲。

第八单元　科学表述

纵观人类文明发展的历史，人类的智慧与理性为人类带来无数的成果与进步，创造了足以令人类自豪的物质文明与精神文明。千百年来，人类智慧的成果处处可见，远到尼罗河畔耸立的金字塔，近到浩渺太空中遨游的宇宙飞船，大到网络世界的互联网，小到决定物种特征的遗传基因……这一切都是人类应用自身理性的结果，无不闪烁着人类智慧的光芒。但是，人的理性要创造出如此辉煌的成果，是需要具有相当敏锐的科学观察力和深厚的知识素养的，而这些必须通过后天的训练来完成。首先，我们需要学习人类已经创造出的文明成果，了解前人的思维模式、方法和过程；其次，我们应该在有指导的情况下学习专业知识与技能，有计划、有步骤地做相关的练习和实践；最后，如果可能的话，我们可以拿着自己的"成果"——也许是一篇论文，也许是一件发明，也许是一个产品，到实际生活当中接受实践和时间的检验。

考工记（节选）

《周礼》

> 《考工记》是春秋战国时期记述官营手工业各工种规范和制造工艺的文献。这部著作记述了齐国关于手工业各个工种的设计规范和制造工艺，书中保留有先秦大量的手工业生产技术、工艺美术资料，记载了一系列的生产管理和营建制度，一定程度上反映了当时的思想观念。今天所见《考工记》，是《周礼》的一部分。

天有时，地有气，材有美，工有巧，合此四者，然后可以为良。材美工巧，然而不良，则不时，不得地气也。橘逾淮而北为枳，瞿鹆不逾济，貉逾汶则死，此地气然也。郑之刀，宋之斤，鲁之削，吴粤之剑，迁乎其地而弗能为良，地气然也。

【导读】

在历史发展进程中，人类在认识自身与自然的关系上有几次变化。从原始时期膜拜自然、依附自然，到工业时期征服自然、掠夺自然，再到现代社会提倡的人与自然和谐相处。这期间伴随着人类认知能力和改造能力的不断提升，也伴随人与自然之间的不断较量。然而人与自然之间有一种实质关系始终未变，那便是人从自然中来，且一直处于自然之中。自然是人之母，也是人的终极归宿。大自然是孕育人的摇篮，也是人身体和心灵的依靠，与自然对话，保持与自然的亲密，这是人注定会做且必须要做的事。

《考工记》所说"天有时",强调一切事物要从整个自然与时代的系统出发进行设计。"地气"是指自然界的客观条件,植物、动物的存活生长需要接地气,"百工之事"需要接地气,人需要接地气,文学作品需要接地气,文学批评也需要接地气。"材美""工巧"则是强调主体方面的主观因素。

专家与通人

雷海宗

> 雷海宗(1902—1962),字伯伦,河北永清人,著名历史学家、教育家。其学术研究自成体系,博大精深,曾发表《殷周年代考》《历史的形态与例证》《古今华北的气候与农事》等重要论文,代表著作有《中国文化与中国的兵》《西洋文化史纲要》和《伯伦史学集》。

专家是近年来的一个流行名词,凡受高等教育的人都希望能成专家。专家的时髦性可说是今日学术界的最大流弊。学问分门别类,除因人的精力有限之外,乃是为求研究的便利,并非说各门之间真有深渊相隔。学问全境就是一种对于宇宙人生全境的探索与追求,各门各科不过是由各种不同的方向与立场去研究全部的宇宙人生而已。政治学由政治活动方面去观察人类的全部生活,经济学由经济活动方面去观察人类的全部生活。但人生是整个的,支离破碎之后就不是真正的人生。为研究的便利,不妨分工;但我们若欲求得彻底的智慧,就必须旁通本门以外的知识。各种自然科学对于宇宙的分析,也只有方法与立场的不同,对象都是同一的大自然界。在自然科学的发展史上,凡是有划时代的贡献的人,没有一个是死抱一隅之见的人。如牛顿或达尔文,不只精通物理学或生物学,他们各对当时的一切学术都有兴趣,都有运用自如的理解力。他们虽无哲学家之名,却有哲学家之实。他们是专家,但又超过专家;他们是通人。这一点总是为今日的一些专家或希望做专家的人所忽略。

假定某人为考据专家,对某科的某一部分都能详述原委,作一篇考证文字,足注能超出正文两三倍;但对今日政治经济社会的局面完全隔阂,或只有幼稚的观感,对今日科学界的大概情形一概不知,对于历史文化的整个发展丝毫不感兴趣。这样一个人,只能称为考据匠,若恭维一句,也不过是"专家"而已。又如一个科学家,终日在实验室与仪器及实验品为伍,此外不知尚有世界。这样一个人,可被社会崇拜为大科学家,但实际并非一个全人,他的精神上之残废就与身体上之足跛耳聋没有多少分别。

再进一步。今日学术的专门化,并不限于科门之间,一科之内往往又分化为许多的细目,各有专家。例如一个普通所谓历史专家,必须为经济史专家,或汉史专家,甚或某一时代的经济史专家,或汉代某一小段的专家。太专之后,不只对史学以外的学问不感兴味,即对所专以外的史学部分也渐疏远,甚至不能了解。此种人或可称为历史专家,但不能算为历史家。片段的研究无论如何重要，对历史若真欲明了，却非注意全局不可。

今日学术界所忘记的，就是一个人除做专家外，也要做"人"，并且必须做"人"。一个十足的人，在一般生活上讲，是"全人"，由学术的立场讲，是"通人"。我们时常见到喜欢说话的专家，会发出非常幼稚的议论。这就是因为他们只是专家，而不是通人，一离本门，立刻就要迷路。他们对于所专的科目在全部学术中所占的地位完全不知，所以除所专的范围外，若一发言，不是幼稚，就是隔膜。

学术界太专的趋势与高等教育制度有密切的关系。今日大学各系的课程，为求"专精"与"研究"的美名，舍本逐末，基本的课程不是根本不设，就是敷衍塞责，而外国大学研究院的大部课程在我们只有本科的大学内反倒都可以找到。学生对本门已感应接不暇，当然难以再求旁通。一般的学生，因根基的太狭太薄，真正的精通既谈不到，广泛的博通又无从求得；结果各大学每年只送出一批一批半生不熟的知识青年，既不能做深刻的专门研究，又不能正当地应付复杂的人生。近年来教育当局与大学教师，无论如何地善于自辩自解，对此实难辞咎。抗战期间，各部门都感到人才的缺乏。我们所缺乏的人才，主要的不在量，而在质。雕虫小技的人才并不算少。但无论做学问，或是做事业，所需要的都是眼光远大的人才。

凡人年到三十，人格就已固定，难望再有彻底的变化，要做学问，二十岁前后是最重要的关键，这正是大学生的在校时期。品格、风趣、嗜好，大半要在此时来做最后的决定。此时若对学问兴趣立下广泛的基础，将来的工作无论如何专精，也不至于害精神偏枯病。若在大学期间，就造成一个眼光短浅的学究，将来若要再作由专而博的功夫，其难真是有如登天。今日各种的学术都过于复杂深奥，无人能再望做一个活的百科全书的亚里士多德。但对一门精通一切，对各门略知梗概，仍当是学者的最高理想。二十世纪为人类有史以来最复杂最有趣的时代，今日求知的机会也可谓空前；生今之世，而甘做井底之蛙，岂不冤枉可惜？因为人力之有限，每人或者不免要各据一井去活动，但我们不妨时常爬出井外，去领略一下全部天空的伟大！

【导读】

这是一篇谈论治学上的"专"与"通"关系的短文，同时也是一篇谈论治学与人生关系的文章。文章抨击了当时学术界崇尚专家之弊，于是拈出"通人"一义，将人生与学术打通。所谓"通人"，不但在专业以外注意学问全境，旁通本门以外的知识，是学问上的"通人"，在生活上，则更应是"全人"。

大学的宗旨，始终应是培养身心俱足、健康发展的全人，通识教育、全面教育、通人教育、全人教育，自应是大学教育追求的目标。此文最后一语，饱含激励之慨，表露了作者的拳拳之心。

生命的意义

罗家伦

> 罗家伦（1897—1969），字志希，笔名毅，浙江绍兴人。我国近代著名的教育家、思想家、社会活动家。1919年，与傅斯年、徐彦之成立新潮社，出版《新潮》月刊。五四运动中，首次提出"五四运动"这一概念。1928年8月，出任国立清华大学第一任校长。主要著作有《逝者如斯集》《新人生观》等。

我们人类的生命很多，宇宙间万物的生命更多。生之现象，非常普遍。但是我们为什么生在世上？这个问题，数千年来经过多少哲学家科学家的研讨和追求。如果做了人而对于人生的意义不明了，浑浑噩噩，糊涂一世，那他真是白活了。因为对于本身的生命还不明白，我们的行为，就没有标准；我们的态度，也无从确定。有许多人觉得生活很是痛苦，恨不得立刻把自己的生命毁灭掉。他觉得活在世上，乃是尝着无穷尽的痛苦；在生命的背后，似乎有一种黑暗的魔力，时刻逼着他向苦难的路上推动，使他欲生不能，欲死不得；因此他常想设法解除这生命的痛苦。佛教所谓"涅槃"，也就是谋解除生命痛苦的一个方法。不过是否真能解除，乃是另一问题。又有些人认为生命是快乐的，以为世界上一切事物，宇宙间一切创作，都是供我们享受的，遂成为一种绝对的享乐主义。其他对于生命所抱的态度很多，要皆各有其见解。我们若是不知道生命真正的意义，就会彷徨歧路，感觉生命的空虚，于是一切行动，茫无所措。所以我们对于这个问题，至少应该有一种初步的，也就是基本的反省。

第一，在无量数生命中，人的生命何以有特别意义？如果就"生命"二字来讲，他的意义非常广泛。谈到宇宙的生命，其含义更深。这个纯粹的哲学问题，此处暂且不讲。生命既然很多，人类的生命，不过为宇宙无穷生命之一部分。庄子说："朝菌不知晦朔，蟪蛄不知春秋。"朝菌蟪蛄，何尝没有生命？大之如"天山龙"，固曾有其生命，小之如微生物，也有生命。但是在这无量数的生命中，为什么人的生命，才有特殊的意义？为什么人的生命，才有特殊的价值？为什么只有人才对他的生命发生意义和价值的问题？

第二，生命是变动的，物我之间，究竟有什么关系？生命是变动的。我们身上的细胞，每天有多少新的生出来，多少陈旧的逐渐死去。这种新陈代谢的变动，可以说无一刻停止。我们采取动植矿物的滋养成分为食料，以增加我们的新细胞，维持我们的生长；但一旦人死了，身体的有机组织，又渐腐败分离，为其他动植矿物所吸收。生命之循环，变化无已。我们若分析人类的生命，与其他动植物的生命，可以发生许多哲学上的推论。如近代柏格森、杜里舒等哲学系统，都是由此而来的。即梁启超的今日之我非昨日之我，故不惜今日之我与昨日之我宣战的一段话，也是由于观察生命不断变动的现象而来的，不过他得到的是不正确的推论罢了。可见我们总是想到在生命不断的变动当中，物我之间究竟有什么关系这个问题。

第三，生命随着时间容易过去。生命随着真实的时空不断地过去。人生上寿，不过百年，转瞬消逝，于是便有"生为尧舜死亦枯骨，生为桀纣死亦枯骨"之感。在悠悠无穷的时间中，人的一生不过一刹那。印度人认为宇宙曾经多少劫，每劫若干亿万年。人的生命，在这无数劫中，还不是一刹那吗？若仅就生命现在的一刹那看来，时光实在过于短促；生命的价值，如果仅以一刹那之长短来估定，那么人生实在没有多大意义。尧舜苦心经营创制，不过是一刹那的过去；桀纣醉生梦死，作恶殃民，也不过是一刹那的过去。若是把他们的生命价值认为相等，岂非笑话！故以生命之久暂来估定他的意义与价值，当然是不妥。一个人只要有高尚的思想，伟大的人格，虽不生为百岁老人，亦有何伤？否则上寿百岁与三四十岁而死者，从无穷尽的时间过程看来，都不过是一刹那。欲从这时间久暂上来求得生命的意义，真是微乎其微。故生命的意义，当然别有所在。

这就是我们对于生命初步的反省。我们从此得到了三个认识，就是：生命是无数的，生命是变动的，生命是容易过去的。

人生的意义在于能认识和创造生命的价值。

宇宙间的生命，既是如此地多，何以只是人类的生命，才有特别的意义？想解答这个问题，是属于价值哲学的研究。人的生命之所以有意义，乃是因为人能认识和创造人生的价值。因为人类能够反省，所以他能对于宇宙整个的系统，求得认识；更能从宇宙的整个系统之中，认识其本身价值之所在。人类的生命，虽然限制在一定的时空系统之中，但是他能够扩大经验的范围，不受环境的束缚；能够离开现实的环境而创造理想的意境。其他动物则不能如此。例如蛙在井中，则以井为其唯一的天地，离开了井，它便一无认识。人类则不然，其意境所托，可以另辟天地。只有人才能把世上的事事物物，分析观察，整理成一个系统，探讨彼此间的关系，以求得存在于这个系统内的原理，并且能综合各种原理，以推寻生命的究竟。说到人类能创造价值一层，对于生命的意义，尤关重要。一方面他固须接受前人对于人生已定了的价值表，一方面更须自己重新定出价值表来，不断地根据这种新的启示，鼓励自己和领导大家从事于创造事业和完成使命。如此，不但个人的生命，不致等闲消失，并且把整个人类生命的意义提高。古圣先哲，终生的努力，就在于此。这是旁的生命所不能做，而为人类生命所能独到的。所以说宇宙间的生命虽是无量数，唯有人类的生命才有特殊的意义。

人格的统一性与一贯性。

生命不断地变，但必须求得当中不变的真理。我们人类虽每天吸收动植矿物的滋养成分，以促进身体上新陈代谢的变化，但是生命当中所包含的真理，决不因生理上的变化而稍移易。这种生命的一贯性和统一性，就是人格。人因为有人格，所以不致因为今日食猪肉，就发猪脾气；明天食牛肉，就发牛脾气。只是以一切的物质，为我们生命的燃料罢了！至于"今日之我与昨日之我宣战"的见解，正是因为缺乏了整个的人格观念，所以陷入于可笑的矛盾。世界上人与人相处，彼此之间全赖有人格的认识。大家所公认为是善人的，应该今日如此，明日也必定如此；今年如此，明年也必定如此。若是人类无此维系，便无人类的社会可言。所谓人格，就是一贯的自我。他应当是根据我们对于宇宙系统的研究与反省所得到的精确认识，而向着完满的意境前进，向着真善美的世界发展的。他须努力使生命格外美满和谐，使个人的生命与整个宇宙的生命相协调。他更须佐以渊博的知识，培以丰富纯正的感情，从事于促成生命系统的完善。这种好的人格才真是一贯的；因为是一贯的，所以是经得起困苦艰难，决不会随着变幻的外界现象而转移的。有了这种人格，然后在整个宇宙的生命系统当中，人的生命才可立定一个适当的地位。倘若今日如此，明日如彼，苟且偷安，随波逐流，便认为是自我的满足，那不但是无修养，而且是无人格。人与其他生物的分际，就在人格上。人虽吸收了若干外来的食物成分，变其血轮，变其细胞，变其生理上的一切，但他的人格，理想上的人格，永久不变，这就是人格的统一性与一贯性。可见生命虽不断地变，尚有不变者在。这也是人类生命的特殊性。

要保持生力，从力行中以生命来换取伟大的事业。

《庄子》上所说的朝菌蟪蛄，固然生命很短；楚南冥灵，以五百岁为春，五百岁为秋，上古大椿，以八千岁为春，八千岁为秋，这种生命可以说是很长了，然而在整个时间系统之中，又何尝不是一刹那的过去？故生命的长短，不足以决定生命之价值。生命之价值，要看生命存在的意义如何，乃能决定。吾人之生，决定要有一种作为。生命虽易过去，但有一点不灭，那就是以生命所换来永不磨灭的事业。古今来已死过了的生命不知有多少，若以四万万人每人能活到六十岁来计算，那么，每六十年要死去四万万，一百二十年就死去八万万，照此推算下去，有史以来，过去了的生命，不知若干万万。但是古今来立德立功立言的人，名垂青史，虽在千百年以后，也还是为人所景仰崇拜；那些追随流俗，一事无成的人，他的姓名，及身就不为人所知，到了后代，更如飘忽的云烟，一些痕迹也不曾留着。所以唯有事业，才是人生的成绩，人类的遗产。孔子虽死，他的伦理教训，仍然存在；秦始皇虽死，他为中国立下的大一统规模，依然存在；拿破仑已死，他的法典，仍然存在。生命虽暂，而以生命换来的事业，是不会磨灭的；其事业的精神，也永远会由后人继承了去发扬光大。诸葛亮在隆中，自比管乐；管乐生在数百年前，其遗留的事业精神，诸葛亮继承着去发扬光大。左宗棠平新疆，以"新亮"自居，也就是隐然以诸葛亮自承。所以生命之易消逝，不足为忧；所忧者当在这有限的生命，能否换来无限光荣的事业。若是苟且偷生，闲居待死，就是活到九十或百岁，仍与人类社会无关。生命千万不可浪费，浪费生命是最可惜的事。萧伯纳曾叹人生活到可以创造事业的年龄，即行死去，觉得太不经济。他想如果人能和基督教创世记所载的玛士撒拉一样，活到九百六十九岁，则文明的进步岂不更可观。但这是文学家的理想，是做不到的事。然而西洋人利用生命的时间，比中国人却经济多了。西洋人从四十岁到七十岁为从事贡献于政治、文艺、哲学、科学以及工商社会事业的有效时期，而中国人四十岁以后即呈衰老，到六十岁就打算就木。两相比较，中国人生命的短促和浪费，真可惊人！我们既然不能希望活到九百六十九岁的高龄，那我们就得把这七八十年的一段生命，好好利用。我们要有长命的企图，我们同时要有短命的打算。长命的企图是我们不要把生命消耗在无意义的方面。短命的打算是我们要活一天做两天的事，活一年做两年的事。不问何时死去，事业先已成就。我们生在世上一天，就得充分地保持和发挥自己的生力一天。无生力的生命，是不会成就事业的，无永久价值的事业的生命，是无声无息度过的。

所以人生在世，不要因生命之数量过多及其容易消逝而轻视生命，不要因生命之时常变动而随波逐流，终至侮辱生命。我们须得对人生的价值有认识，对人格能维持其一贯性；以鞠躬尽瘁，死而后已的精神，加紧地去把自己的生命，换成有永久价值的事业。这样，才不是偷生，才不是枉生！

【导读】

本文的重点不是泛论宇宙间所有的生命，而是"人类的生命"，也就是"人生的意义"。在作者看来，生而为人却"对人生的意义不明了"，那行为、态度就会没有标准，"浑浑噩噩，糊涂一世"。当然，古往今来，对人生问题已经有过很多讨论，且"皆各有其见解"，值得取来作参照。本文的特点之一，就是善于征引各种意见，斟酌比较，然后做出自己的判断。文章首先举出极端悲观的和绝对享乐主义的两种人生观，而作者显然对这两种态度都不赞同，所以提出了本文的主题——探寻"生命真正的意义"。

作者从三个方面反省生命的意义，得出这样的认识：生命是无数的，生命是变动的，生命是容易过去的。然后，在此基础上，从三个层面论证人生的意义。第一，在宇宙间无量数的生命之中，人类的生命之所以有特殊意义，是因为人能"认识和创造生命的价值"，可以扩大经验范围，超越一定的空间时间限制。第二，人具有统一性和一贯性的人格，并且是"向着完满的意境前进"的"好的人格"。第三，人能够在有限的生命中做出"永不磨灭的事业"。在文章结尾，作者明确提出自己的主张：人生在世，不应偷生和枉生，而应"把自己的生命，换成有永久价值的事业"。

本文观点平正通达，虽不无过分强调人类生命特殊性的局限，但也注意到了"人的生命与整个宇宙的生命相协调"。文章逻辑清晰，说理明快，信手拈来一些历史人物的事迹，以证成关于人生价值的观点，加上朴实温厚的文字，增强了说服力。

科学史上的东方和西方

乔治·萨顿

乔治·萨顿（1884—1956），美国科学史专家，被誉为"科学史之父"。在大学期间，学习过哲学、化学、数学等专业，1911年获博士学位。1912年创办国际性科学史杂志*Isis*，担任该杂志主编近40年，并发起成立国际科学史学会。出版著作15部，发表论文800余篇，代表作是《科学史导论》。

你听过美国西部牛仔的故事吧，一天他突然来到了科罗拉多大峡谷的边缘，感叹道："上帝，这里发生了什么事情！"你知道，如果这位牛仔指的是在一定时间内迅速完成的事情,那么他错了。在这个意义上,大峡谷什么也没发生。同样,科学的发展虽然比大峡谷的断裂快得多,但它是一个渐进过程。它看上去是革命的,因为我们没有真正看到这个过程,只看到巨大的成果。

从实验科学的角度(特别是在其发展的现阶段)来看,东方和西方是极端对立的。然而,我们必须记住两件事。

第一件事,实际上科学的种子,包括实验科学和数学,科学全部形式的种子是来自东方的。在中世纪,这些方法又被东方人民大大发展了。因此,在很大程度上,实验科学不只是西方的子孙,也是东方的后代,东方是母亲,西方是父亲。

第二件事,我完全确信正如东方需要西方一样,今日的西方仍然需要东方。当东方人民像我们在16世纪那样,一旦抛弃了他们经院式的、论辩的方法,当他们一旦真正被实验精神所鼓舞的时候,谁知道他们能为我们做什么,谁又知道他们为反对我们(上帝饶恕我)而做什么呢?当然,就科学研究领域来说,他们只能是与我们一起工作的,但是他们的应用可以是大不相同的。我们不要重蹈希腊人的覆辙,他们认为希腊精神是绝无仅有的,他们还忽视犹太精神,把外国人一律视为野蛮人,他们最后衰亡,一落千丈,就像他们的胜利顶峰曾高耸入云一样。不要忘记东西方之间曾经有过协调,不要忘记我们的灵感多次来自东方。为什么这不会再次发生?伟大的思想很可能有机会悄悄地从东方来到我们这里,我们必须伸开两臂欢迎它。

对于东方科学采取粗暴态度的人,对于西方文明言过其实的人,大概不是科学家。他们大多数既无知识又不懂科学,也就是说,他们丝毫也不应享有那种被他们吹嘘得天花乱坠的优越性,而且如果听其自便,他们关于这种优越性的支离破碎的想望,要不了多久就要消灭。

我们有理由为我们的美国文明而骄傲,但是它的历史记载至今还是很短的,只有300年!和人类经验的整体相比是何等渺小,简直就是一会儿,一瞬间。它会持久吗?它将进步,将衰退,抑或灭亡?我们的文明中有许多不健康的因素,如果我们想在疾病蔓延起来以前根除它们,必须毫不留情地揭露它们,但这不是我的任务。如果我们希望我们的文明能为自己辩护,我们必须尽最大力量去净化它。实现这项任务的最好的办法之一是发展不谋私利的科学;热爱真理——像科学家那样热爱真理,热爱真理的全部,愉快的和不愉快的,有实际用途的和没有实际用途的;热爱真理而不是害怕真理;憎恨迷信,不管迷信的伪装是多么美丽。我们文明的长寿至少还没有得到证明,其延续与否,还不一定。因此,我们必须谦虚。归根结底,主要的考验是经历沧桑而存活下来,这一点我们还没有经历过。

新的鼓舞可能仍然,而且确确实实仍然来自东方,如果我们觉察到了这一点,我们会聪明一些。尽管科学方法取得了巨大的胜利,但它也还不是十全十美的。当科学方法能够被利用,并且是很好地被利用的时候,它是至高无上的。但是,若不承认这种利用也会产生两种局限,则是愚蠢的。第一,这种方法不能永远使用。有许多思想领域(艺术、宗教、道德)不能使用它。也许永远不能应用于这些领域。第二,这种方法很容易被错误地应用,而滥用这取之不尽用之不竭的资源的可能性是骇人听闻的。

十分清楚,科学精神不能控制它本身的应用。首先,科学的应用常常掌握在那些没有任何科学知识的人手中,例如,为了要驾驶一辆能导致各种破坏的大马力汽车并不需要教育和训练。而即使是科学家,在一种强烈的感情影响下,也可能滥用他们的知识。科学精神应该以其他不同的力量对自身给予辅助——以宗教和道德的力量来给予帮助。无论如何,科学不应傲慢,不应气势汹汹,因为和其他人间事物一样,科学本质上也是不完满的。

人类的统一包括东方和西方。东方和西方正像一个人的不同神态,代表着人类经验的基本和互相补充的两个方面。东方和西方的科学真理是一样的,美丽和博爱也是如此。人,到处都是一样的,只不过是这种特点稍稍显著一些或是那种特点突出一些罢了。

东方和西方,谁说二者永不碰头?它们在伟大艺术家的灵魂中相聚,伟大的艺术家不仅是艺术家,他们所热爱的不局限于美;它们在伟大科学家的头脑中相会,伟大的科学家已经认识到,真理,不论是多么珍贵的真理,也不是生活的全部内容,它应该以美和博爱来补充。

我们怀着感激之情回忆起我们得之于东方的全部东西——犹太的道德热忱,黄金规则,我们引以为荣的科学的基础——这是巨大的恩惠。没有什么理由说它在将来不该无限增加。我们不应该太自信,我们的科学是伟大的,但是我们的无知之处更多。总之,让我们发展我们的方法,改进我们的智力训练,继续我们的科学工作。慢慢地、坚定地、以谦虚的态度从事这一切。同时,让我们更加博爱,永远留意周围的美,永远留意我们人类同胞或者我们自己身上的美德。让我们摧毁那些恶的东西,那些损坏我们居住环境的丑事物,那些我们对别人做的不公正的事情,尤其是那些掩盖各种罪恶的谎言;但是让我们谨防摧残或伤害那许多善良、天真事物中最弱小的东西。让我们捍卫我们的传统、我们对往昔的怀念,这些是我们最珍贵的遗产。

按照事物的本来面目认识事物——当然如此,但是我的灵魂的最高意向,我对那看不见的事物的怀恋之情,我对于美与公正的渴求,这些也都是真实的和珍贵的东西。那些我所不能理解的东西并不一定是不真实的。我们必须准备经常去探求这些感觉不到的真实,正是它赋予我们的生活以高尚的情操和最根本的方向。

光明从东方来,法则从西方来。让我们训练我们的灵魂,忠于客观真理,并处处留心现实生活的每一个侧面。那不太骄傲的、不采取盛气凌人的"西方"态度而记得自己最高思想的东方来源的、无愧于自己的理想的科学家——不一定会更有能力,但他将更富有人性,更好地为真理服务,更完满地实现人类使命,也将是一个更高尚的人。

【导读】

2006年,萨顿去世50周年,全世界科学史研究者都在怀念这位科学史之父。萨顿提出要用科学史在科学与人文间建起一座桥梁的伟大理想,虽然远未实现,但毕竟已日益深入人心。面对国内科学与人文严重疏离的现实,有学者发出"中国需要一千个萨顿"的呼喊,在呼喊背后,是深沉的忧虑。

中国科学对世界的影响

李约瑟

> 李约瑟（1900—1995），英国近代生物化学家、科技史研究专家。1924年获哲学博士学位。1941年当选为英国皇家学会会员。主要研究生物化学，特别是研究胚胎生物化学，取得较大成就，发现间接感应现象。著有《化学胚胎学》等书。同时是研究中国科学文化的专家，著有《中国科学技术史》。

在详述通盘考察中所得到的主要奇论之前，我们必须注意一桩奇怪而可能是意味深长的事实。即：至少在技术领域里，我们可能发觉，由亚洲，主要是由中国来的新发明，都是成群结队的，我将称之为"团"（clusiers）。例如，在公元4世纪与6世纪间，大家看到绫机与胸带式马具携手而来。8世纪时，马镫对欧洲发挥不寻常的影响力，不久卡当平衡环装置出现了。10世纪初，颈圈式马具拖着简单的抛石机到欧洲来。11世纪时我们看到印度数字、数位、零的符号传遍全欧。在12世纪要接近尾声时，磁罗盘、船尾骨舵、造纸术、风车的构想，团簇而来，后面还紧跟着独轮车与用平衡力操作的抛石机。这正是托雷登星表（Toledan Tables）出现的时代。13世纪末与14世纪初，又来了另一团发明物：火药、缫丝机、机械钟与拱桥，这是亚丰朔星表（Alfonsine Tables）出现的时代。相当时间以后，我们看到铸铁鼓风炉、木版印刷的到来，不久后面又来了活字版印刷，不过这些仍属于第二团之一部分。15世纪时，旋转运动与直线往复运动互换之标准方法在欧洲建立起来了，而东亚在其他工程上的构想，诸如燃气叶轮、竹蜻蜓、卧式的风车、球链飞轮、运河的闸门等也纷纷出现。16世纪时带来了风筝、赤道式枢架与坐标、无穷空间理论、铁链吊桥、帆车、诊服术的重视，及音乐声学上的平均律。18世纪殿后者，则是种痘术（疫苗接种法之前身）、瓷器技术、防水隔舱，以及一些以后引进来的东西，像医学健身法及文官考试制度等所组成的一团。

这张技术传播一览表，虽然很不完整，但稍可把欧洲吸收东亚的发现与发明之年代整理一下。大体而言，我们无法追溯任一张"蓝图"或任一启发性的观念之传播路线，更无把握说已有办法解决任何问题，可是我们仍可清楚地见到，在特别的时间里，都有便于技术传播的一般环境——在十字军东征，及新疆有西辽王国时，12世纪那一团便传到了欧洲；在大蒙古风时代，就出现了14世纪那一团；当鞑靼奴婢出现在欧洲时，便出现15世纪那一团；葡萄牙旅行家及耶稣会教士来华时便出现16世纪以后之各团。早期的传播年代较为模糊，有进一步研究的必要，但我们可以清楚地看到世界受惠于东亚，尤其是中国技术之全盘图像。

我想作为结论的第一个奇论是，根据一般人的见解，中国从来就没有科学技术。看到了我们在前面所述之一切，大家可能会奇怪何以一般人会有这样的见解，可是在我开始研究这些问题时，我发现这正是在我之前的汉学家之看法，他们还把这种见解郑重地写进许多名著之中。他们的说法再经看不懂中国文献，只对中国人日常生活作肤浅观察的人，一代一代复述下去，终于使中国人自己也相信了。中国大哲学家冯友兰，在四十多年以前写了一篇论文，题目是《何以中国无科学》。他在文中说："我要斗胆地下个结论：中国不曾有过科学，因为根据中国人的价值标准，中国不需要科学。……中国的哲学家不需要科学的确定性，因为他们想知道的只是自己；同样的，中国哲学家不需要科学的力量，因为他们想征服的只是自己。对他们而言，智慧的内容并不是知识，而智慧的功能也不在增加身外的财富。"

这段话当然有一点道理，但只是有一点而已，而他可能是在感情用事，以为既然以前中国得不到科学，现在也不值得要了。和冯友兰之青年的悲观主义相反，是同样不正当的汤因比之乐观主义："不管是否可能在西方历史的源流上，找到西方人机械癖的源泉，我不怀疑机械癖是西方文明特有的，就像爱美癖是希腊文明特有的，宗教癖是印度文明特有的。"

今日大家都十分明白，哲学上的神秘主义、科学思想或技术才能并非任何民族之专利品。中国人并非如冯友兰所说的，对于外界自然不感兴趣；而欧洲人也绝不像汤因比所吹嘘的，那么富有发明天才。之所以会有这种奇论，多半由于大家对于"科学"一词的意义，还不清楚。假如我们把科学的意义局限在现代科学的范围里，那么科学的确只起源于文艺复兴后期，16、17世纪的西欧，以伽利略的生活时代为转折点。但就整个的科学来说，便不是这么回事了！因为在世界上各部分，上古及中古的民族早就奠定了科学的基础，等待着科学大厦的兴建。当我们说现代科学只在伽利略时代的西欧发展时，我想，我们大部分的意思是，只有在那个地方才能发展出应用数学化的假说来说明自然现象之基本原则，并使用数学来提出问题，一言以蔽之，即将数学与实验结合起来。但是如果我们同意文艺复兴时代发现了发现的方法，那么我们必不可忘记在伽利略式突破前，科学方面已有几百年的努力。至于何以科学突破只出现在欧洲，那是社会学的研究主题，我们在此不必预先判断这种研究结果如何，然而我们已十分明白，只有欧洲才经历文艺复兴、科学革命、宗教改革与资本主义勃兴之联合变化。而这一切也是社会主义社会与原子时代以前不安定的西方所发生的最不寻常的现象。

但在这里又发生第二个奇论。由上面所说的一切，我们清楚地知道，在公元前5世纪与公元后15世纪之间，中国的官僚封建制度，在将自然知识作实际应用方面，比欧洲蓄奴的古典文化，或以农奴为基础的贵族武士封建制度，来得有效率得多。中国人的生活水准通常比较高，而大家都知道马可波罗认为杭州是个天堂。虽然大体上中国人的科学理论比较少，但是他们的实用技术一定比较多。虽然士大夫阶级有计划地压抑商业资本的成长，但是他们似乎不热心于压制技术新发明，因为新的技术可以用来改良他们统治的省或县的生产规模。虽然中国有一座似乎永无竭尽的劳力宝库，但事实上我们没有碰到过任何因公然恐惧技术引起失业而拒绝接受新发明的情形。事实上，官僚制度的作风在许多方面好像都帮助过应用科学的发展。例如，汉朝政府使用地震仪以便在灾难的消息到达京师前先侦测出灾难的发生及发生的地点；宋朝政府建立了一个雨量及雪量的侦测网；唐朝政府派人测量从中南半岛到蒙古长达一千五百英里的子午线弧，并绘制爪哇到南极二十度内的星图。在制定"kilometre"（千米）之前一百年，中国的"里"早就被制定为测量天地的标准。那么我们可不要轻视天朝的官吏了。

于是我们终于谈到奇论中的奇论——"停滞的"（stagnant）中国捐赠给西方那么多的发现与发明，这些东西在西方社会中的作用就像是定时炸弹一样。"停滞"这个陈腔滥调，系生于西方人的误会，而永远不能适用于中国。中国是慢而稳定地进步着，在文艺复兴以后，才被现代科学的快速成长及其成果所赶上。对中国人而言，如果他们能够知道欧洲的转变，那么他们会以为欧洲就好像是永远在作剧烈变化的文明。对欧洲人而言，当他们逐渐认识中国时，中国似乎总还是那副样子。也许西方的凡夫俗子最愚蠢的行为便是相信：虽然中国人发明了火药，但他们却笨得——或聪明得只用来放鞭炮，而却让西方人去发挥火药的一切威力。我们不愿意否认西方人有某种造炮的癖好，但在凡夫俗子的心目中却以为没有西方，创造性或伟大的发明便不能发生。中国人一定要使墓穴朝正南方，但哥伦布发现了美洲。中国人设计了蒸汽机的构造，但瓦特将蒸汽用于活塞。中国人发明了旋转扇，但只用来冷却宫殿。中国人了解自然淘汰，但却将之限用于金鱼的饲养上。一切像这样虚幻的对立命题，就历史而言皆可证明其为伪。中国人的发明与发现，大多有了广泛的用途，只是在相当安定的社会控制之下而已。

无疑的，中国社会具有某种自然超于稳定平衡的倾向，而欧洲则具有与生俱来的不稳定性格。当田尼生在著名诗句中谈论"辚辚轨道前进的变化"与"欧洲50年胜过中国一甲子"时，他觉得有某种理由迫使他相信，激烈的技术改革总是有利无害的，可是我们在今天可能就不会这么肯定了。他只知其果，不知其因，而且在他的时代，生理学家还不了解内部环境的恒定性，而工程师也不会建造自我调节的机器。中国是一个能自己调节的，保持缓慢的变动之平衡有机体，一个恒温器——事实上，传动控制学的概念大可用来说明经历每一种恶劣环境而都会保持其稳定进步的文明。这种文明，好像装有一架自动控制器，一组回馈的机构，在一切骚扰之后仍回复到"现状"，尽管有些是基本的发现与发明所产生的骚扰。从旋转的磨石迸出来的火花点燃了西方的火种，而磨石则纹丝不动，亦未磨损。有鉴于此，我们了解，由于中国文化具有这种性格，所以才能设计出指南车，因为指南车正是一切传动控制机之祖。中国社会的相当"稳定状态"并没有什么特别优越的地方。在许多方面，中国很像古埃及，其长期绵绵的连续存在使年轻而善变的希腊人大感惊奇。内部环境的保持常态，只是生命体的一种功能而已。虽然很重要，但比不上中枢神经系统的活动复杂。改变形态也是一种完美的生理作用，在某些生物中，身体的一切组织甚至可以完全分解再重新组合。也许文明就像不同种的生物一样，其发展期长短不一，而变化的程度大小不同。

中国社会的相当"稳定状态"也没有什么特别神秘的地方。社会构造的分析肯定地指出中国的农业性质，早期需要大量的水利工程、中央集权政府、非世袭的文官制度等，这和西方社会构造之截然不同，乃是毫无疑问的。

然则，欧洲的不安定性之理由何在？有人以为是贪得无厌的浮士德灵魂在作祟。但我宁愿用地理上的原因来说明。欧洲是多岛地带，一直有独立城邦的传统。这个传统是以海上贸易，以及统治小块土地之贵族武士为基础，欧洲又特别缺乏贵金属，对不能自制的商品（特别像丝、棉、香料、茶、瓷器、漆器）有持续的需要，而表音文字又使欧洲趋于分裂。于是产生出许多战国，方言歧异。相形之下，中国为一紧密相连的农业大陆，自公元前3世纪以来就是统一的帝国，其行政传统在古代无与之匹敌者，又极富于矿物、植物、动物，而由适合于单音节语言的表意文字系统将之凝结起来。欧洲是浪人文化、海贼文化，在其疆域之内总觉得不自在，而神经兮兮地向外四处探求，看看能找到什么东西——像亚历山大到大夏，维京人到文兰地，葡萄牙人到印度洋。中国有较多的人口，自给自足，几乎对外界无所需求（19世纪以后则不然，故有东印度公司之鸦片政策），大体上只作偶然的探险，而根本不关心未受王化的远方土地。欧洲人永远在天主与"原子真空"之间动摇不定，陷于精神分裂；而聪明的中国人则想出一种有机的宇宙观，将天与人，宗教与国家，及过去、现在、未来之一切事物皆包括在里面。也许由于这种精神紧张，欧洲人才在时机成熟时得以发挥其特殊创造力。无论如何，此创造力所产生的现代科学与工业之洪流在冲毁中国海上长城时，中国才觉得有加入科学力与工业力所形成的世界共同体之必要，而中国遗产也就和其他文化的遗产联合起来，自然地形成一个互助合作的世界联邦。

【导读】

　　李约瑟博士既是科学家又是科学史专家，他多来年潜心研究中国古代科技史，对于中国古代科技的辉煌与现代科技的"脱节"提出过著名的"李约瑟难题"。李约瑟在本文中大量使用对比说明法，同一时间段中国怎么样、欧洲怎么样，让读者形成一个立体的概念；而且本文层层递进，一层层挖掘中国古代科技"停滞"的原因，相当透彻；为了防止专业论文的枯燥，李约瑟在文中多处使用趣味横生的比喻，这些都值得我们学习。

思考与练习

一、思考题

通过对本单元文章的学习与思考，你对人类的理性思维特点有何认识？

二、能力训练

1. 注释与背诵

请同学们自己查注释并译成白话文，然后背诵。

（1）父子之间不责善。责善则离，离则不祥莫大焉。（《孟子》）

（2）山径之蹊间，介然用之而成路；为间不用，则茅塞之矣。（《孟子》）

（3）子绝四：毋意，毋必，毋固，毋我。（《论语》）

（4）说大人，则藐之，勿视其巍巍然。（《孟子》）

（5）禹之治水，水之道也，是故禹以四海为壑。（《孟子》）

2. 写作训练

请认真阅读贾兰坡《从工具和用火看早期人类对物质的认识和利用》一文的节选，并用文字形式回答下列的问题：

（1）全文共运用了哪几种表达方式？请结合相关的段落与字句进一步分析，指出哪些表达方式是我们讲到过的，哪些是没有讲过的？

（2）找出文章的论点、论据，并分析论证过程。

从工具和用火看早期人类对物质的认识和利用（节选）
贾兰坡

人类从什么时候开始使用了火？这是人们很关心的问题，因而对它的讨论也很多，经过近些年来的工作，对这个问题的研究有了很大突破。北京人用火是没有什么问题的，不过用火并非从他们开始，而是在这个时候用火有了很大的发展，由于有的地方灰烬成堆，不使火向外蔓延，证明已经能很好地管制了火。不仅是比北京人稍早的周口店第13地点和山西省芮城县的合河遗址，都发现有用火的证据，而且陕西省蓝田县公王岭含蓝田人化石堆积中，也发现有黑色物质，经化验，全为炭质，有少数较大的炭粒肉眼可见，被认为"这种炭可能是人类使用火时，树干或树枝等未充分燃烧，后被流水搬运至适当的距离而形成"。1973年，在云南省元谋县上那蚌村含元谋人化石的地层中，发现有大量炭屑，小者如芝麻，大者如黄豆。含炭层有三层，上下加在一起厚达3米左右。

在西侯度遗址中，发现了一批颜色特殊的标本，颜色有黑、灰和灰绿，大部分为大型哺乳动物的肋骨、鹿角和马的牙齿。这些不同颜色的骨非矿物所染，因为从新的断面上看，已达到了骨的深处。我们取了颜色不同的骨块样品进行化验，一种是呈深灰色的骨，估计是被火燃烧过的，另一种是未燃烧过的土黄色的骨。化验的结果是：前者的失重量为11.3％，后者的为9.5％；前者的碳酸锶为0.2克，后者的为3.4克；前者的含碳量为0.1％，后者的为1.4％，两者差别很大。燃烧过的骨比未燃烧过的骨，所含的碳酸锶和含碳量都大为减少，而失重量增加。这种现象可以认为，是骨中的有机物质经过原来的燃烧，大量碳元素生成二氧化碳消失，少量保存在样品中而引起的结果。我认为，西侯度有燃烧的骨是可以肯定的，因为我们在周口店北京人遗址发掘时，同样把与此相同的骨也都作为烧骨看待的。这些发现，我认为很重要，根据我们所查阅的资料，灰烬和烧骨在世界上以我国的发现为最早，至少目前是如此。这就把人类使用热能的历史，更大大往远古的时代推移了。如果把这些灰烬或烧骨用自然界的野火来解释，我认为，比用人类使用的火来解释更加缺乏说服力。

应该说，人类首先发明用石头做工具，继之是用骨、角器，最后才发明了使用火。从发展的顺序也可以认为人类的历史比目前所知道的要早得多。看来，将有事实证明，人类的历史会超过300万年的大关。远在一百数十万年前，人类不仅采食植物的果实和嫩芽、块根，也认识它的可燃性。火对人类既有害处也有益处，能避开它的有害一面而利用它有利的一面为自己服务，在人类历史上是一件划时代的大事，是一大发明，和人类发明制造石器具有同样的重大意义。

3. 表达训练

（1）结合自己所学专业，以"我与我所学专业"为题进行演讲。

（2）全班同学分成2～3个小组，从本单元选取一篇文章，分析所选文章具体运用了哪些表达方式，认真讨论，看看哪些表达方式运用得当，哪些地方还有不足，以及如何改进。

第九单元 诗意人生

　　文学建构的是诗意栖居的家园，思考的核心是从人的感情生发出来的，文学关心的是人对自身、他人以及人与环境的情感性的把握。文学的最主要功能是让人们阅读文学并从中获得感悟，成为一个真正意义上的人文的人，并诗意地栖居于世。

　　人生的快乐，既有形而下的官能快乐，更有形而上的精神愉悦。善待自我，首先要安顿生命，使自己衣食无忧，安居乐业；进而要安顿心灵，追求思想的放达、性格的舒张、情感的愉悦，在遵守法纪、遵从道德、尊重他人权益的情况下尽可能地拓展自己的快乐时空，让生命充满诗意。人生于世，除了物质的追求之外，还应有一种精神的追求，那便是追求诗意的人生。诗意的人生，是在琐碎繁杂的生活中创造出一个充满诗意的空间，在充满束缚的物质世界中保有一个自由的内在精神世界。拥有诗意的人生，就是在面对平淡时，怀有陶渊明悠然南山下的心态；面对挫折时，拥有苏东坡无畏穿林打叶声的豁达。

宣州谢朓楼饯别校书叔云①

李白

　　李白（701—762），字太白，号青莲居士。屈原之后最具个性特色、最伟大的浪漫主义诗人之一。有"诗仙"之美誉，与杜甫并称"李杜"。诗风雄奇豪放，想象丰富，语言流转自然，音律和谐多变，善于从民间文艺和神话传说中吸取营养和素材，构成其特有的瑰玮绚烂的色彩，达到盛唐诗歌艺术的巅峰。存世诗文千余篇，有《李太白集》。

弃我去者，昨日之日不可留；
乱我心者，今日之日多烦忧。
长风②万里送秋雁，对此可以酣高楼③。
蓬莱文章建安骨④，中间小谢又清发⑤。
俱怀逸兴壮思飞⑥，欲上青天览⑦明月。
抽刀断水水更流，举杯消愁愁更愁⑧。
人生在世不称意⑨，明朝散发弄扁舟⑩。

【注释】

　　① 宣州：今安徽宣城一带。谢朓（tiǎo）楼：又名北楼、谢公楼，在陵阳山上，是南齐诗人谢朓任宣城太守时所建，并改名为叠嶂楼。李白曾多次登临，并且写过一首《秋登宣城谢朓北楼》。饯别：以酒食

送行。校（jiào）书：官名，即秘书省校书郎，掌管朝廷的图书整理工作。叔云：李白的叔叔李云。

② 长风：远风，大风。

③ 此：指上句的长风秋雁的景色。酣（hān）：畅饮。高楼：指谢朓楼。

④ 蓬莱文章：借指李云的文章。蓬莱，此指东汉时藏书之东观。《后汉书》卷二三《窦融列传》附窦章传："是时学者称东观为老氏藏室，道家蓬莱山。"李贤注："言东观经籍多也。蓬莱，海中神山，为仙府，幽经秘籍并皆在也。"建安骨：指刚健遒劲的诗文风格。汉末建安（汉献帝年号，196—220）年间，"三曹"和"七子"等作家所作之诗风骨遒上，后人称之为"建安风骨"。

⑤ 小谢：指谢朓，字玄晖，南朝齐诗人。后人将他和谢灵运并称为大谢、小谢。这里用以自喻。清发（fā）：指清新秀发的诗风。发：诗文俊逸。

⑥ 俱怀：两人都怀有。逸兴（xìng）：飘逸豪放的兴致，多指山水游兴，超迈的意兴。王勃《滕王阁序》："遥襟甫畅，逸兴遄飞。"李白《送贺宾客归越》："镜湖流水漾清波，狂客归舟逸兴多。"壮思：雄心壮志，豪壮的意思。

⑦ 览：通"揽"，摘取。一本作"揽"。

⑧ 消：一本作"销"。更：一本作"复"。

⑨ 称（chèn）意：称心如意。

⑩ 明朝（zhāo）：明天。散发（fà）：去冠披发，指隐居不仕。这里是形容狂放不羁。古人束发戴冠，散发表示闲适自在。弄扁（piān）舟：乘小舟归隐江湖。扁舟：小舟，小船。春秋末年，范蠡辞别越王勾践，"乘扁舟浮于江湖"（《史记·货殖列传》）。散发弄扁舟：一本作"举棹还沧洲"。

【导读】

本诗是唐代诗人李白在宣城（今属安徽）与李云相遇并同登谢朓楼时创作的一首送别诗。此诗并不直言离别，而是重笔抒发诗人自己怀才不遇的激烈愤懑，灌注了慷慨豪迈的情怀，表达了对黑暗社会的强烈不满和对光明世界的执着追求。

诗虽极写烦忧苦闷，却并不阴郁低沉。全诗语言明朗朴素，音调激越高昂，如歌如诉，强烈的思想情感起伏涨落，一波三折，如奔腾的江河瞬息万变，波澜迭起，和腾挪跌宕、跳跃发展的艺术结构完美结合，韵味深长，断续无迹，达到了豪放与自然和谐统一的境界。明人评此诗"如天马行空，神龙出海"。

闲情记趣（节选）

沈复

沈复（1763—1822后），字三白，号梅逸，清代文学家，著有《浮生六记》。《浮生六记》是一部自传体作品，书共六卷，故名"六记"。每卷皆有小题，依次是《闺房记乐》《闲情记趣》《坎坷记愁》《浪游记快》《中山记历》《养生记道》，留传至今只剩四卷。

余忆童稚时，能张目对日，明察秋毫①，见藐小微物，必细察其纹理，故时有物外②之趣。夏蚊成雷，私拟③作群鹤舞空。心之所向，则或千或百果然鹤也。昂首观之，项为之强④。又留蚊于素帐中，徐⑤喷以烟，使其冲烟飞鸣，作青云白鹤观，果如鹤唳⑥云端，怡然⑦称快。于土墙凹凸处、花台小草丛杂处，常蹲其身，使与台齐；定神细视，以丛草为林，以虫蚁为兽，以土砾⑧凸者为丘，凹者为壑⑨，神游其中，怡然自得。

一日见二虫斗草间，观之正浓，忽有庞然大物拔山倒树而来，盖一癞虾蟆也，舌一吐而二虫尽为所吞。余年幼方出神，不觉呀然惊恐。神定，捉虾蟆，鞭⑩数十，驱之别院。年长思之，二虫之斗，盖图奸不从也。古语云"奸近杀"，虫亦然耶？贪此生涯，卵为蚯蚓所哈（吴俗称阳日卵），肿不能便，捉鸭开口哈之，婢妪偶释手，鸭颠其颈做吞噬状，惊而大哭，传为语柄。此皆幼时闲情也。

【注释】

① 明察秋毫：形容视力好。秋毫，指鸟类到了秋天，新生长出来的非常纤细的羽毛。后用以比喻最细微的事物。

② 物外：指超出事物本身。

③ 拟：比。

④ 项为之强：脖颈为此而变得僵硬了。项：颈，脖颈。强：通"僵"，僵硬。

⑤ 徐：慢慢地。

⑥ 唳：鸟鸣。

⑦ 怡然：安适、愉快的样子。

⑧ 土砾：土块。

⑨ 壑：山沟。

⑩ 鞭：名词作动词，鞭打。

【导读】

这是一篇叙述童年趣事的短文。文章从儿童的视角来观察世界，全文以"童趣"为主线，紧扣一个"趣"字展开叙述，以总分结构布局。先总写童年时常有超乎事物本身之外的乐趣，一句"明察秋毫，见藐小微物，必细察其纹理。"概括了物外之趣来源于细致的观察，之后分别记叙了三件童年趣事。作者利用大胆的想象、高度的夸张来张扬童趣。蚊虫、草丛、土砾、癞蛤蟆等，这些稀松平常的事物，经过儿童的视角，经过极致的夸张和想象，实现了从"无趣"到"有趣"的蜕变。夸张的语言造就了"夏蚊成雷""拔山倒树"。大胆的想象，便有了群鹤穿云、神游山林。高度的夸张和大胆的想象把童趣张扬得盎然多彩。

文章通过奇思妙想再现儿童天真烂漫的心灵世界，使每一个读者在阅读之时都能看到自己童年时期的影子，从而激起读者心中宝贵的童真之心。

我不知道风是在哪一个方向吹

徐志摩

> 徐志摩（1897—1931），浙江海宁人，现代诗人、散文家。原名章垿，笔名南湖、云中鹤等。新月派代表诗人，代表作有《再别康桥》《翡冷翠的一夜》等。徐志摩的诗字句清新，韵律谐和，比喻新奇，想象丰富，意境优美，神思飘逸，富于变化，具有鲜明的艺术个性。

我不知道风
是在哪一个方向吹——
我是在梦中，
在梦的轻波里依洄。

我不知道风
是在哪一个方向吹——
我是在梦中，
她的温存，我的迷醉。

我不知道风
是在哪一个方向吹——
我是在梦中，
甜美是梦里的光辉。

我不知道风
是在哪一个方向吹——
我是在梦中，
她的负心，我的伤悲。

我不知道风
是在哪一个方向吹——
我是在梦中，
在梦的悲哀里心碎！

我不知道风
是在哪一个方向吹——
我是在梦中,
黯淡是梦里的光辉。

【导读】

全诗共六节,每节的前三句相同,辗转反复,余音袅袅,诗中用这种刻意经营的旋律组合,渲染了"梦"的氛围,也给吟唱者更添上几分"梦"态。全诗表达了作者追求那种"回到生命本体中去"的诗歌理想。他为压在生命本体之上的各种忧虑、惧怕、猜忌、懊恨所苦闷,他要人们张扬生命中的善,压抑生命中的恶,以达到人格完美的境界。他要摆脱物的羁绊,心游物外,去追寻人生与宇宙的真理。这样的一个梦,它绝不是"她的温存,我的迷醉""她的负心,我的伤悲"之类的恋爱苦情。这是一个大梦,一种大的理想,虽然到头来总不负黯然神伤,"在梦的悲哀里心碎"。从这一点上,倒可以推衍出本诗的一层积极的意义。

青春

塞缪尔·厄尔曼

塞缪尔·厄尔曼(1840—1924),生于德国,儿时随家人移居美国,参加过南北战争,之后定居伯明翰,经营五金杂货,年逾70开始写作。著作有知名散文《青春》。

青春不是年华,而是心境;青春不是桃面、丹唇、柔膝,而是深沉的意志,恢宏的想象,炙热的恋情;青春是生命的深泉在涌流。

青春气贯长虹,勇锐盖过怯弱,进取压倒苟安。如此锐气,二十后生而有之,六旬男子则更多见。年岁有加,并非垂老,理想丢弃,方堕暮年。

岁月悠悠,衰微只及肌肤;热忱抛却,颓废必致灵魂。忧烦、惶恐、丧失自信,定使心灵扭曲,意气如灰。

无论年届花甲,拟或二八芳龄,心中皆有生命之欢乐,奇迹之诱惑,孩童般天真久盛不衰。人人心中皆有一台天线,只要你从天上人间接受美好、希望、欢乐、勇气和力量的信号,你就青春永驻,风华常存。

一旦天线下降,锐气便被冰雪覆盖,玩世不恭、自暴自弃油然而生,即使年方二十,实已垂垂老矣;然则只要树起天线,捕捉乐观信号,你就有望在八十高龄告别尘寰时仍觉年轻。

【导读】

《青春》一文是作者自身的丰富人生阅历和体验的凝练。青春不是年华,而是心境,是生命力永不衰竭的好奇心,是永不熄灭的孩提般求知的渴望,是人间万物的美好感知,是对自然社会中真、善、美的不断探索,是生命里超出尘埃的性灵,是高贵的灵魂,是对永不止息的爱的追求!

思考与练习

一、思考题

认真阅读本单元所选篇目,结合实际谈谈大学生如何在实现中国梦的实践中放飞青春梦想。

二、能力练习题

1. 写作训练

运用创造性思维完成一份具有创造性研究工作的具体文案。形式:选题报告、广告策划书、新产品开发建议书、企划书等。要求:联系生产、生活实际,尽可能结合所学专业,符合文案书写要求。

2. 表达训练

以"花开有时,青春有期"为题演讲。

希腊古瓮颂

约翰·济慈

> 约翰·济慈(1795—1821),英国杰出的诗人,是浪漫派的主要成员。其"美即是真,真即是美"的诗歌创作主张,对后世抒情诗的创作产生了极大影响。济慈的诗歌语言华美,情感充沛,令人动容。代表作品有《恩底弥翁》《夜莺颂》《希腊古瓮颂》《秋颂》《忧郁颂》《白天逝去了》等。

你依然是寂静的未失身的新娘,
寂静和悠悠岁月曾把你收养,
你是山林的编史家,会讲故事,
如花似锦的故事胜过我们的诗章;
那枝叶饰边的图案是哪段传说,
哪段神和人的逸闻绘在你的身上?
是在讲潭碧溪谷,还是阿卡第亚?①
是什么神,什么人?少女为何勉强?
什么样的猛追?什么样的年逃?

什么铙钹芦笛？什么欣喜若狂？

有声的音乐甜美，但无声的更美；
所以哟，继续把悠扬的芦笛细吹；
不为世俗的耳朵，但为灵魂吹奏，
没有声音的旋律更令人沉醉：
树下的美少年，你停不住歌唱，
你头顶上的树叶也永不会枯萎；
勇敢的情郎，你不可能接吻，
尽管离得很近——可你不用伤悲；
虽你吻不着她，可她不会消失，
你会永远这般爱她，她永远这般美！

哦，幸运的树枝，你永不会掉叶，
你也永远用不着向春天告别；
幸运的乐师，你永远奏出新曲，
你永远不会疲倦，永不会停歇；
更幸运的爱哟！更幸运的爱！
你永远给人享受，永远那么热烈，
永远那么渴望，永远那么年轻，
远比世间的爱情更高尚更纯洁，
人世间的爱情总给心儿留下
焦灼的额、发干的舌、餍腻和悲咽。

哦，这些人是谁，来祭祀供献？
神秘的祭师你去哪座绿色祭坛，
你牵着那头朝天哀鸣的小牛，
小牛光滑的身上饰着花环花冠？
是从哪一座濒海或傍河的小城，
或是从寨墙环绕的宁静的山垣，
在虔诚的拂晓，走出这些人群？
小城哟，你的衢巷将永远寂然，
那些能讲述廓落缘由的人们，
永远也没有一个能返回家园。

哦，古希腊的形体！古希腊的美姿！

你身上绘满大理石般的男男女女，
还描绘有茫茫森林、萋萋芳草；
你缄默的形体使我们失去思绪，
就像永恒所为；你这冰凉的牧歌！
等悠悠岁月把这代人蹂躏吞噬，
你仍将存于下一代人的悲哀之中，
像朋友一样对他们说出如下话语，
美即真，真即美——这就是一切，
就是你们在世上的所知和须知。

（1820）
曹明伦译

【注释】

① 潭碧溪谷，希腊北部色萨利境内奥林匹斯山与奥萨山之间一优美溪谷；阿卡第亚，古希腊地名，该地以风光秀丽，人情淳朴而著称。

【导读】

"瓮"在生活中只是一件实用器皿或者装饰物，上面饰有纹样。在诗中，古瓮是诗人表达对生活、对生命感叹的媒介。

诗人开篇即以"完美的处子""田园的史家"抒发对古瓮的赞美。随后赞扬古瓮上刻画的希腊生活的场景，称赞其"竟能铺叙一个如花的故事，比诗还瑰丽"。这是诗人对古瓮热烈的赞叹之情，为整首诗定下了慷慨激昂的感情基调。古瓮上的美是永恒的美，这种美来源于现实的生活，而由艺术捕捉到并定格为永恒。"真"是现实的生活，"美"是艺术的阐发，"美即是真，真即是美"，这便是我们该知道的一切。

思考与练习

一、思考题

认真阅读本单元所选篇目，反观自己在生活中是否具有一双发现美的眼睛，是否拥有诗意的生活态度，并简要阐述一下你此时的人生态度和理想追求。

二、能力训练

1. 注释与背诵

请同学们自己查下文注释并将其译成白话文，然后背诵。

定风波·莫听穿林打叶声

苏 轼

莫听穿林打叶声，何妨吟啸且徐行。竹杖芒鞋轻胜马，谁怕？一蓑烟雨任平生。

料峭春风吹酒醒,微冷,山头斜照却相迎。回首向来萧瑟处,归去,也无风雨也无晴。

2. 写作训练

(1) 选择身边熟悉的一样事物,用独特的视角去观察它,并写一篇文章。

(2) 你最欣赏哪一位诗人?写一篇文章向同学们介绍你喜欢这位诗人的理由。

3. 表达训练

(1) 以"我身边的美"为题演讲。

(2) 以"转角的惊喜"为题演讲。

第十单元 演讲名篇

演讲活动是一种源远流长的社会活动,始终伴随着人类文明的发展而发展。古今中外,每到历史发展的重要关头,每到社会激烈变革之时,演讲的特殊作用就表现得更突出。古今中外的各界名人都是演讲的高手,他们当中不乏政界领袖、企业领袖等。中国近代女革命家秋瑾对演讲的评论是:"要想改变人的思想和观念,非演讲不可。"而在《周易·系辞上》这本书中是这样描述演讲的重要性的:"鼓天下之动者,存乎辞。"也就是说要推动社会进步和国家前进都需要依靠演讲的力量。中国历史的长河中像诸葛亮、苏秦、张仪等都是演讲、沟通和说服的高手。

当今社会的各种竞聘、相关的演讲比赛等,都无形中在让更多的人意识到演讲的重要性,提高了学习演说的积极性。做一个高尚的人是学习演讲的基础,做一个会说话的人是学习演讲的目的,做一个善于演讲的人是学习演讲的最高境界。

《尚书》

> 《尚书》,最早书名为《书》,是一部追述古代事迹著作的汇编。分为《虞书》《夏书》《商书》《周书》。因是儒家五经之一,又称《书经》。现在通行的《十三经注疏》本《尚书》,就是《今文尚书》和伪《古文尚书》的合编本。《尚书》列为儒家经典之一,历代儒家研习之基本书籍,"尚"即"上",《尚书》就是上古的书,它是我国最早的一部历史文献汇编。

公曰:嗟!我士,听无哗!予誓告汝群言之首①。

古人有言曰:"民讫自若是多盘②。责人斯无难,惟受责俾如流,是惟艰哉!"我心之忧,日月逾迈③,若弗云来。

惟古之谋人,则曰:"未就予忌。"惟今之谋人,姑将以为亲。虽则云然,尚猷询兹黄发,则罔所愆④。

番番良士,旅力既愆,我尚有之。仡仡勇夫,射御不违,我尚不欲。惟截截善谝言,俾君子易辞,我皇多有之⑤。

昧昧我思之⑥,如有一介臣,断断猗无他技,其心休休焉,其如有容⑦。人之有技,若己有之,人之彦圣,其心好之,不啻如自其口出。是能容之,以保我子孙黎民,亦职有利哉⑧!

人之有技,冒疾以恶之。人之彦圣,而违之俾不达。是不能容,以不能保我子孙黎民,亦曰殆哉!

邦之杌陧,曰由一人。邦之荣怀,亦尚一人之庆⑨。

【注释】

① 士:这里是对听众的泛称,指全军将士与相关官员。誓告:严肃告诫。群言之首:所有纷纷议论中应该所取的首要意见、关键问题。

② 讫:终,竟。自若:自己顺着自个儿。若:顺。是:此,这个。多盘:多安于、都乐于。盘:放心取乐,这里指人们自乐时失去应有的戒备心态。

③ 逾迈:跨越。

④ 谋人:善于谋划的人。就:即,到。忌:忌讳。姑:轻易地。将:拿来,引来。亲:亲信。黄发:头发黄了的高年老者。怨:遗憾。

⑤ 谝言:易于迷惑人的话。俾:使。易辞:改换话语,改变主意。皇:同"遑",遑论,哪里还说得到。

⑥ 昧:昏暗。

⑦ 断断猗:干净利落、有断决的样子。休:美。

⑧ 啬:简直就。容之:容纳它、接受它。职有利:主有利,代表有益。

⑨ 杌陧:摇荡不安。荣怀:光荣。一人:商周君主总爱自称"一人""予一人"。

【导读】

《秦誓》是《尚书》中的最后一篇。汉代相传的《尚书序》说:"秦穆公伐郑,晋襄公率师败诸崤。还归,作《秦誓》。"(事载《左传》鲁僖公32年、33年)照《书序》说法,此篇作于秦穆公33年(公元前627年),被俘三帅归秦之后。但《史记·秦本纪》则说是秦穆公36年(公元前624年)大败晋师"封崤中尸,为发丧,哭之三日,乃誓与军"中之辞。就文中语意看,以《书序》所说为合于实际。《秦誓》,秦穆公誓众之辞的简称。誓,是一种有约束性和有决断意义的语言。此篇也出于史官记录。文辞扼要生动,语意恳切,含有自我儆戒之诚意。

梁启超

梁启超(1873—1929),字卓如,一字任甫,号任公,又号饮冰室主人、哀时客、自由斋主人等,广东新会人。清朝光绪年间举人,中国近代思想家、政治家、教育家、史学家、文学家。曾倡导文体改良的"诗界革命"和"小说界革命"。梁启超有多种作品集行世,以1936年9月11日出版的《饮冰室合集》较完备。

"君子"二字其意甚广，欲为之诠注，颇难得其确解。为英人所称"劲德尔门"包罗众义，与我国君子之意差相吻合。证之古史，君子每与小人对待，学善则为君子，学不善则为小人。君子小人之分，似无定衡。顾习尚沿传类以君子为人格之标准。望治者，每以人人有士君子之心相勖。《论语》云："君子人与？君子人也。"明乎君子品高，未易几及也。

　　英美教育精神，以养成国民之人格为宗旨。国家犹机器也，国民犹轮轴也。转移盘旋，端在国民，必使人人得发展其本能，人人得勉为"劲德尔门"，即我国所谓君子者。莽莽神州，需用君子人，于今益极，本英美教育大意而更张之。国民之人格，骎骎日上乎。

　　君子之义，既鲜确诂，欲得其具体的条件，亦非易言。《鲁论》所述，多圣贤学养之渐，君子立品之方，连篇累牍势难胪举。《周易》六十四卦，言君子者凡五十三。乾坤二卦所云尤为提要钩元。乾象曰："天行健，君子以自强不息。"坤象曰："地势坤，君子以厚德载物。"推本乎此，君子之条件庶几近之矣。

　　乾象言，君子自励犹天之运行不息，不得有一暴十寒之弊。才智如董子，犹云勉强学问。《中庸》亦曰："或勉强而行之。"人非上圣，其求学之道，非勉强不得入于自然。且学者立志，尤须坚忍强毅，虽遇颠沛流离，不屈不挠，若或见利而进，知难而退，非大有为者之事，何足取焉？人之生世，犹舟之航于海。顺风逆风，因时而异，如必风顺而后扬帆，登岸无日矣。

　　且夫自胜则为强，乍见孺子入水，急欲援手，情之真也。继而思之，往援则己危，趋而避之，私欲之念起，不克自胜故也。孔子曰："克己复礼为仁。"王阳明曰："治山中贼易，治心中贼难。"古来忠臣孝子，愤时忧国奋不欲生，然或念及妻儿，辄有难于一死不能自克者。若能摈私欲尚果毅，自强不息，则自励之功与天同德，犹英之"劲德尔门"，见义勇为，不避艰险，非吾辈所谓君子其人哉。

　　坤象言，君子接物，度量宽厚，犹大地之博，无所不载。君子责己甚厚，责人甚轻。孔子曰："躬自厚而薄责于人。"盖惟有容人之量，处世接物坦焉无所芥蒂，然后得以膺重任，非如小有才者，轻佻狂薄，毫无度量，不然小不忍必乱大谋，君子不为也。当其名高任重，气度雍容，望之俨然，即之温然，此其所以为厚也，此其所以为君子也。

　　纵观四万万同胞，得安居乐业，教养其子若弟者几何人？读书子弟能得良师益友之熏陶者几何人？

　　清华学子，荟中西之鸿儒，集四方之俊秀，为师为友，相蹉相磨，他年遨游海外，吸收新文明，改良我社会，促进我政治。所谓君子人者，非清华学子，行将焉属？虽然，君子之德风，小人之德草，今日之清华学子，将来即为社会之表率，语、默、作、止，皆为国民所仿效。设或不慎，坏习惯之传行急如暴雨，则大事偾矣。深愿及此时机，崇德修学，勉为真君子，异日出膺大任，足以挽既倒之狂澜，作中流之砥柱，则民国幸甚矣。

【导读】

　　这篇演说词在1914年11月10日的《清华周刊》中刊录，"自强不息，厚德载物"此后也写进了清华校规，后来又逐渐演变成为清华校训。在1917年修建大礼堂时，清华便将

"自强不息,厚德载物"的校训镌刻在巨型校徽上并镶嵌在舞台正额,激励后学。梁启超先生此后与清华颇多接触,并于1925年至1927年担任清华国学研究院导师,为清华做出许多重要贡献。

"'君子'二字其意甚广,欲为之诠注,颇难得其确解。"一开口,梁先生即阐述"君子"的含义。在简略比较英美教育与我国教育对人格养成的功能差异后,他引述了《易经》中的"乾坤"二卦来解析他认为的"君子":"《周易》六十四卦,言君子者凡五十三。乾坤二卦所云尤为提要钩元。乾象曰:'天行健,君子以自强不息。'坤象曰:'地势坤,君子以厚德载物。'推本乎此,君子之条件庶几近之矣。"接着,梁启超先生具体解释了"君子"的含义,并对清华学子提出报效祖国、振奋民族的期望。

论读书

林语堂

> 林语堂(1895—1976),福建龙溪(今漳州)人,中国现代散文家、小说家、翻译家。早年留学美国、德国,获哈佛大学文学硕士学位和莱比锡大学语言学博士学位。回国后在清华大学、北京大学、厦门大学任教。林语堂于1940年和1950年先后两度获得诺贝尔文学奖提名。曾创办《论语》《人间世》等刊物,作品包括小说《京华烟云》《啼笑皆非》。一生著作甚丰,著有散文集与小说多种。

本篇演讲只是谈谈本人对于读书的意见,并不是要训勉青年,亦非敢指导青年。所以不敢训勉青年有两种理由:第一,因为近来常听见贪官污吏到学校致训词,叫学生须有志操,有气节,有廉耻;也有卖国官僚到大学演讲,劝学生要坚忍卓绝,做富贵不能淫,威武不能屈的大丈夫。暗讽时事。不幸的是这样的事如今也一样发生。孟子曰:"人之患在好为人师。"料想战国的土豪劣绅亦必好训勉当时的青年,所以激起孟子这样不平的话。第二,读书没有什么可以训勉。世上会读书的人,都是书拿起来自己会读。不会读书的人,亦不会因为指导而变为会读。譬如数学,出五个问题叫学生去做,会做的人是自己脑里做出来的,并非教员教他做出,不会做的人经教员指导,这一题虽然做出,下一题仍旧非指导不可,数学并不会因此高明起来。我所要讲的话于你们本会读书的人,没有什么补助,于你们不会读书的人,也不会使你们变为善读书。所以今日谈谈,亦只是谈谈而已。

读书本是一种心灵的活动,向来算为清高。说破读书本质,"心灵"而已。"万般皆下品,唯有读书高。"所以读书向称为雅事乐事。但是现在雅事乐事已经不雅不乐了。今天读书,或为取资格,得学位,在男为娶美女,在女为嫁贤婿;或为做老爷,踢屁股;或为求爵禄,刮地皮;或为做走狗,拟宣言;或为写讣闻,做贺联;或为当文牍,抄账簿;或为做相士，占八卦；或为做塾师，骗小孩……诸如此类，都是借读书之名，取利禄之实，皆非读书本旨。亦有人拿父母的钱，上大学，跑百米，拿一块大银盾回家，在我是看不起的，因为这似乎亦非读书的本旨。读书本旨湮没于求名利之心中，可悲。可惜现在也一样。

今日所谈，亦非指学堂中的读书，亦非指读教授所指定的功课，在学校读书有四不可。（一）所读非书。学校专读教科书，而教科书并不是真正的书。今日大学毕业的人所读的书极其有限。然而读一部小说概论，到底不如读《三国》《水浒》；读一部历史教科书，不如读《史记》。（二）无书可读。因为图书馆存书不多，可读的书极有限。（三）不许读书。因为在课室看书，有犯校规，例所不许。倘是一人自晨至晚上课，则等于自晨至晚被监禁起来，不许读书。（四）书读不好。因为处处受训导处干涉，毛孔骨节，皆不爽快。且学校所教非慎思明辨之学，乃记问之学。记问之学不足为人师，《礼记》早已说过。书上怎样说，你便怎样答，一字不错，叫作记问之学。倘是你能猜中教员心中要你如何答法，照样答出，便得一百分，于是沾沾自喜，自以为西洋历史你知道一百分，其实西洋历史你何尝知道百分之一。学堂所以非注重记问之学不可，是因为便于考试。如拿破仑生卒年月，形容词共有几种，这些不必用头脑，只需强记，然学校考试极其便当，差一年可扣一分；然而事实上与学问无补，你们的教员，也都记不得。要用时自可在百科全书上去查。又如罗马帝国之亡，三大原因，书上这样讲，你们照样记，然而事实上问题极复杂。有人说罗马帝国之亡，是亡于蚊子（传布寒热疟），这是书上所无的。在学校读过书者，皆当会心而笑。然想到教科书规范头脑，湮塞性灵，却又堪哭。

今日所谈的是自由地看书读书，无论是在校，离校，做教员，做学生，做商人，做政客，有闲必读书。这种的读书，所以开茅塞，除鄙见，得新知，增学问，广识见，养性灵。人之初生，都是好学好问，及其长成，受种种的俗见俗闻所蔽，毛孔骨节，如有一层包膜，失了聪明，逐渐顽腐。读书便是将此层蔽塞聪明的包膜剥下。能将此层剥下，才是读书人。点明读书要能破俗见陋习，复人之灵性。对死读书本固持陈念之人一段讥讽，令人心惊警惕。盖我们也未尝不有鄙俗之时。并且要时时读书，不然便会鄙吝复萌，顽见俗见生满身上，一人的落伍、迂腐、冬烘，就是不肯时时读书所致。所以读书的意义，是使人较虚心，较通达，不固陋，不偏执。一人在世上，对于学问是这样的：幼时认为什么都不懂，大学时自认为什么都懂，毕业后才知道什么都不懂，中年又以为什么都懂，到晚年才觉悟一切都不懂。大学生自以为心理学他也念过，历史地理他亦念过，经济科学也都念过，世界文学艺术声光化电，他也念过，所以什么都懂，毕业以后，人家问他国际联盟在哪里，他说"我书上未念过"，人家又问法西斯蒂在意大利成绩如何，他也说"我书上未念过"，所以觉得什么都不懂。到了中年，许多人娶妻生子，造洋楼，有身份，做名流，戴眼镜，留胡子，拿洋棍，沾沾自喜，那时他的世界已经固定了：女子放胸是不道德，剪发亦不道德，读《马氏文通》是反动，节制生育是亡种逆天，提倡白话是亡国之先兆，《孝经》是孔子写的，大禹必有其人……意见非常之多而且确定不移，所以又是什么都懂。其实是此种人久不读书，鄙吝复萌所致。此种人不可与深谈。但亦有常读书的人，老当益壮，其思想每每比青年急进，就是能时时读书所以心灵不曾化石，变为古董。

读书的主旨在于排脱俗气。黄山谷谓人不读书便语言无味，面目可憎。须知世上语言无味、面目可憎的人很多，不但商界政界如此，学府中亦颇多此种人。然语言无味、面目可憎在官僚商贾则无妨，在读书人是不合理的。所谓面目可憎，不可作面孔不漂亮解，因为并非不能奉承人家，排出笑脸，所以"可憎"；胁肩谄笑，面孔漂亮，便是"可爱"。若欲求美男子小白脸，尽可于跑狗场、跳舞场及政府衙门中求之。有漂亮脸孔，说漂亮话的政客，未必便面目不可憎。读书与面孔漂亮没有关系，因为书籍并不是雪花膏，读了便会增加你的容辉。所以面目可憎不可憎，在你如何看法。有人看美人专看脸蛋，凡有鹅脸柳眉皓齿朱唇都叫作美人。但是识趣的人若李笠翁看美人专看风韵，笠翁所谓三分容貌有姿态等于六七分，六七分容貌乏姿态等于三四分。有人面目平常，然而谈起话来，使你觉得可爱；也有满脸脂粉的摩登伽，洋囡囡，做花瓶，做客厅装饰甚好，但一与交谈，风韵全无，便觉得索然无味。"风韵"二字读书而来。性灵可决定面目，此处也说的这个道理。黄山谷所谓面目可憎不可憎亦只是指读书人之议论风采说法。若浮生六记的芸，虽非西施面目，并且前齿微露，我却觉得是中国第一美人。男子也是如是看法。章太炎脸孔虽不漂亮，王国维虽有一条辫子，但是他们是有风韵的，不是语言无味、面目可憎的，简直可认为可爱。亦有漂亮政客，做武人的兔子姨太太，说话虽漂亮，听了却令人作呕三日。

至于语言无味（着重"味"字），都全看你所读是什么书及读书的方法。读书读出味来，语言自然有味，语言有味，做出文章亦必有味。有人读书读了半世，亦读不出什么味儿来，都是因为读不合的书，及不得其读法。读书须先知味。读书知味。这味字，是读书的关键。所谓味，是不可捉摸的，一人有一人胃口，各不相同，所好的味亦异，所以必先知其所好，始能读出味来。有人自幼嚼书本，老大不能通一经，便是食古不化勉强读书所致。袁中郎所谓读所好之书，所不好之书可让他人读之，这是知味的读法。若必强读，消化不来，必生痔积胃滞诸病。

口之于味，不可强同，不能因我的所嗜好以强人。先生不能以其所好强学生去读。父亲亦不得以其所好强儿子去读。所以书不可强读，强读必无效，反而有害，这是读书之第一义。有愚人请人开一张必读书目，硬着头皮咬着牙根去读，殊不知读书须求气质相合。人之气质各有不同，英人俗语所谓"在一人吃来是补品，在他人吃来是毒质"。因为听说某书是名著，因为要做通人，硬着头皮去读，结果必毫无所得。过后思之，如做一场噩梦。甚且终身视读书为畏途，提起书名来便头痛。小时候若非有随时扔掉不喜之书之权，亦几乎堕入此道矣！萧伯纳说许多英国人终身不看莎士比亚，就是因为幼年塾师强迫背诵种下的果。许多人离校以后，终身不再看诗，不看历史，亦是旨趣未到学校迫其必修所致。

所以读书不可勉强，因为学问思想是慢慢胚胎滋长出来。其滋长自有滋长的道理，如草木之荣枯，河流之转向，各有其自然之势。逆势必无成就。树木的南枝遮阴，自会向北枝发展,否则枯槁以待毙。河流遇了矶石悬崖,也会转向,不是硬冲,只要顺势流下,总有流入东海之一日。世上无人人必读之书,只有在某时某地某种心境不得不读之书。有你所应读,我所万不可读,有此时可读,彼时不可读,即使有必读之书,亦决非此时此刻所必读。见解未到,必不可读,思想发育程度未到,亦不可读。孔子说五十可以学易,便是说四十五岁时尚不可读《易经》。刘知几少读古文《尚书》,挨打亦读不来,后听同学读《左传》,甚好之,求授《左传》,乃易成诵。《庄子》本是必读之书,然假使读《庄子》觉得索然无味,只好放弃,过了几年再读。对庄子感觉兴味,然后读庄子,对马克思感觉兴味,然后读马克思。读书要等兴味来。若有不喜欢之书,搁下几年,未尝不变做喜欢,于我心有戚戚焉。

且同一本书,同一读者,一时可读出一时之味道出来。其景况适如看一名人相片,或读名人文章,未见面时,是一种味道,见了面交谈之后,再看其相片,或读其文章,自有另外一层深切的理会。或是与其人绝交以后,看其照片,读其文章,亦另有一番味道。四十学《易》是一种味道,五十而学《易》,又是一种味道。所以凡是好书都值得重读的。自己见解愈深,学问愈进,愈读得出味道来。譬如我此时重读 Lamb 的论文,比幼时所读全然不同,幼时虽觉其文章有趣,没有真正魂灵的接触,未深知其文之佳境所在。一人背痈,再去读范增的传,始觉趣味。

由是可知读书有二方面,一是作者,一是读者。程子谓《论语》读者有此等人与彼等人。有读了全然无事者;亦有读了不知手之舞足之蹈之者。所以读书必以气质相近,而凡人读书必找一位同调的先贤,一位气质与你相近的作家,作为老师,这是所谓读书必须得力一家。不可昏头昏脑,听人戏弄,庄子亦好,荀子亦好,苏东坡亦好,程伊川亦好。一人同时爱庄荀,或同时爱苏程是不可能的事。找到思想相近之作家,找到文学上之情人,心胸中感觉万分痛快,而魂灵上发生猛烈影响,如春雷一鸣,蚕卵孵出,得一新生命,入一新世界。George Eliot 自叙读《卢骚自传》,如触电一般。尼采师叔本华、萧伯纳师易卜生,虽皆非及门弟子,而思想相承,影响极大。当二子读叔本华、易卜生时,思想上起了大影响,是其思想萌芽学问生根之始。因为气质性灵相近,所以乐此不疲,流连忘返;流连忘返,始可深入;深入后,如受春风化雨之赐,欣欣向荣,学业大进。

谁是气质与你相近的先贤,只有你知道,也无需人家指导,更无人能勉强,你找到这样一位作家,自会一见如故,苏东坡初读庄子,如有胸中久积的话,被他说出,袁中郎夜读徐文长诗,叫唤起来,叫复读,读复叫,便是此理。这与"一见倾心"之情爱同一道理。你遇到这样作家,自会恨相见太晚。一人必有一人中意的作家,各人自己去找去,找到了文学上的爱人,他自会有魔力吸引你,而你也乐自为所吸,甚至声音相貌,一颦一笑,亦渐与相似,这样浸润其中,自然获益不少,将来年事渐长,厌此情人,再找别的情人,到了经过两三个情人,或是四五个情人,大概你自己也已受了熏陶不浅,思想已经成熟,自己也就成了一位作家。若找不到情人,东览西阅,所读的未必能沁入魂灵深处,便是逢场作戏。逢场作戏,不会有心得,学问不会有成就。

知道情人滋味，便知道苦学二字是骗人的话。学者每为"苦学"或"困学"二字所误。读书成名的人，只有乐，没有苦。据说古人读书有追月法、刺股法、丫头监读法。其实都是很笨。读书无兴味，昏昏欲睡，始拿锥子在股上刺一下，这是愚不可当。一人书本摆在面前，有中外贤人向你说极精彩的话，尚且想睡觉，便应当去睡觉，刺股亦无益。叫丫头陪读，等打盹时唤醒你，已是下流，亦应去睡觉，不应读书。而且此法极不卫生，不睡觉，只有读坏身体，不会读出书的精彩来。若已读出书的精彩来，便不想睡觉，故无丫头唤醒之必要。刻苦耐劳，淬励奋勉是应该的，但不应视读书为苦。视读书为苦，第一着已走了错路。天下读书成名的人皆以读书为乐；汝以为苦，彼却沉湎以为至乐。比如一人打麻将，或如人挟妓冶游，流连忘返，寝食俱废，始读出书来。以我所知国文好的学生，都是偷看几百万言的《三国》《水浒》而来，绝不是一学年读五十六页文选，国文会读好的。试问在偷读《三国》《水浒》之人，读书有什么苦处？何尝算页数？好学的人，是书无所不窥，窥就是偷看。于书无所不偷看的人，大概学会成名。

　　有人读书必装腔作势，或嫌板凳太硬，或嫌光线太弱，这都是读书未入门路，未觉兴味所致。有人做不出文章，怪房间冷，恐蚊子多，怪稿纸发光，怪马路上电车声音太嘈杂，其实都是因为文思不来，写一句，停一句。一人不好读书，总有种种理由。"春天不是读书天，夏日炎炎最好眠，等到秋来冬又至，不如等待到来年。"其实读书是四季咸宜。古所谓"书淫"之人，无论何时何地可读书皆手不释卷，这样才成读书人样子。读书要为书而读，不是为读而读。顾千里裸体读经，便是一例，即使暑气炎热，至非裸体不可，亦要读经。欧阳修在马上、厕上皆可做文章，因为文思一来，非做不可，非必正襟危坐、明窗净几才可做文章。一人要读书则澡堂、马路、洋车上、厕上、图书馆、理发室，皆可读。

　　读书须有胆识，有眼光，有毅力。胆识二字拆不开，要有识，必敢有自己意见，即使一时与前人不同亦不妨。前人能说得我服，是前人是，前人不能服我，是前人非。人心之不同如其面，要脚踏实地，不可舍己耘人。诗或好李或好杜，文或好苏或好韩，各人要凭良知，读其所好，然后所谓好，说得好的道理出来。或某名人文集，众人所称而你独恶之，则或系汝自己学力见识未到，或果然汝是而人非。学力未到，等过几年再读，若学力已到而汝是人非，则将来必发现与汝同情之人。刘知几少时读前后汉书，怪前书不应有《古今人表》，后书宜为更始立纪，当时闻者责以童子轻议前哲，乃"赧然自失，无辞以对"，后来偏偏发现张衡、范晔等，持见与之相同，此乃刘知几之读书胆识。因其读书皆得之襟腑，非人云亦云，所以能著成《史通》一书。如此读书，处处有我的真知灼见，得一分见解是一分学问，除一种俗见，算一分进步，才不会落入圈套，满口滥调，一知半解，似是而非。

【导读】

　　本文是林语堂20世纪30年代初在复旦大学、大夏大学的演讲稿。演讲开门见山，直奔论题，拉近了与听众的距离。列举生活中的种种不良读书现象，为正名读书开路，易于与听众产生共鸣。正面提出自己的观点，都是短语，易讲易记，且提倡读书与学问的真谛是求知求真，是提高自身素质，很有新意。林语堂善于举日常生活的例子或听众熟悉的例子，并用贴近生活的口语，使演讲能抓住听众心灵。最后进一步提出读书的主观条件，与前叙的读书目的和读书方法相配合，构成了较为完整的读书观。

我有一个梦想

马丁·路德·金

> 马丁·路德·金（1929—1968），美国牧师、社会活动家、黑人民权运动领袖。1964年，马丁·路德·金被授予诺贝尔和平奖。1968年4月，马丁·路德·金领导工人罢工后被种族主义分子刺杀。

今天，我高兴地同大家一起参加这次将成为我国历史上为争取自由而举行的最伟大的示威集会。

一百年前，一位伟大的美国人——今天我们就站在他象征性的身影下——签署了《解放黑奴宣言》。这项重要法令的颁布，对于千百万灼烤于非正义残焰中的黑奴，犹如带来希望之光的硕大灯塔，恰似结束漫漫长夜禁锢的欢畅黎明。

然而一百年后的今天，我们必须正视黑人还没有得到自由这一悲惨的事实。一百年后的今天，在种族隔离的镣铐和种族歧视的枷锁下，黑人的生活备受压榨。一百年后的今天，黑人仍生活在物质充裕的海洋中的一个穷困孤岛上。一百年后的今天，黑人仍然蜷缩在美国社会的角落里，并且意识到自己是故土家园中的流亡者。今天我们在这里集会，就是要把这种骇人听闻的情况公诸世人。

就某种意义而言，今天我们是为了要求兑现诺言而汇集到我们国家的首都来的。我们共和国的缔造者在草拟宪法和独立宣言的词句时，曾向每一个美国人许下了诺言，他们承诺所有人——不论白人还是黑人——都享有不可让渡的生存权、自由权和追求幸福权。

就有色公民而论，美国显然没有实践她的诺言。美国没有履行这项神圣的义务，只是给黑人开了一张空头支票，支票上盖着"资金不足"的戳子后便退了回来。但是我们不相信正义的银行已经破产，我们不相信，在这个国家巨大的机会之库里已没有足够的储备。因此今天我们要求将支票兑现——这张支票将给予我们宝贵的自由和正义保障。

我们来到这个圣地也是为了提醒美国，现在是非常急迫的时刻。现在绝非奢谈冷静下来或服用渐进主义的镇静剂的时候。现在是实现民主的诺言的时候。现在是从种族隔离的荒凉阴暗的深谷攀登种族平等的光明大道的时候，现在是向上帝所有的儿女开放机会之门的时候，现在是把我们的国家从种族不平等的流沙中拯救出来，置于兄弟情谊的磐石上的时候。

如果美国忽视时间的迫切性和低估黑人的决心，那么，这对美国来说，将是致命伤。自由和平等的爽朗秋天如不到来，黑人义愤填膺的酷暑就不会过去。1963年并不意味着斗争的结束，而是开始。有人希望，黑人只要撒撒气就会满足；如果国家安之若素，毫无反应，那么这些人必会大失所望的。黑人得不到公民的基本权利，美国就不可能有安宁或平静，正义的光明一天不到来，叛乱的旋风就将继续动摇这个国家的基础。

但是对于等候在正义之宫门口的心急如焚的人们，有些话我是必须说的。在争取合法地位的过程中，我们不要采取错误的做法。我们不要为了满足对自由的渴望而抱着敌对和仇恨之杯痛饮。我们斗争时必须永远举止得体，纪律严明。我们不能容许我们具有崭新内容的抗议蜕变为暴力行动。我们要不断地升华到以精神力量对付物质力量的崇高境界中去。

现在黑人社会充满着了不起的新的战斗精神，但是不能因此而不信任所有的白人。因为我们的许多白人兄弟已经认识到，他们的命运与我们的命运是紧密相连的，他们今天参加游行集会就是明证。他们的自由与我们的自由是息息相关的。我们不能单独行动。

当我们行动时，我们必须保证向前进。我们不能倒退。现在有人问热心民权运动的人："你们什么时候才能满足？"

只要黑人仍然遭受警察难以形容的野蛮迫害，我们就绝不会满足。

只要我们在外奔波而疲乏的身躯不能在公路旁的汽车旅馆和城里的旅馆找到住宿之所，我们就绝不会满足。

只要黑人的基本活动范围只是从少数民族聚居的小贫民区转移到大贫民区，我们就绝不会满足。只要我们的孩子被"仅限白人"的标语剥夺自我和尊严，我们就绝不会满足。只要密西西比州仍然有一个黑人不能参加选举，只要纽约有一个黑人认为他投票无济于事，我们就绝不会满足。

不！我们现在并不满足，我们将来也不满足，除非正义和公正犹如江海之波涛，汹涌澎湃，滚滚而来。

我并非没有注意到，参加今天集会的人中，有些受尽苦难和折磨，有些刚刚走出窄小的牢房，有些由于寻求自由，曾在居住地惨遭疯狂迫害的打击，并在警察暴行的旋风中摇摇欲坠。你们是人为痛苦的长期受难者。坚持下去吧，要坚决相信，忍受不应得的痛苦是一种赎罪。

让我们回到密西西比去，回到亚拉巴马去，回到南卡罗来纳去，回到佐治亚去，回到路易斯安那去，回到我们北方城市中的贫民区和少数民族居住区去，要心中有数，这种状况是能够也必将改变的。我们不要陷入绝望而不可自拔。

朋友们，今天我对你们说，在此时此刻，我们虽然遭受种种困难和挫折，我仍然有一个梦想，这个梦想深深扎根于美国的梦想之中。

我梦想有一天，这个国家会站立起来，真正实现其信条的真谛："我们认为真理是不言而喻，人人生而平等。"

我梦想有一天，在佐治亚的红山上，昔日奴隶的儿子将能够和昔日奴隶主的儿子坐在一起，共叙兄弟情谊。

我梦想有一天，甚至连密西西比州这个正义匿迹，压迫成风，如同沙漠般的地方，也将变成自由和正义的绿洲。

我梦想有一天，我的四个孩子将在一个不是以他们的肤色，而是以他们的品格优劣来评价他们的国度里生活。

今天，我有一个梦想。

我梦想有一天，亚拉巴马州能够有所转变，尽管该州州长现在仍然满口异议，反对联邦法令，但有朝一日，那里的黑人男孩和女孩将能与白人男孩和女孩情同骨肉，携手并进。

今天，我有一个梦想。

我梦想有一天，幽谷上升，高山下降；坎坷曲折之路成坦途，圣光披露，满照人间。

这就是我们的希望。我怀着这种信念回到南方。有了这个信念，我们将能从绝望之岭劈出一块希望之石。有了这个信念，我们将能把这个国家刺耳的争吵声，改变成一支洋溢手足之情的优美交响曲。

有了这个信念，我们将能一起工作，一起祈祷，一起斗争，一起坐牢，一起维护自由；因为我们知道，终有一天，我们是会自由的。

在自由到来的那一天，上帝的所有儿女们将以新的含义高唱这支歌："我的祖国，美丽的自由之乡，我为您歌唱。您是父辈逝去的地方，您是最初移民的骄傲，让自由之声响彻每个山冈。"

如果美国要成为一个伟大的国家，这个梦想必须实现！让自由之声从新罕布什尔州的巍峨的崇山峻岭响起来！让自由之声从纽约州的崇山峻岭响起来！让自由之声从宾夕法尼亚州的阿勒格尼山响起来！

让自由之声从科罗拉多州冰雪覆盖的落基山响起来！让自由之声从加利福尼亚州蜿蜒的群峰响起来！不仅如此，还要让自由之声从佐治亚州的石岭响起来！让自由之声从田纳西州的瞭望山响起来！

让自由之声从密西西比的每一座丘陵响起来！让自由之声从每一片山坡响起来！

当我们让自由之声响起，让自由之声从每一个大小村庄、每一个州和每一个城市响起来时，我们将能够加速这一天的到来。那时，上帝的所有儿女，黑人和白人，犹太教徒和非犹太教徒，耶稣教徒和天主教徒，都将手携手，合唱一首古老的黑人灵歌："自由啦！自由啦！感谢全能上帝，我们终于自由啦！"

【导读】

每个人都有自己的梦想。马丁·路德·金的梦想便是为黑人争取自由和平等的权利。19世纪后期，美国黑人的平等问题已经成为一个严重的社会问题。黑人遭受的极度不公平对待，已经引起美国黑人群体的强烈不满。1963年8月28日，马丁·路德·金在华盛顿林肯纪念堂发表著名演讲——《我有一个梦想》。马丁·路德·金的演讲概述了黑人长期以来地位低下、生活贫穷、遭受歧视的不平等现象，并表达广大黑人群体要求平等权利的坚定信念和渴求。整个演讲充满正义的激情和顽强的斗志，演讲词中大量运用排比、反复的手法，使语言充满感召力，有振聋发聩之效。此外，马丁·路德·金之所以为人们长期歌颂缅怀，不仅在于他敢于抗争的勇气和意志,更在于他争取民族平等的方式。他反对一切以暴力手段来获取民权与和平的形式,主张采用"非暴力"的和平方式。这种争取方式是对人类文明与尊严的维护,争取的目的不仅仅指向胜利,而是争取正义与和解。马丁·路德·金使用和平的方式来追求和平,这是他最伟大之处。

选择塑造人生

杰夫·贝索斯

> 杰夫·贝索斯(1964—),创办了全球最大的网上书店——亚马逊(Amazon),并使之成为经营最成功的电子商务网站之一,引领时代潮流。1999年,杰夫·贝索斯当选《时代》周刊年度人物。

当我还是一个孩子的时候,我的夏天总是在德州祖父母的农场中度过的。我帮忙修理风车,为牛接种疫苗,也做其他家务。每天下午,我们都会看肥皂剧,尤其是《我们的岁月》。我的祖父母参加了一个房车俱乐部,那是一群驾驶气流拖挂式房车的人们,他们结伴游览美国和加拿大。每隔几个夏天,我们就会加入这个旅行队伍。我们把气流拖挂式房车挂在祖父的小汽车后面,然后加入300余名气流探险者组成的浩荡队伍。

我爱我的祖父母,我崇敬他们,也真心期盼这些旅程。那是一次特殊的旅行,那时我大约十岁。我照例坐在车后座的长椅上。祖父开着车,祖母坐在他旁边,整个旅程她都在吸烟。我讨厌烟味。

在那样的年纪,我会找任何借口做些估算和小算术。我会计算油耗,还有杂货花销等鸡毛蒜皮的小事。

我听过一个关于吸烟的广告活动。我不记得细节了,但广告的大意是说,每吸一口烟会减少几分钟的寿命,我想大概是两分钟,无论如何,我决定为祖母做个算术。我估测了祖母每天要吸多少支香烟,每支香烟要吸几口等。当我心满意足地得出了一个合理的数字之后,我往车前探探头,拍了拍祖母的肩膀,然后骄傲地宣布:"每吸一口烟就减少两分钟的寿命,你已经减少了九年的寿命!"

我清晰地记得接下来发生了什么,而那是我意料之外的。我本来期待着我的小聪明和算术技巧能赢得赞美:"杰夫,你很聪明,你做了些复杂的估算,计算出了一年中有多少分钟,还做了些除法。"但那并没有发生。相反,我的祖母开始哭泣。我坐在后座不知道该怎么办。

我的祖母坐在那里一直哭,而我的祖父之前一直默默开车,这时他把车停在了高速路边,走下车来,打开了我的车门,等着我跟他下车。我惹麻烦了吗?我的祖父是一个充满智慧而安静的人。他从来没有对我说过严厉的话,这有可能会是第一次?还是会让我回到车上跟祖母道歉？我以前跟祖父母从未遇到过这种状况，因而也无从知晓会有什么后果发生。我们在房车旁停下来。祖父注视着我，沉默片刻，然后平静地说："杰夫，有一天你会明白，善良比聪明更难做到。"

但是今天我想对你们说的是，天赋和选择之间的区别。聪明是一种天赋，而善良是一种选择。天赋得来很容易——毕竟它们与生俱来。而选择却颇为艰难。一不小心，你可能被天赋所诱惑，这可能会损害到你做出的选择。

在座各位都拥有许多天赋。我确信你们的天赋之一就是拥有精明能干的头脑。我之所以如此确信，是因为入学竞争非常激烈，如果你们不能表现出聪明智慧，便没有资格进入这所学校。

你们的聪明才智必定会派上用场，因为你们将在一片充满奇迹的土地上行进。我们人类尽管跬步前进，却终将令自己大吃一惊。我们能够想方设法制造清洁能源，也能够一个原子一个原子地组装微型机械，使之穿过细胞壁，然后修复细胞。这个月，有一件非凡而不可避免的事情发生了，那就是人类终于合成了生命。在未来几年，我们不仅会合成生命，还会按说明书驱动他们。我相信你们甚至会看到我们弄明白了人类的大脑。儒勒·凡尔纳、马克·吐温、伽利略、牛顿——所有那些充满好奇之心的人都希望能够活到现在。作为文明人，我们会拥有如此之多的天赋，就像是坐在我面前的你们，每一个生命个体都拥有许多独特的天赋。

你们要如何运用这些天赋呢？你们会为自己的天赋感到骄傲，还是会为自己的选择感到骄傲？

16年前，我萌生了创办亚马逊的想法。那时我面对的现实是互联网使用量以每年2300%的速度增长，我从未看过或听说过任何增长如此快速的东西，创建涵盖几百万种书籍的网上书店的想法令我兴奋异常——因为这个东西在现实世界根本无法存在。那时我刚刚30岁，结婚才一年。

我告诉妻子麦肯琪说我想辞去工作，然后去做这件疯狂的事情，很可能会失败，因为大部分创业公司都是如此，而且我不确定那以后会发生什么。麦肯琪告诉我，我应该放手一搏。她也是普林斯顿大学毕业的，现在就坐在第二排那里。在我还是一个男孩的时候，我是车库发明家。我曾用水泥填充的轮胎、不太好用的太阳灶、一把雨伞和锡箔，以及用来诱骗兄弟姐妹的报警器制作了一个自动关门器。我一直想做一个发明家，麦肯琪支持我追随内心的热情。

我当时在纽约一家金融公司工作，同事是一群非常聪明的人，我的老板也很有智慧，我很钦佩他。我告诉我的老板说我想开办一家在网上卖书的公司。他带我在中央公园漫步良久，认真地听我讲完，最后说："听起来真是一个很好的主意，但是对那些目前没有谋到一份好工作的人来说，这个主意会更好。"

这一逻辑对我而言颇有道理，他说服我在做出最终决定之前再考虑48小时。那样想来，这个选择确实很艰难，但是最终，我决定拼一次。我认为自己不会为尝试过后悔，为失败遗憾，倒是有所决定但完全不付诸行动会一直煎熬着我。在深思熟虑之后，我选择了那条不安全的道路，去追随我内心的热情。我为那个决定感到骄傲。

明天，非常现实地说，你们的人生——你们从零塑造自己的人生——即将开启。

你们将如何运用自己的天赋？你们又将做出怎样的抉择？

你们是被惯性所引导，还是追随自己内心的热情？

你们会墨守成规，还是勇于创新？

你们会选择安逸的生活，还是会选择一个奉献和冒险的生活？

你们会掩饰错误，还是会坦诚道歉？

你们会因害怕被拒绝而掩饰内心，还是会在面对爱情时勇往直前？

你们想要波澜不惊，还是想要搏击风浪？

你们会在严峻的现实之下选择放弃，还是会义无反顾地前行？

你们要做愤世嫉俗者，还是踏实的建设者？

你们要不计一切代价地展示聪明，还是选择善良？

我要冒险做一个预测。在你们80岁时，只有你一个人静静对内心诉说着你的人生故事，其中最为充实、最有意义的那段讲述，会被你们做出的一系列决定所填满。最终，是选择塑造了我们的人生。为你自己塑造一个伟大的人生故事。谢谢，祝你们好运！

【导读】

本文是普林斯顿大学校友、亚马逊CEO杰夫·贝索斯在普林斯顿大学毕业典礼上发表的演讲。他讲述自己如何在儿时懂得了"善良比聪明更难"的道理，分享了自己决定放弃优厚工作创建亚马逊时的复杂心路，"追随内心的热情"是贝索斯给精英人才的建议。

思考与练习

一、思考题

谈谈如何理解老舍的这句话："我们最好的思想，最深厚的感情，只能被最美妙的语言表达出来。若是表达不出，谁能知道那思想与感情怎样好呢？这是无可分离的、统一的东西。"

二、能力训练

1. 写作训练

可与言而不与言，失人；不可与言而与之言，失言；言不顺，则事不成。——孔子

根据这句话，写一篇演讲稿。

2. 表达训练

完成一个五分钟以内的即兴演讲。

3. 开放式讨论

做好演讲提纲是关键的一步：演讲的题目，逐渐深化的论点、论据、结论和提议都是重要的环节。要想演讲吸引听众，煽动听众情绪，让人进入演讲人的时态，需要做哪些准备？

附　　录

附录 A　实用应用文写作

应用文是党政机关、企事业单位、社会团体和广大人民群众办理公私事务、解决实际问题、传递信息、表述意愿时使用的具有直接实用价值和惯用格式的一种文体。我国著名作家、语文教育家叶圣陶说过："大学毕业生不一定要能写小说诗歌，但是一定要能写工作和生活中实用的文章，而且非写得既通顺又扎实不可。"21 世纪以来，随着科技高速发展，人类逐渐进入信息时代。虽然现代化传播媒介的出现改变了写作的方式和手段，但写作的本质和其重要地位依然没有改变。无论社会如何发展，新的媒介如何先进，应用文写作在现代社会生活中都具有举足轻重的作用。

应用文在日常生活中使用非常广泛，几乎涉及政治、经济、文化等各个领域。无论是公务员拟一个申请、写一份报告，还是公司职员为产品做销售推广方案，或是大学生求职就业，甚至写一张请假条，都需要具备基本的应用文写作能力。应用文的写作能力已经成为衡量个人能力的重要标准之一。应用文是现代社会对人才的基本要求，是任何单位和个人日常工作、生活中不可缺少的重要工具。

有这样一个案例能够说明应用文的重要性。曾经有一家著名的计算机公司公开向社会招聘高层管理人员，有一位没有学过计算机也没有从事过任何与计算机相关工作的女士前去应聘。而她所面对的竞争对手，不是受过专门培训的计算机工作人员，就是在计算机领域有建树的专家。有人知道后嘲笑她不自量力。但是出人意料的是，最终只有她被录用了。这家计算机公司就是全球著名的惠普公司，被录用的幸运者就是卡莉·菲奥莉娜——惠普公司前 CEO。她从来没有学过计算机，也没有从事过任何与计算机相关的工作，但为何最终被录用了呢？因为她不仅在求职中思维敏捷、另辟蹊径，避开计算机专业技能这个弱项，而从公司管理方面入手，并且她具有扎实的应用文写作功底，能够通过一份报告体现自己的特长，展示她对公司的思考和规划，所以最终脱颖而出，达到了自己的求职目的。

个 人 简 历

个人简历是每个人职业生涯中都要用到的文体，不仅找工作、评职称、升迁时要用，而且在接受公众评选、推举等方面也要经常用到。一份能够突显个人事业亮点的个人简历，不仅能够使自己的付出得到肯定，而且会给自己带来进一步发展的机遇。

1. 个人简历的内容及其作用

个人简历也被称为个人履历，是应聘者在求职、评聘时向用人单位或评审团提供个人情况的一种应用文书。它的主要内容是对自己的学历背景、技能专长、以往工作经验和工作业绩及其他个人情况的简洁概括，其写作目的是把自己介绍给用人单位或评审团，供用人单位或评审团参考。

2. 个人简历与求职信的区别

个人简历与求职信是有区别的：求职信的写作目的是吸引用人单位的招聘负责人去看后面的简历，使其更具体地了解自己的情况；个人简历相当于推销自己的广告文稿，把自己最优秀的一面突出地展示给对方，目的在于引起用人单位对自己的浓厚兴趣，最终选聘自己。

3. 个人简历的写作要点

标准的个人简历主要由四项基本内容组成。

（1）基本情况　个人简历的基本情况包括姓名、性别、年龄、籍贯、政治面貌、毕业学校及专业、婚姻状况、身体情况、兴趣爱好、家庭住址、联系方式等。

（2）教育背景　按时间顺序列出应聘者曾在某某学校、某某专业或学科学习，以及学习的起止时间，同时列出所学主要课程及学习成绩，在学校和班级所担任的职务，在校期间所得的各种奖励和荣誉，以及所参加的各种专业知识讲座和技能培训情况。

（3）工作经历　按时间顺序列出应聘者参加工作至今所有的从业记录，包括单位名称、所任职务、就任及离任时间，应该突出所任每个职位的职责、工作性质等，这是个人简历的重点部分。

（4）业绩与成就　这一部分重点写应聘者参加工作以来所取得的业绩，以及在本学科的著述、建树和影响力等。个人简历的写法比较灵活，无论采用哪种形式，都要突出个性、富有创意，以便更好地向用人单位展示自己，达到成功推介自己的目的。

例文：

大学生求职简历

一、个人基本情况

姓名：王一	性别：女
毕业院校：四川大学	学历：本科
主修专业：汉语言文学	辅修专业：新闻学
年龄：22岁	身高：166厘米
政治面貌：党员	
移动电话：136886685××	固定电话：028-663936××
电子邮箱：wangyi@163.com	QQ：××69029806

二、教育经历

2017年8月—2021年6月，四川大学文学院汉语言文学专业。

三、知识与技能

1）主修专业主干课程：文学概论、现代文学、古代文学、外国文学等。

2）辅修专业主干课程：新闻采访、报纸编辑学等。

3）计算机能力：能熟练应用各类平面设计软件。

4）外语能力：具备较强的听说读写的能力，达到大学英语六级水平。

5）其他能力：有驾照。

四、在校期间担任的职务

2017年—2021年，四川大学文学院学生会组织部部长。

五、社会实践经历及业绩

1）在校期间兼任校报编辑，独立编辑16期。

2）参与学院演讲比赛的策划和组织。

3）在各类报刊发表作品26篇。

六、个人评价

具有团队合作精神，爱好读书、运动和音乐，生活态度积极、乐观，有进取心和责任感，善于与人沟通交流，有一定的工作组织能力。

【评析】

这份求职简历内容要素齐全，重点突出，特别值得一提的是，本简历突出了较强的文字功底，这是中文专业学生最大的能力点，也是大部分用人单位十分看重的能力。

4. 个人简历的写作要求

（1）简历要"简"　简历贵在简明扼要，各个部分内容较多时，选择其中最主要的即可。如论文选发表刊物层次最高的写，获得的奖项选颁奖单位级别最高的写等。总之，要把简历写得一目了然，给人留下十分深刻的印象。

（2）有的放矢　一般来讲，用人单位选人都是按预先设定的招聘条件来选的，因此在写简历时一定要关注对方的招聘条件，并在自己的简历中突出自己与对方所要求的条件相关联的内容，与应聘职位无关的不要写。

（3）突出优势　写简历的时候，一定要突出自己的优势，尤其要突显自己与众不同的地方。同时还要注意，应聘什么职位就突出与之相应的那方面的特长。不要面面俱到地展示所有的才能，这样反而会掩盖自己的优势，削弱自己的竞争力。

（4）注重艺术性和个性特色　怎样使简历在最短的时间内吸引用人单位的注意？一是要精心设计表现形式，力求达到让人"眼前一亮"的效果；二是关于个人专长的描述要实在而巧妙，让用人单位感到你的思维水平不一般。

自 我 鉴 定

大学毕业前，每个同学都要填写一份"毕业生登记表"，其中有一栏"自我鉴定"是很多同学都感到比较难填的。主要难在两点：一是不知道写些什么，二是不知道怎样写好。于是，有的同学干脆随便填写一下了事，这是对自己极不负责任的一种做法。自我鉴定是对自己在一个时期或一段时间里的生活、学习和工作等各方面的表现进行的自我总结和自我评价。自我鉴定将同组织鉴定、学习成绩单、学位学历证明等一起归入个人档案，而自我鉴定是给用人单位的第一印象材料，所以，每个同学都应该高度重视，实事求是，恰如其分地写好自我鉴定。

1. 自我鉴定的基本内容

自我鉴定一般包括五个方面的内容。

（1）思想政治方面　思想政治方面主要包括对国家在新时期的路线、方针、政策的认识，以及在各项社会活动中自己的思想认识和表现等。

（2）道德风尚方面　道德风尚方面主要包括能否自觉地遵守公共行为准则和学校的规章制度，以及尊敬师长、团结同学、爱护集体、遵守公共道德等方面的情况。

（3）学习和健康方面　学习和健康方面主要包括学习目的、学习态度、学习成绩，以及课外体育锻炼、身体健康、心理健康等方面的情况。

（4）存在的主要缺点　多数毕业生在谈到自己的优点时，往往会列举出许多事例，并且津津乐道，可一旦说到缺点时，则往往避重就轻，好像说到缺点就意味着一个人犯有严重错误似的，其实不然。事实上每个人都有优点和缺点，所谓缺点即不足之处，不一定就是原则性的问题，完全可以坦然面对。不过表达时定义要准确，用词要恰当。

（5）今后的努力方向　针对自己的缺点、问题，今后该如何克服、改正，说出自己的努力方向。

2. 自我鉴定的作用

1）总结以往思想、工作、学习情况，展望未来，发扬优点，克服不足，指导今后工作。

2）帮助领导、组织、评委了解自己，做好入党、入团、求职、职称评定、晋升的依据材料和准备工作。

3）重要的自我鉴定将成为个人成长中一个阶段的小结，具有史料价值，将被收入个人档案。

3. 自我鉴定的格式及写作要点

自我鉴定篇幅短小，但是语言简洁扼要，具有评语和结论性质。一份完整的自我鉴定由标题、正文和落款三部分构成。

（1）标题　自我鉴定的标题有两种形式。

1）用内容性质加文种作标题，如"学年教学工作自我鉴定"。

2）用文种"自我鉴定"作标题。如果是填写自我鉴定表格，则不写标题。

（2）正文　正文由前言、优点、缺点、今后打算四部分构成。

1）前言。概括全文，常用"本学年个人优缺点如下""本学期业务培训结束了，为发扬优点，克服不足，以利于今后工作、学习，特自我鉴定如下"等习惯用语引出正文主要内容。

2）优点。一般按思想表现、业务能力、工作、学习等方面的内容逐一写出自己的成绩和长处。

3）缺点。一般从主要缺点写到次要问题或只写主要的缺点，次要的一笔带过。

4）今后打算。用简洁明了的语言概括今后的打算，表明态度，如"今后我一定……争取进步"等。

自我鉴定的正文，可用一段式，也可用多段式。要实事求是，条理清晰，用语准确。

（3）落款　在落款处署明鉴定人姓名，并在下面注明年、月、日。

4. 怎样写好自我鉴定

1）要认真听取老师和同学们的意见。老师看问题比较透彻，对学生的各方面有着比较全面的了解；同学之间朝夕相处几年，互相比较了解。注意听取他们的意见，对写好自我鉴定无疑会有帮助。

2）自我鉴定必须实话实说，使人看了如见其人，依据自我鉴定判断你的品质、能力、个性等，以便组织对你有所了解。

3）态度要端正，字迹要工整。有些同学对自我鉴定不太重视，常常是字迹潦草，口号连篇，马马虎虎，敷衍了事。这种自我鉴定给人留下的印象或是缺乏责任心，或是玩世不恭，或是水平不高，会让人怀疑你的能力。

例文：

大学毕业生自我鉴定

四年的市场营销专业知识学习和丰富的房地产市场兼职实践经历，使我受益匪浅。我从坎坷曲折中一步步走过，脱离了浮躁和不切实际，心理上更加成熟、坚定，专业功底更加扎实。

专业：掌握了大量营销专业理论和房地产营销技能，同时，自己的计算机应用水平、口语水平、社交能力有了很大程度的提高。

素质：吃苦耐劳，工作积极主动，能够独立工作、独立思考，勤奋诚实，具备团队协作精神；身体健康、精力充沛，可适应高强度工作。

四年的大学学习和一年有余的房地产公司营销岗位见习工作的磨炼，培养了我良好的工作作风和团队意识，比如多角度了解和觉察客户的购买需求，全方位进行房地产客户服务工作，埋头苦干的求实精神以及随机应变的推销能力等。

我的生活准则是：认认真真做人，踏踏实实工作。

我的最大特点是：勇于拼搏，吃苦耐劳，不怕困难。在实际工作中，更重要的是牢固树立了强烈的事业心、高度的责任感和团队精神。朝夕耕耘，图春华秋实；十年寒窗，求学有所用。相信在前辈的培养和自我的奋斗下，我定会胜任本职工作。

【评析】

这份自我鉴定紧扣自己的专业来写，角度选得较好。这样下笔，一是能够写得具体、实在；二是容易理顺思路，使文章层次清晰，主旨明确、突出。

求 职 信

顾名思义，求职信就是用来表达求职者求职意向的书信。写求职信的目的是激起招聘者阅读求职者个人简历的兴趣和争取到面试机会。招聘者从求职信获得对求职者的第一印象，依据求职信和求职者的个人简历做出选择。因此，写好求职信是求职成功与否的关键。

1. 求职信的主要内容

一封好的求职信，能够给用人单位留下良好的第一印象，为求职者争取到面试的机会。那么，什么样的求职信才算好的求职信呢？内容充实，中心突出，尤其是要把求职者的实力与优势充分地展示出来。一般来讲，求职信应包括下面几项主要内容。

（1）求职目标　写求职信的目的就是找到一份自己满意的工作，因此求职目标必须明确。确定求职目标要从自身的实际出发，以使自己的专长能够得以发挥为原则。因为只有当你所做的工作能使你的专长得以充分发挥时，你才有可能在工作中取得较大的成绩，也只有这样，你才能真正成为一个单位的骨干，受到用人单位的重用。职业目标确定不好，用非所学，尽管工作很卖力，也很难有所成就，这样不但得不到用人单位的肯定，而且会浪费自己的大好青春。从另一个方面讲，结合自身实际确定自己的求职目标，还可以提高求职的成功率。

（2）求职理由　在明确求职目标的前提下，充分地阐明自己之所以选择这一目标的理由。理由是否真实、充足，是决定你能否被录用的关键。因此，陈述求职理由既要实事求是，又要机智灵活。所谓实事求是，就是既要从符合自己的专业特长、未来发展出发，同时也要从满足用人单位需求入手。所谓机智灵活，就是避免讲一些可能引起对方反感的话语，适当迎合对方，争取收到"正效应"。

（3）求职条件　求职条件是求职者在众多竞争者中脱颖而出的关键。一旦条件不能满足用人单位的要求，求职就只能成为泡影了。因此，在求职信中，必须特别重视这一部分内容的写作。要针对自己求职的目标，扬长避短，具体陈述自己的主要成绩、专业优势、技术特长、年龄优势，可以讲明自己的有关爱好、业余兴趣，也不妨提及自己已经取得的成果及所受奖励，对某问题和难题的看法，解决办法或方案等。对于应届大学毕业生来讲，也可以写与求职相关的其他有利条件，如参加过哪些有成绩的社会工作等。总之，要力求"立体展示"、突出优势，引起用人单位的注意和考虑，促成求职愿望的实现。

当然，应该注意在陈述自己的求职条件时要实事求是，恰如其分，既不夸夸其谈，也不卑怯谦恭、唯唯诺诺。

(4) 附件 由于受篇幅限制，求职信不可能把所有材料都写进去，但为了证明你的能力，可以另外准备一些材料，作为附加材料随求职信一起寄给对方。附加材料的内容主要有：

1) 学历证书复印件。
2) 职称证书复印件。
3) 学术成果证明文件复印件。
4) 科研成果证明文件复印件。

对于刚走出校门的大学生，除了学历证书、报刊发表的文章外，校园内参加各类比赛的获奖证书、获得奖学金情况、三好学生奖状、优秀干部的荣誉证书也同样可作为自荐资料。另外，导师、专家学者对你写过的评语亦可作为求职自荐材料。这些附件对于争取面试机会是非常重要的。但是要根据具体情况，有选择地提供，要选择最有代表性的、最能说明你的长处的材料。

2. 求职信的格式及写作要点

求职信是针对特定的用人单位写的。写求职信要突出个人的特长与求职意向，书写要清晰、简明，态度要诚恳，用语要得当，要能打动招聘人的心。求职信的格式和一般书信大致相同，由称呼、正文、结尾、落款四个部分组成。

(1) 称呼 求职信的开头，要写明收信人的称呼。对于称呼不甚明确的收信人，可写成"人事处负责同志""尊敬的某某公司领导"等；对于明确了用人单位负责人的，可以写出负责人的职务、职称，如"尊敬的某教授""尊敬的某处长""尊敬的某经理"等。和一般书信一样，称呼在第一行顶格书写，以示尊重和有礼貌。称呼之后用冒号，然后另起一行，写上问候语"您好"，接着写正文。

(2) 正文 正文是求职信的主体部分。主体部分应写清楚三个方面的内容：求职意向；个人基本情况，如姓名、就读学校、专业名称、何时毕业等；个人所具备的条件，这是求职信的核心。

主体部分可分为两个部分来写。第一部分开宗明义，自报家门，直截了当地说明求职意图，使信的主旨明确、突出，引起对方注意。如"我是××大学即将毕业的学生，想在贵公司找一份工作"，一目了然。切忌在开头客套问候，给对方留下矜持或莫名其妙之感。另外，表达力求简洁、生动，以便吸引对方读下去。

第二部分先讲自己求职的理由和目标。说明你愿意来所选单位工作的理由，理由要合理，合乎实际，充足、可信；目标要具体明确。接着要重点介绍自己应征求职的条件。注意要突出自己的重要成绩、特长、优势，同时要有的放矢，阐明你对该单位的特殊价值，重申简历中已经提到的那些主要成绩。在信中，你可以更详细地介绍某一专长和成绩；对于大学毕业生来讲，也可以多提一下你的几个有代表性的工作经历，但要具有吸引力和新鲜感。总之，根据自己的求职目标，这一部分只要做到告知情况、突出重点、言简意赅、语气自然就行了。

（3）结尾　求职信的结尾主要是进一步强调求职的愿望。就其愿望而言，希望能给予考虑，给予明确答复；或者请求同意前往面谈；或希望试用，以供单位进一步考察等。无论如何表述，都要注意用语恰当、得体，以免造成不良印象。

（4）落款　落款包括署名和日期。署名应写在结尾祝词的下一行的右后方，日期应写在名字下面。若有附件，可在信的左下角注明。例如"附1：个人简历""附2：成绩表"等。

例文：

求　职　信

尊敬的××大学人事处负责同志：

　　您好！我是一个渴望得到用武之地的在职人员，女，22岁。一年前我从临江大学教育管理专业毕业，后由市教委分配到市直机关幼儿园当了幼儿教师。一年来，在用非所学、用非所长的岗位上已耽误了许多宝贵时光，这对国家、对个人无疑都是损失，故本人渴望寻找一个能发挥自己所长的地方。

　　现将本人情况略作介绍：本人长于语文学科，高考时以单科108分的成绩被高校录取，在校期间曾在省报发表过小说两篇，在《光明日报》发表大学生暑假调查报告一篇，曾获学校硬笔书法大赛二等奖。曾被市直××机关借调做文字工作，写过多种计划、总结、报告，为×副市长的电视讲话写过讲稿。另外，我的英语学科一直是中学和大学期间的强项，成绩名列前茅。大学三年级时在省级刊物上发表过翻译作品两篇，大学四年级时通过了大学英语四级考试。基于以上情况，本人适合担任秘书工作或外英公共课教学工作。

　　负责同志，如果你们能让我担任以上两个方面的工作，我定会让你们满意。我自己也定珍惜这来之不易的工作，奋力做出自己的贡献。

　　此致
敬礼

求职者：×××
××年×月×日

【评析】

　　这封求职信正文第一自然段介绍个人的基本情况简明扼要，点到为止；第二自然段叙述自己的实力，有条不紊，客观实在，毫无溢美之词，在此基础上表明自己的求职意向。总的来讲，本文格式规范，条理清晰；内容简明扼要，重点突出；语言平实，语气委婉。

但值得注意的是，这封求职信存在一个比较大的问题——求职目标设计不当。一个非英语专业的毕业生，仅仅通过了大学英语四级考试，能胜任大学英语公共课教学吗？求职信是为实现求职目标而写的，目标设计不当，其写作就失去了意义。

3. 求职信的写作要求

（1）简明扼要，重点突出　写求职信一定要做到简明扼要，重点突出，点到为止。用人单位收到的求职信非常多，如果拖沓冗长或喋喋不休，无论哪个企业负责人都不会耐着性子看完，这样即使你非常优秀，得到面试的机会也是非常小的。

（2）格式规范，条理清晰　格式规范，条理清晰，会使阅读者心情愉悦，这样的愉悦会给你好运。确保条理清晰最有效的办法是将不同的内容用一空行隔开，这样一来，求职信的内容层次就十分清晰。

（3）语言简洁、生动　语言是思维的外壳。一个人的语言表达能力可以反映出他的思维水平，而一个人思维水平的高下又决定着他创造能力的高下。因此，绝大多数用人单位重视应聘者的语言表达能力。写求职信时，注意词句的反复推敲，力求语言简洁、生动。

（4）"自我推销"与谦虚应适当　写求职信就是为了"推销自己"，就要强调自己的专长与成就，强调自己对用人单位的价值，这就少不了自我介绍一番。谦虚是一种美德，一个大度的人，可以使对方产生好感。但对于求职者来说，过分谦虚，又会使人觉得你什么也不行。所以，写求职信应遵循"适度推销"的原则，将自己的优势突显出来。

（5）富有个性，不落俗套　写一封求职信，正如精心策划一则广告，不拘泥于成法，立意新颖，以独特的语言及多元化的思维方式，给对方留下强烈的印象，引起对方的注意，激起对方阅读的兴趣，才能最终达到求职的目的。

竞　聘　词

竞聘上岗制度的普遍实施给人才提供了脱颖而出的机会，使真正有思想、有才能、有抱负的人有了获得用武之地的途径。竞聘主要是通过竞聘演说来实现的，而竞聘演说是否能取得成功在很大程度上取决于竞聘词的写作。

竞聘词也称为竞聘演讲稿、竞聘演说词，它是竞聘者为了竞争某岗位或职位而作的演说词，其写作目的和演说目的都是展示自己的实力。竞聘词写作的关键是能够将自己所具有的优秀品德、知识才干充分展示出来，给选拔者和选举者以良好的"第一印象"，使自己从众多的竞争者中脱颖而出。

1. 竞聘词的格式

竞聘词的写作与演讲词大致相同，只是在写法上必须突出它自身的特点——竞聘者的竞聘条件。这里所说的竞聘条件，包括个人优势、特长和竞聘者提出的未来的任期目标、施政构想、责任要求、措施等。一般来讲，一份完整的竞聘词主要由以下三个部分构成。

(1) 标题　竞聘词的标题有三种写法。一种是文种标题法，即只标"竞选演说""竞聘词"；一种是公文标题法，由竞聘人和文种构成或竞聘职务和文种构成，如"关于竞聘××公司××部主管的演讲"；一种是文章标题法，可以采用单行标题形式，也可采用正副标题形式，如"根在矿大，情系中文系——在学生会主席竞选大会上的演讲"。

(2) 称呼　对评委或听众的称呼。

(3) 正文　正文是竞聘词的重点和核心，应围绕以下几个方面展开。

1) 开头。简单叙述竞聘的职务和竞聘的理由。

2) 主体。先简介自己的年龄、政治面貌、学历、现任职务、工作经历等一些自然情况，再摆出自己竞聘的优势，如政治素养、业务能力、工作水平等，最后提出自己任职后的施政目标、施政构想、施政措施等。

3) 结尾。结尾要表明竞聘的决心、信心和请求。竞聘词中介绍个人简历时要讲求真实性、简要性，突出特殊性；突出工作成绩、优化工作思路；提出的施政措施要目标明确、实在，语言上要做到情真意切。

2. 竞聘词的写作要点

1) 竞聘词写作之前要做好调查研究，要深入细致地了解所就职部门面对的焦点、难点、热点问题；要深入细致地了解面对的群众情况，仔细分析他们的观点、态度、希望和要求。

2) 竞聘词的写作要实事求是，通俗易懂，不能讲假话、大话、空话，也不能讲过于抽象的话；既不好高骛远，也不墨守成规，给群众留下严谨、朴实又锐意进取的印象。

3) 竞聘演说词既要有热情的鼓动，又要有冷静的分析，给人感觉是既不打官腔，又不卑微，语言要亲切感人，并适当暴露自己的缺点，以求得大家的帮助，这样才能产生强大的感染力和号召力。

3. 竞聘词的写作要求

(1) 开头要新颖　竞聘词的开头要新颖、生动，富有吸引力和感召力，这样才能给人以良好的第一印象，为自己在众多的竞争者中脱颖而出奠定基础。

(2) 自我介绍要有针对性　要将自己的学历、经历、政治素养、业务能力、个性特征、曾获得的荣誉称号和奖励等，简洁、清楚地介绍给听众，引导听众自然而然地认识到这个岗位非你莫属。在注意针对性的同时，还要言之有物，让人们确信你有能力。

(3) 应聘后的目标要有感召力　工作目标和措施要明确，对解决工作的热点、难点问题要提出明确、切实可行的措施，力求达到客观性、可行性和前瞻性的统一；做到目标明确，措施得当，令人信服。

(4) 缺点要点到为止　对于自己的缺点和不足，可适当提及，但不要过分详细。要知道，竞聘词不是自我批评的检讨书，此时少提及自己的缺点并不意味着不谦虚。

例文：

竞 聘 词

同学们：

　　大家好！今天，我走上演讲台的唯一目的就是竞选班长。

　　首先，我已经担任了两年班长，有了足够的经验。虽然如此，但我会做一个和同学们打成一片的平民班长，更没有畏首畏尾的私虑，而有的是敢作敢为的闯劲。

　　其次，我跟同学们相处不错。我应该是架在老师与同学之间的一座桥梁，能向老师提出同学们的合理建议，向同学们传达老师的要求。我保证做到在任何时候、任何情况下，都是"想同学们之所想，急同学们之所急"。

　　最后，班长作为一个班组的核心人物，应该在学习上起模范带头作用。我够条件——来校两年来，我各门功课的成绩都在良好以上，连续两年被评为校级三好学生。

　　我坚信，凭着我的勇气和才干，凭着我与大家同舟共济的深厚友情，这次竞选演讲给我带来的必定是下一次的就职演说。

　　同学们，请信任我，投我一票，再给我一次为大家服务的机会吧！我会经得住考验的，相信在我们的共同努力下，充分发挥每个人的聪明才智，我们的班务工作一定能做得十分出色！谢谢大家！

【评析】

　　这篇竞聘词开篇即表明自己的意图，接着陈述自己的"实力"，内容具体，语言质朴，意思表达清楚。特别值得注意的是这么一句："再给我一次为大家服务的机会吧！"一下子拉近了演讲者与同学们的距离，给人以十分亲近的感觉。

附录B　实用口语表达训练

　　做一个高尚的人，是学习口语表达的基础；做一个会说话的人，是学习口语表达的目的；做一个善于演讲的人，是学习口语表达的最高境界。一个人在社会生活中，与他人建立亲密、和谐、相互协作的人际关系，对于相互满足物质与精神的需要，保持良好的心理状态，获得事业和生活的成功是至关重要的。口才是一种技能、一种艺术，是一个人在社会交往活动中口语表达能力的表现。凡是有好口才的人，大多是受欢迎、具有魅力的人，他们精明睿智、风趣幽默的语言给人们的交往增添了无限风采。

朗　读

　　朗读是把书面语言转换为有声语言的一种表达活动。朗读优秀的作品可以更具体地学习艺术语言的表达技巧，丰富自己的词汇，提高自己运用语言的能力。朗读是养成正确发音习惯的一个途径。通过朗读，可以把普通话说得更好，提高口语交流能力。

1. 朗读的基本要求

（1）语意明晰　朗读作品之前应对原作进行认真的分析，深入地理解、把握全篇的主题及层次之间的逻辑关系，明确重点段落和重点语句。只有这样，朗读时才能胸有成竹，准确地传达出原作的精神实质。要使语意清晰，还要处理好具体的语句，恰当地安排好停连和重音。

（2）感情饱满　真挚的感情是朗读的生命。作者写文章总是有感而发的，"情动于衷而形于言"，爱、憎、悲、喜都融注在作品的字里行间。朗读者是作者的代言人，不仅要达意还要传情。这就要求朗读者在理解作品的基础上，深入发掘作品中蕴含的丰富而细微的感情变化，设身处地、如临其境，把自己的思想感情激发起来，使作品的字字句句仿佛从自己心中流出。这样朗读时才会有感人的力量，才能唤起听者的共鸣，从而达到影响人、教育人的效果。

（3）语言规整　朗读是一种郑重的转述，是一种比较庄重、质朴的口语再创作。因此朗读的语言应当是规整的，无须追求夸张和渲染。语言规整是指声音形式规规矩矩、工工整整、严密恰切、质朴无华。这里面包括声、韵、调准确，词与词的轻重格式正确，语法关系和逻辑关系明确。同时，还要注意语句的流畅，语速适度，快慢变化不宜悬殊；语调起伏节奏变化平稳，声音高低起落不宜太大。另外，应做到"七不"，即不读错字、不掉字、不添字、不颠倒、不中断、不重复、不拖腔。

2. 朗读的训练

（1）明确作品的文体风格，分析作品思想内容和感情基调　一般来说，作品的文体大致有以下几类：政论文体、记叙文体、议论文体、说明文体等。

政论文体是指政论性文字材料，如社论、中央文件及材料等。这类文体的朗读风格应以庄重为主，语言表达清晰，发音饱满，语速节奏均匀舒缓，对重点和关键词语予以适当突出。朗读这类文体的作品时，表现风格应含蓄、沉稳，意在激起听众的共鸣和共识。抒情过分或不足，都难免走向预期效果的反面。由于要求发音饱满，对气息用量需求较大，因此需掌握一定的科学发声方法。

记叙文体是指带有情节描述的文字材料。与政论文体相比，朗读这类作品时应有一些艺术加工成分，使语言富有生动性、形象性。但艺术处理要适度，否则往往喧宾夺主。

议论文体是指评论、杂文之类的材料，是非态度明确，见解深刻。朗读时应当是非立场鲜明，褒贬色彩清晰，语言铿锵有力，表述简洁利落。这类文体是以理服人，转换为有声语言后，朗读者需注入一定的感情色彩以增强其辩服力，但不能给人以气势汹汹、咄咄逼人之势。

说明文体是指以介绍事物、说明过程为目的的文字材料。这类材料一般无褒贬色彩和是非立场，朗读时语言在高低、快慢等方面无太大的变化，因而容易导致朗读中的机械、呆板、平淡。因此，在朗读时可在关键词、中心词部位加重分量，和其他一般性文字形成轻度对比。同时还要把握住具有"承上启下"作用的关联词语，以增强其系统性和有机联系。此外，还可以借助不同的停顿来强化其层次感。

确定各种文体不同的朗读要求和表达风格后，就需要对作品进行深入的分析、理解和把握。这一步往往为初学者所忽视，认为朗读不过是照着现成的文字稿件念一念，只要语音标准、口齿流利就能念好，不必分析作品的思想内容。这是完全错误的认识。虽然朗读的作品材料是事先提供的，不需要朗读者本人进行加工，但一篇好的作品总是能体现出作者的价值取向和审美观，总是蕴藏着作者的思想倾向和道德评价。朗读者在转述时应透过文字表面仔细揣摩作者原意，从而抓住作品精髓，然后用恰当的技巧表达出来。

（2）掌握朗读所需要的表达技巧　这些技巧包括句子的停顿、声音的轻重快慢和高低变化等。

1）停顿是指朗读时，段落之间、语句中间出现的间歇。这一方面是出于人的生理上或句子结构上的需要，停下来换换气或使结构层次分明；另一方面是为了充分表达思想感情，并让听者有时间领会说话或朗读的内容。一句话，停顿的地方不同，往往会表达出不同的意思。例如，"我看见他笑了"这句话，如果在"他"之后停顿，那是"我笑了"；如果没有停顿，则是"他笑了"。不同的停顿表达出不同的语意。因此，生理上换气需要的停顿，必须服从结构上或语意表达上的需要，否则便会割裂语意，影响朗读的效果。

停顿的设计，可以根据以下原则来进行。

第一，把握好逻辑停顿。逻辑停顿是为了突出或强调某一特殊意思所做的停顿。例如，"这点钱能干什么"一句，表达的是对"钱少，派不上什么用场"的不满。如果在"钱"之后做一下停顿，显然，更突出或强调对"钱少"的不满。

第二，把握好感情停顿。感情停顿是指为了突出某种强烈的感情而做的停顿。感情停顿可长可短，视抒情需要而定。例如，"这个仇我不能不报"一句，以双重否定句式表示说话人一定要报仇的决心，感情已经非常强烈。但是，若在"仇"之后停顿，则报仇决心显得更为坚定。

第三，把握好语法停顿。语法停顿是指在一般情况下，语句的停顿要遵从民族语言的习惯，按标点符号要求予以适当的停顿。各种标点符号的作用不同，在朗读时应有不同的处理，而不是见到标点符号就做一次机械的停顿。以语言表达而言，标点符号只有有限的几种，而朗读材料则无穷无尽。因此，在处理停顿时，还应当结合材料内容和句式的结构，做出恰当的处理。

2）语句里念得比较重，听起来特别清晰完整的音称为重音，或者称为语句重音。重音的特点表现在扩大音域和延续时间上，同时增加强度，所以听起来特别清晰完整，即使在耳语时也能听出重音的位置。一句话中哪些词该读重音，情况是不一样的。根据产生的原因可以把重音分为两种：一种是根据语法结构的特点而重读的称为语法重音；一种是为了突出句中的主要思想或强调句中的特殊感情而重读的称为逻辑重音。

第一，语法重音。句子里某些语言成分要重读，这里仅举数例。

谓语中的主要动词常读重音，例如：

① 春天到了！

② 老师已经告诉我们了。

表示性状和程度的状语常读重音，例如：

① 同志，不要急，慢慢地说。

② 我们要努力学习普通话。

表示结果或程度的补语常读重音，例如：

① 他的话讲得十分深刻。

② 他提的建议好极了。

表示疑问和指示的代词常读重音，例如：

① 这样的好事是谁做的？

② 她什么活动都没参加。

第二，逻辑重音。句子的某些需要突出或强调的词语常要重读。哪些词语需要突出或强调，则要依据作品的要求和情感的发展来确定。下面同一句话由于重音位置的不同表现出了不同的意思。

① 我知道你会唱歌。（别人不知道你会唱歌。）

② 我知道你会唱歌。（你不要瞒我了。）

③ 我知道你会唱歌。（别人会不会唱歌我不知道。）

④ 我知道你会唱歌。（你怎么说不会呢？）

⑤ 我知道你会唱歌。（会不会唱戏我不知道。）

3）句调是指整句音高升降的变化。它与声调都是音高的变化形式，但声调只指一个音节的音高变化，即一个汉字的音高实际读法，所以又称为"字调"。

常见的句调有四种形式：

第一，升调。调子由平升高，常用来表示反问、疑问、惊异等语气，例如：

① 雪山草地都走过来了，一点儿困难算什么？（反问）

② 这件事，是他办的？（惊异）

③ 王小明来了吗？（疑问）

第二，降调。调子先平后降，常用来表示肯定、感叹、请求等语气，例如：

① 我们一定要实现四个现代化。（肯定）

② 这些遗物引起我对英雄们的无限怀念和尊敬。（感叹）

③ 王老师，您再给我们讲讲吧。（请求）

第三，平调。调子始终保持同样的高低，常用来表示严肃、冷淡、叙述等语气，例如：

① 烈士们的英名和业绩将永垂不朽！（严肃）

② 少说废话，随你的便。（冷淡）

③ 大伙儿都说老张头儿是个厚道人。（叙述）

第四，曲调。调子升高再降，或降低再升，常用来表示含蓄、讽刺、意在言外等语气，例如：哎呀呀，你这么大的力气，山都会被你推倒呢。（讽刺）

训练 1

难忘的八个字

玛丽·安·德伯

随着年龄的增长，我发觉自己越来越与众不同。我气恼，我愤恨——怎么会一生下来就裂唇！我一跨进校门，同学们就开始讥嘲我。我心里很清楚，对别人来说我的模样令人厌恶：一个小女孩，有着一副畸形难看的嘴唇，弯曲的鼻子，倾斜的牙齿，说起话来还结巴。

同学们问我："你嘴巴怎么会变得这样？"我撒谎说小时候摔了一跤，让地上的碎玻璃割破了嘴巴。我觉得这样说，比告诉他们我生出来就是兔唇要好受些。我越来越敢肯定，除了家里人以外，没人会爱我，甚至没人会喜欢我。

二年级时，我进了老师伦纳德夫人的班级。伦纳德夫人很胖，很美，温和可爱，她有着金光闪闪的头发和一双黑黑的、笑眯眯的眼睛。每个孩子都喜欢她，敬慕她。但是没有一个人比我更爱她。因为这里有个很不一般的缘故——

我们低年级同学每年都有"耳语测验"。孩子们依次走到教室门边，用右手捂着右耳朵，然后老师在她的讲台上轻轻说一句话，再由那个孩子把话复述出来。可我的左耳先天失聪，几乎听不见任何声音。我不愿把这事说出来，因为那样做同学们会更加嘲笑我的。

不过我有办法对付这种"耳语测验"。早在幼儿园做游戏时，我就发现没人看你是否真正捂住了耳朵，他们只注意你重复的话对不对。所以每次我都假装用手盖紧耳朵。这次，和往常一样，我又是最后一个。每个孩子都兴高采烈，因为他们的"耳语测验"做得挺好。我心想老师会说什么呢？以前，老师们一般总是说"天是蓝色的"，或者"你有没有一双新鞋子"等。

终于轮到我了，我把左耳对着伦纳德老师，同时用右手紧紧捂住了右耳。然后，稍稍把右手抬起一点，这样就足以听清老师的话了。

我等待着……然后，伦纳德老师说了八个字。这八个字仿佛是一束温暖的阳光直射我的心里，这八个字抚慰了我受伤的、幼小的心灵，这八个字改变了我对人生的看法。

这位很胖、很美、温和可爱的老师轻轻说道："我希望你是我女儿！"

训练 2

匆　　匆

朱自清

燕子去了，有再来的时候；杨柳枯了，有再青的时候；桃花谢了，有再开的时候。但是，聪明的，你告诉我，我们的日子为什么一去不复返呢？——是有人偷了他们罢：那是谁？又藏在何处呢？是他们自己逃走了罢：现在又到了哪里呢？

我不知道他们给了我多少日子；但我的手确乎是渐渐空虚了。在默默里算着，八千多日子已经从我手中溜去；像针尖上一滴水滴在大海里，我的日子滴在时间的流里，没有声音，也没有影子。我不禁头涔涔而泪潸潸了。

去的尽管去了，来的尽管来着；去来的中间，又怎样地匆匆呢？早上我起来的时候，小屋里射进两三方斜斜的太阳。太阳他有脚啊，轻轻悄悄地挪移了；我也茫茫然跟着旋转。于是——洗手的时候，日子从水盆里过去；吃饭的时候，日子从饭碗里过去；默默时，便从凝然的双眼前过去。我觉察他去的匆匆了，伸出手遮挽时，他又从遮挽着的手边过去。天黑时，我躺在床上，他便伶伶俐俐地从我身上跨过，从我脚边飞去了。等我睁开眼和太阳再见，这算又溜走了一日。我掩着面叹息。但是新来的日子的影儿又开始在叹息里闪过了。

在逃去如飞的日子里，在千门万户的世界里我能做些什么呢？只有徘徊罢了，只有匆匆罢了；在八千多日的匆匆里，除徘徊外，又剩些什么呢？过去的日子如轻烟，被微风吹散了，如薄雾，被初阳蒸融了；我留着些什么痕迹呢？我何曾留着像游丝样的痕迹呢？我赤裸裸来到这世界，转眼间也将赤裸裸地回去罢？但不能平的，为什么偏要白白走这一遭啊？

你聪明的，告诉我，我们的日子为什么一去不复返呢？

朗　　诵

1. 朗读与朗诵的不同

朗读和朗诵都是以现成文字作为稿本，通过反复体味逐步加深理解，把书面文字转换成有声语言的一种语言表述活动。但二者之间又有差异。从本质上讲，朗读是一种应用性的朗声阅读，在口语交际中它更注重于突出讲解方面的功能，主要是通过语言的规范、语句的完整和语意的精确，将原文的主旨清晰准确地转换成相应的有声语言传送给听众。而朗诵则已成为一种语言表达的艺术表演形式，通过朗诵者富于变化的个性表达手段，将材料转化为一种艺术表演。它呼唤的是听众的情感共鸣，追求使听众听之动情的艺术感染力。

2. 朗诵训练

（1）对作品基调的把握　对作品基调的把握包括创作背景、作品主题和情感基调等几个方面。例如，高尔基的散文诗《海燕》以象征手法，通过对暴风雨来临之前、暴风雨逼近和暴风雨即将来临三个画面的描绘，塑造了一只不怕电闪雷鸣、勇于搏击风浪的海燕——胜利预言家的形象。

（2）角色体味　把握作品的基调后，首先要进入角色。例如，对于叶挺的《囚歌》和陈然的《我的"自白"书》，朗诵时要想到"叶挺（陈然）的生命在我的身上'复活'了"，经过一番仔细的揣摩和体味，朗诵时才能够做到感情真切，抒发自然。第二步还要"进入情境"，即进入作者创作时的心态、情绪，如上述两首诗虽同为烈士遗诗，但抒情的侧重点及抒情风格却不同。叶挺于1941年"皖南事变"时被捕，先后被囚禁在上饶、恩施、桂林、重庆等地。囚禁中除了受到种种酷刑之外，还曾受到"高参""第六战区副司令长官"等头衔的诱降，叶挺均予以拒绝。《囚歌》的主体风格是"内心独白"式的，抒发的是自己向往自由，但又深知如果不投降就不可能再获自由的痛苦情感。其基调应当是深沉的、郁闷的，其间还有一种"久居囚笼"的烦躁情绪，然而最终又回归到坚定上来。陈然是重庆《挺进报》的支部书记，1948年被捕，在狱中饱受折磨，却毫不动摇。最后，一张白纸放在了他的面前，要他写自白书，他提笔一挥而就《我的"自白"书》。由此可以把握，这首诗的主体风格是"怒斥敌酋"式的，抒发的是自己虽饱受折磨但终于战胜了敌人的自豪情怀，其基调应当是坚定、自信的，在激越的情感抒发中处处渗透着对敌人的藐视。

完成上述两步后，就可以开始"试读"，并通过试读来进行细节的安排和处理。

首先应对情感起伏进行设计。先确定作品的大高潮，将作品的主题通过最能表现其内涵的语言，以最强烈的形式抒发出来，造成听众感受强烈的"戏剧性"效果。然后以大高潮为中心，安排渐次升降的小高潮，其目的在于通过情感的起伏发展以及语言的色彩变化、节奏张弛，使得朗诵更富有语言魅力，以引导听众与朗诵者一起步入作品的情感境界。对朗诵作品进行情感起伏设计的目的是帮助朗诵者更为自觉地、理智地把握作品的表现形式，而不是将作品完全由朗诵者听凭现场的情感即兴波动来随意处置。以艾青的《大堰河——我的保姆》和郭沫若的《雷电颂》为例做一比较，前文中较多地出现了充满深沉怀念之情的排比句式，如果不是事先做好情感设计，有步骤、有目的地调度感情的变化发展，这首诗很容易朗诵得沉闷、压抑，难有情感的波动起伏；后文中则多慷慨悲壮的激越之词，如果不是事先做好情感设计，在非高潮部位有意识地压抑语言的分量，就容易朗诵得大呼小叫、声嘶力竭，徒有怒吼般的效果，难有"入耳、入心"的撼人力量。

其次，还要揣摩作品的褒贬色彩，侧重于"度"的把握，其依据仍是作品的主题基调。以高尔基的《海燕》为例，在主题表现上，海燕呼唤的是暴风雨，暴风雨是革命高潮的象征，因此，作品中关于暴风雨场面的描写在朗诵时应注意庄重、严肃和恢宏的气势。海鸥、海鸭、企鹅三种海鸟，在作品中被用来比拟当时已被即将到来的革命风暴吓得胆战心惊的立宪党人之流，朗诵时情感色彩上应带有蔑视的贬义。但是，考虑到海燕与暴风雨的关系无疑处在主要地位，这三种海鸟充其量不过是海燕形象塑造上的陪衬，因此这贬义的语言分量不能过重，否则就会喧宾夺主，干扰"海燕与暴风雨"之间主体关系的艺术形象塑造。

3. 诗歌和散文的朗诵

（1）诗歌的朗诵　要朗诵诗歌，就应先对诗歌种类、特点有个大概的了解。诗歌用有节奏、有韵律的语言，抒发感情或反映生活。它在长期的发展过程中，形成了繁多的种类。一般说来有两种分类法：一种是从内容上分为抒情诗和叙事诗两大类；一种是从形式上分为格律诗和自由诗两大类。

诗歌的特点是可以高度地概括社会现实生活，具有浓郁的时代气息，主题思想鲜明，具有充沛的感情、丰富的想象以及精练、优美的语言。

在朗诵时应注意以下几点。

1）深知背景，明确目的。在分析理解诗歌作品时，应搞清它写于什么年代、诗的背景是什么、作者为什么写这首诗等。例如，《我的"自白"书》表达了革命者对党、对人民的忠诚，坚信革命必胜、反动统治必将被推翻的信念。联系当时的社会状况，了解其时代背景及写作目的后，会更加深刻地理解作品的内容，朗诵时有利于焕发自己的激情，将诗人的"意志"和"胸怀"表达出来。

2）运用想象，大胆设计。一首诗写情、写景、写人、写物，虽各有特色，但都离不开形象思维，诗人往往是在抒发感情，用形象来表达自己要说的话。朗诵前要运用形象思维，依靠"诗情画意"来丰富自己的想象，同时要大胆地运用联想进行设计。仍以《我的"自白"书》为例，对于开头两行"任脚下响着沉重的铁镣，任你把皮鞭举得高高"，朗诵者可以设身处地地想象，可以联想到革命先烈被关押在牢房里，遭受各种酷刑之后，特务们又要提审，叫喊着让写"自白书"。但作为一个革命者，头可断，血可流，革命意志不可摧。豪言壮语表现了共产党人的铮铮铁骨。有了如此想象和设计后，再表达时就不至于停留在表面上了，而会深刻地展现出诗中所表现的革命先烈怀着必胜的崇高信念怒斥敌人的情景。

3）节奏和谐，语言流畅。节奏是语言的音乐性及其交替出现的有规律的语音强弱、长短的现象。节奏的轻重缓急，是随着人的情绪起伏和环境的变迁而变化的。诗歌的节奏尤为明显，如若掌握不好，朗诵后会给人杂乱无章的感觉。掌握好节奏，主要是处理好诗歌中词句的顿歇，这也叫音步，就像人们走路一样，是散步、漫步，还是疾步。试想一个人走起路来，若忽快忽慢，就会使人感到奇怪。诗朗诵也是如此，要依据诗的内容和格律韵律使节奏和谐统一起来。

例如，《我的"自白"书》第一段的节拍可以这样划分：

任脚下/响着/沉重的/铁镣//

任你把/皮鞭/举得/高高//

我/不需要/什么自白//

哪怕胸口/对着/带血的刺刀//

每行的字数不同，其节拍依内容和词义来划分，朗诵起来，顿歇有序，节奏和谐，句义明确，语义完整。朗诵诗歌时语言要流畅，不能干涩。这里主要指的是吐字归音。由于诗歌讲究合辙押韵，平仄交错，音调相衬，所以不仅要把每个字音的韵腹拉开说清，而且在归音上要更严格地要求，唇、齿、喉、舌、软硬腭等发声器官在发一个字音时部位及形状要合乎标准，把音韵归到家，这样才能朗诵出韵味。把诗的韵脚字音不断重复，既可以显示其音韵的美感，又可以把几行诗句串联成为整体，使完整的形象展示在人们面前。

4）技巧娴熟，表达精湛。技巧是为内容服务的。诗歌的特点是感情真挚、想象丰富、节奏和谐、音韵优美、语言精练。这就要求在表达时必须以娴熟的技巧和精湛的表达来传诵诗歌的真情实感。一切技巧，诸如运用潜台词，进入意境展现出画面与场景，以转述或扮演的手法来刻画人物，以及声音化妆、声音造型等，都要在日常练习中熟练掌握。如果能以细腻的手法，进入意境和描绘场景的画面，通过透视人物的内心活动展现其思想个性，这种情与景相互交融的表达，将是感人至深的。

(2) 散文的朗诵　散文篇幅较短、笔调灵活、形式多样，比起其他文学样式更加自由活泼，没有拘束。散文的种类很多，如速写、随笔、通讯、传记、游记、杂文、日记、书简等。下面以《海边日出》为例说明散文朗诵时应注意的问题。

1）深入理解，大胆想象。《海边日出》第一段是："我像期待着庄严而又隆重的婚礼那样，期待着庄严而又隆重的日出。"我们可以想象，以期待着既庄严又隆重的婚礼的心情，来迎接海边的日出。当接触到"海和天，还是混沌的一片"和天幕色彩"轻红、绯红、嫣红"这些描绘景色的词句后，可以想象到，"混沌"是指宇宙间朦胧模糊的情景，浓淡深浅不同的各种红色把天幕装扮得色彩缤纷，变幻无穷。通过想象把日出前天空出现的各种色彩孕育在自己的感情中，并使这富有"色彩"的感情去驱使声音的变化，朗诵起来，虽是短短的几句，但情感是浓郁的，声音也具有艺术魅力。

2）心临场景，进入意境。朗诵前，要使自己的心理状态和思想感情先进入文章所写的境界，再沉浸在景色之中，然后随着景色的变换，声音也要随之跌宕起伏。《海边日出》自始至终对美好的大自然和现实生活充满了自信、热爱和赞颂。情感上是由深情、舒缓，逐渐变为兴奋、激昂。朗诵时要抓住这种意境，来调动自己思想感情的变化。这篇散文用"锣鼓""洞箫""长笛"的声音，比喻了日出前海边的音响——"铿铿作响""哀伤""舒缓""欢快""热烈"的气氛。朗诵时要把这些乐器发出的声音特色，在自己感情上逐一引起共鸣。这时再朗诵出来，对乐器和声音的描绘就是有形、有声、有色的了。对场景气氛的渲染，也就会由哀伤到欢快了。

3）挖掘主题，表达含义。对于文章层次、结构和段落的布局，朗诵者的重新分析是必不可少的。更重要的是，要通过深入的分析，理解并挖掘文章的主题，并把深刻的含义表达出来。《海边日出》的朗诵，要始终把握住赞美大自然和热爱生活这一主题，并把它贯穿于各个段落和层次之中。如果只从景色上去考虑，那必将削弱它的含义。朗诵者为了突出文章主题，要抒发自己的激情，使自己沉浸在这样的景色和联想之中——阳光照着出海的渔船，太阳哺育着万物生长。我爱大自然，我要振臂高呼，让海浪带去我的心声。

4）虚实结合，分寸适度。"虚"是指其内涵，是高度的思想艺术境界，是潜藏在作者和朗诵者心灵深处的炽热感情。"实"是指对自然、对人物、对景色等的具体描绘。散文的朗诵,太虚会给人以华而不实之感,太实则不能扣住听众心弦。虚实结合,就是说既要有感情的高度深度,又要有具体景物的表达,两者融为一体,掌握适当的分寸,表达时不温不火,这样让人听了之后,才能感觉有形象、有色彩、有意境。以《海边日出》的景色描写来说,声音高低有别,速度快慢有序,虚实结合,分寸适度,达到和谐统一,这样的表达将会收到良好的效果。

训练1

囚　歌

叶　挺

为人进出的门紧锁着,
为狗爬出的洞敞开着,
一个声音高叫着:
爬出来吧,给你自由!
我渴望着自由,
但也深知道——
人的躯体哪能由狗的洞子爬出!
我只能期待着,
那一天——
地下的火冲腾,
把这活棺材和我一齐烧掉,
我应该在烈火和热血中得到永生。

训练2

我的"自白"书

陈　然

任脚下响着沉重的铁镣,
任你把皮鞭举得高高,
我不需要什么"自白",
哪怕胸口对着带血的刺刀!
人,不能低下高贵的头,

只有怕死鬼才乞求"自由";
毒刑拷打算得了什么?
死亡也无法叫我开口!
对着死亡我放声大笑,
魔鬼的宫殿在笑声中动摇;
这就是我——一个共产党员的"自白",
高唱凯歌埋葬蒋家王朝!

训练 3

海 边 日 出

楼肇明

我像期待着庄严而又隆重的婚礼那样,期待着庄严而又隆重的日出。

海和天,还是混沌的一片,但在镗镗作响的海浪的锣鼓声中,我已经隐隐约约听见一丝似断若续的,又越来越清晰的乐曲,起始像洞箫,后来像长笛,由哀伤、舒缓渐渐转为欢乐和热烈,当灰蓝色的天幕由乳白而轻红,由轻红而又绯红的时候,我感到似乎从东方水平相连的地平线上,那一瓣像玫瑰一样嫣红的新嫁娘的嘴唇,终于在红丝绒大幕的开启下,绽开了迷人的青春的微笑……夜色和寒冷,在熊熊腾起的烈焰中找不到痕迹。初升的太阳,属于大地和天空,每一朵浪花和每一片新生的树叶。

沐浴在这一片温暖的、深情的阳光里,我一边望着出海作业的渔船,一边思考着爱和被爱的权利。于是,我举起欢呼的双臂,扑向湛蓝的海水。

演 讲

演讲是人们运用有声语言和无声语言,就某一问题或围绕一个中心表达真情实意,从而影响和感召听众的语言交际方式。有声语言是演讲活动最主要的物质表达手段,是信息传达的主要载体。演讲者在使用有声语言时,不仅在遣词造句及内容结构上力求准确、鲜明、流畅、美妙,而且在声音上力求吐字清晰、到位,音色清亮、圆润,语气和语调富于节奏美和韵律美,从而使有声语言能更准确地表情达意,更加富于感染力和鼓动性。

1. 演讲的要求

(1)感情真 真挚的感情是演讲感染力的灵魂,也是激发听众美感效应的内在根据。唐代诗人白居易说过:"感人心者,莫先乎情。"曲啸同志在谈到感情时说:"情不深无以惊心动魄,这是演讲成功的经验之谈……我在演讲过程中特别注意这个问题。我讲'爱',就满腔热忱地'爱';我讲'恨',就痛心疾首地'恨'。我用我的心血甚至生命真实地表达着我个人的喜怒哀乐。于是，我看到听众与我一起进入共同的喜怒哀乐。"因此，演讲者只有满怀真情地说理叙事才能拨动听众的心弦，才能激起听众的情感共鸣。

在演讲中要做到感情真挚，还需要注意以下几点：

第一，要自然。演讲所表露的感情应该是自然流露的真情，而不能是外加的无病呻吟的矫揉造作之情。只有真情才能吸引听众，打动听众。

第二，要适度。表情要恰当，要掌握分寸。常言道："过犹不及。"无论在哪种环境里，不管面对什么样的听众对象，感情都不能太饱满，不能过于放纵，要善于克制，要适时适中。

第三，要有较高的格调。演讲不宜表达那种悲观、压抑、沉闷的感情，更不应表现那种只顾一己之得失的渺小狭隘的个人私情，而应该着力表现对祖国、对人民、对生活的热爱，对真、善、美执着追求的高尚的、积极的感情。

（2）事例新　演讲作为一种有效的宣传形式，应该体现新的时代精神，反映新的思想，传播新的进步观念，而这种新精神、新思想、新观念必须建立在新材料的基础上。在演讲中，具体生动的事例最富有表现力和感染力。例如，景克宁在一篇题为《内在美的思考》中引述了一个生动而具体的事例。

"儿不嫌母丑。"母亲不都是漂亮的，可儿子看来，母亲都是最可爱的。我有一个中年朋友，他有一位年逾古稀的老母亲是农村老妈妈，一生辛苦，没有进过大城市。我的这位朋友考虑到母亲一生操劳，备受艰苦，年过七十，再不出去游览一下恐怕再无可能了。于是就在一个秋高气爽的季节带他老母亲到北京游览。他的这位老母亲一身农村老妈妈的装束，裤腿还扎着绷带。他带着老母亲游览了北京的名胜。到故宫，他小心翼翼地搀扶着老母亲。上高台阶时，他怕老母亲累坏了，便背着老母亲上。他指着金銮殿对老母亲说："娘，这里有慈禧太后坐的宝座，你老人家上去坐一坐吧！"老母亲笑得合不拢嘴，笑得眼泪都出来了。母子相扶的情景吸引了其他人纷纷为他们拍照。这情景感动了一个北京青年，他坚决邀请他们母子到他家里住，热情招待了他们十几天之久。接着他又带着老母亲到陕西临潼游览华清池。他对老母亲体贴入微的情景感动了华清池的招待员，不但破例不让老母亲排队，而且免费招待这位农村老妈妈洗了澡……生活多美啊，人多美啊！到处都是美。美的自然，美的风景，美的名胜古迹，美的人，美的感情！

这一事例情景交融，像一组有声有色的镜头，使人感到具体、新奇、耳目一新，深受教育。

（3）道理深　演讲是依靠深刻的哲理吸引人、征服人的。演讲的力量归根到底是来自对事物现象的深刻认识。深刻的道理是演讲艺术魅力的基础和灵魂。例如，郭沫若的《在萧红墓前的五分钟讲演》就是运用通俗的语言阐明了一个深刻的道理。

年轻人之所以为年轻人，并不是单靠着年纪轻，假如是单靠年纪轻，我们倒看见有好些年纪轻轻的人，却已经成了老腐败，老顽固，甚至活的木乃伊——虽然还活着，但早已死了，而且死了几千年。

反过来我们在历史上也看见有好些年纪老的人，精神并不老，甚至有的人死了几千年，而一直都还像活着的年轻人一样。所以一个人的年轻不年轻，并不是专靠着生理上的年龄，而主要的还是精神上的年龄。便是"年轻精神"充分的，虽老而不死；"年轻精神"丧失的，年虽轻而人已死了。

郭沫若的这篇即兴演讲在年龄问题上透过现象看到本质，提出了"年轻精神"的观点。他分析得具体、深刻，很有说服力。

（4）形态美　演讲者站在听众面前侃侃而谈，不仅要善于运用口头语言说服感染听众，还必须善用体态语言作为辅助手段，做到形态美，给听众一个美好的视觉形象。在演讲中，正确优美的体态语言不仅可以增强口语表达的生动性和说服力，还可以美化演讲者的形象，直接增强演讲的艺术魅力。

2. 演讲的训练

任何一项有序而完整的演讲活动，从萌生到结束，都须经历三个阶段：提出阶段、准备阶段和实施阶段。这三个阶段紧密相衔，递进有秩。提出阶段，包括弄清要求、明确目的、确立主题，核心是确定并锤炼演讲的主题。准备阶段，包括材料搜集、心理准备、演讲稿的写作和上台前的讲练，核心是演讲稿的写作。实施阶段，包括完好的口头表达、演讲技巧的运用和控场能力与应变能力的掌握，核心是技巧和控场能力的运用。

（1）明确要求，搜集材料　任何事情都有一个开端。演讲活动的开端是以满足社会某种要求为依据和契机的。这种需求就是对演讲提出的要求。弄清了要求，进而要确定演讲的主题。主题的确立，使演讲的目标与主旨、搜集材料的方向和范围更加明确。

这里有一点需要特别强调，那就是演讲的效果和力度常常与主题的角度选择有关系。所谓角度选择，是指面对一个大的论题，要根据现实和对象的需要，选择一个最恰当、最新颖、最深刻、最有针对性的主题，从而使演讲取得最佳效果。例如，面对"向雷锋同志学习"这个论题，就要根据当前国内新形势，根据不同的对象和应解决的不同问题，来选择不同的角度锤炼主题。如果是给青年学生讲，最好选择和确定这样一些主题：在学习上要倡导雷锋的刻苦精神，在生活上要发扬雷锋的艰苦精神，在情操上要学习雷锋的共产主义精神。如果是给干部讲，可选择和确定这样一些主题：结合自己的本职工作，学习雷锋工作中实事求是、全心全意为人民服务的精神。如果是给农民讲，可选择和确定这样一些主题：在耕作中要学习雷锋的科学精神，在同自然的斗争中要学习雷锋的顽强精神，在致富中要学习雷锋的团结互助精神。这些主题的确立注意了角度的选择，不是泛泛而谈学习雷锋的意义，而是结合各自的工作和学习的实际情况，因而更贴近现实，其教育意义更深，说服力更强。

主题作为演讲的灵魂和统帅，具有不容忽视的作用和意义，但它还须以"血肉"撑"骨架"。这"血肉"就是材料，有了它才能展现出主题的意义，否则主题只不过是一个空壳子。正因如此，一切优秀的演讲家都拥有大量的丰富的材料。例如，保尔·拉法格曾称赞马克思说："无论何时，无论任何问题都可以向马克思提出来，都能得到你所期望的最详尽的回答，而且总是包含着有概括性的哲学见解。他的头脑就像停在军港里生火待发的一艘军舰，准备一接到通知就开向任何思想的海洋。"为什么会如此呢？原因在于"马克思的头脑是用多得令人难以相信的历史及自然科学的事实和哲学理论武装起来的，而且他又是非常善于利用他长期脑力劳动所积累起来的一切知识和观察的结果"。这里我们看到，"多得令人难以相信的历史及自然科学的事实和哲学理论"是作为一种广博的材料和能力而存在的，演讲的力度和强度也正在其中体现出来。

为演讲而搜集的材料很多，大体可分为两类：一是直接材料，这是演讲者在现实生活中通过观察、体验、感受或调查研究所获取的第一手材料；二是间接材料，是从报刊、书籍、文献或广播、电视上获取的材料。基于这种认识，搜集材料可从以下三方面入手：

第一，深入生活，了解社会。世界之大，宇宙之奇，是无法穷尽的，只要用自己的眼睛去读这部"活书"，就会有所感、有所获。这就要做到腿勤、眼勤、口勤、笔勤，只有这样，才会如司马迁所说："博闻强志，明于治乱，娴于辞令。"

第二，刻苦读书，充实大脑。材料，从严格意义上来说也是一种知识。一个人知识越渊博，材料自然也就越丰富。如前所引，马克思的头脑拥有广博的材料是因为他的大量阅读。伟大的革命先行者孙中山同时也是一位成就卓著的演讲家，他曾说："人不能生而知，必待学而后知。"又说："凡天地万物之理，人生日用之事，皆列于学之中。"因此，他的演讲生气勃勃，旁征博引。

第三，勤于思考，善于归纳。对于获得的直接材料、间接材料，演讲者要多整理、多思索、多分析、多综合，获得新的创见，使已有的材料"增值"。孔子说："学而不思则罔，思而不学则殆。"因而搜集材料时应勤于动脑，善于发现，这样才能在已获得的丰富材料的基础上再增加一些新质的材料，把它们应用到演讲中去。

（2）了解听众，熟悉环境 演讲是一项演讲者与听众的合作项目，不是演讲者的单项活动，而且这个合作是在一定场合下进行的。因此，演讲者必须了解身边的听众，熟悉周围的环境，才能合作密切，配合默契。例如，同样是讲学习方法的问题，给中学生讲和给大学生讲就不同，在内容上前者宜浅显些，后者宜深入些；在语言运用上前者宜形象些，后者宜抽象些。如果是给一边工作一边自学的人讲学习方法，其内容与语言运用又和前两者不同，特别是应结合他们一边工作一边学习的特点来讲学习的方法问题。

（3）厘清思路，拟出提纲 在演讲的准备过程中，所谓厘清思路，是指在主题已经确定，材料搜集完备之后，根据对听众的了解，演讲者在头脑中决定先讲什么、后讲什么的一个大体的规划和设计。而拟定提纲，则是用文字的形式将上述思考的结果记录和固定下来，进而为演讲稿的写作奠定基础，或是不写演讲稿，拿着提纲径直走向讲台。

厘清思路是演讲者对自己思维的梳理和整顿，涉及对主题认识的深化、材料的剪裁和组织、结构的安排等。拟定提纲则是将这种梳理和整顿的结果转化为纲目性文字。前者见诸内，后者见诸外，两者其实是一个东西，只是后者更完善扼要地反映了前者。

提纲的写法大致有以下几种：

第一种，标题式提纲。在演讲的大标题下，将若干小标题列出来。这种提纲的优点是便于做笔记，整齐，一目了然，对不用讲稿者能提供更大潜力；缺点是有时调动不了记忆，演说时展不开。因此，它的背后是详尽占有材料。

第二种，句子完整的提纲。这是最详细的一种，它将演讲的主要观点和次要观点都用完整的句子写出来，并清楚地表示出它们之间的关系。这种提纲的优点是所有观点历历在目，便于写稿和临场运用；缺点是因句子太多，临场运用时清晰程度差一些。

第三种，关键词语式提纲。这是缩写的标题或提纲，以关键词语的形式表现出来。优点是一目了然；缺点是在临场演讲时，更不易调动记忆，因此台下的准备需要更充分一些。

（4）起草演讲稿，反复推敲　如果说演讲活动是一项"系统工程"的话，那么演讲稿的写作就是这项工程中的重要一环，集中体现了演讲的目的、演讲的思维模式、演讲的材料组织和演讲的力度效果等。除了即兴演讲以外，不管是有经验的演讲者还是无经验的演讲者都十分重视演讲稿的写作。

从结构上看，演讲稿一般分为开头、主体、结尾，与提出问题、分析问题、解决问题的逻辑思维过程相吻合。开头有多种方式，例如，开门见山，提出观点；提出问题，点明宗旨；引起注意，启发思考；说明背景，指出原委；讲个故事，引出论点；确立敌论，树立靶子；摆出现象，以待结论等。主体是分析和论证问题的部分，要运用各种方法，调动各种手段，把中心观点阐述清楚，达到说服与感动听众的目的。可以围绕着中心论点，从不同角度、不同侧面进行论证，从而使人们对这个问题有一个全面的、透彻的了解和认识；也可以就着中心论点，采取步步深入、层层递进的办法，最终将问题论述得透彻明晰；还可以把上述两种方法结合起来。演讲稿的结尾是前面论证发展的必然结果，或归纳中心论点，或升华论点。好的结尾是：收拢全篇，卒章显志；加深认识，升华主题；鼓起激情，促进行动；留有余地，耐人寻味。结尾的方式可采用：衷心肯定，热诚赞扬；发出号召，鼓舞人心；前后呼应，首尾圆合；提出问题，诱人思考；幽默生动，趣味横生；巧妙援引，诗文作结等。

从语言上看，要求演讲稿既适合于书面写作，又适合于口头表达。从"说"的方面来讲，其基本特征是口语化。具体来讲，句式短小，便于口头表达；通俗明白，便于听众接受；动作性强，便于配合演讲时的手势、姿态。从"写"的方面来讲，它具有某些书面语的色彩。具体来讲，短小的句式外还应夹有其他句式，典雅蕴藉，便于读者慢慢玩味等。

初稿起草完毕，还要反复地推敲和修改。推敲和修改可以从以下几方面入手：主题的深化、材料的增删、结构的调整、语言的润色、题目的修改。

（5）认真讲练，灵活用稿　演讲稿写好后，必须经过认真的讲练。通过试讲，可以熟练掌握演讲的内容，加强记忆，为最后上台演讲增加信心。试讲的形式是多样的，可以一个人独自试讲，也可以讲给熟悉的人听，请他们提出意见，检验效果。

经过这番训练后，便可登台正式演讲了。正式演讲时对于事先写好的演讲稿必须灵活运用，既不能离题太远脱稿乱讲，也不能逐字逐句背诵演讲稿。演讲稿对于演讲过程起的是规范作用，只要循着事先厘清的思路，演讲时根据临场具体情况，随机改变原来的设计是完全可行的。当然，这需要演讲者具备较强的控场能力，面对主观或客观出现的突发事件和意外情况对演讲的阻碍和干扰，能敏锐、及时、准确地做出反应，并采取有效的应付措施加以迅速、巧妙、果断的排除，使演讲能够继续进行。

3. 演讲的类型

（1）命题演讲　命题演讲是根据指定的题目或限定的主题，事先做好充分准备的演讲。命题演讲大致可分为两类。一类是定题演讲，即根据事先确定的题目进行演讲。这种演讲对主题和内容作了较严格的限制，例如，"祖国在我心中"这个题目就必须歌颂祖国，必须联系个人的经历和体会。另一类是根据事先限定的主题自拟题目进行演讲。这类演讲虽不及前一种那样有严格的限制，但内容也必须与限定的主题相吻合。由于事先已被告知题目或主题，因此演讲前应做好充分的准备，拟好演讲稿，认真演练，演讲的过程就是演讲稿的再现。具体准备和实施的过程在前文已有详细阐述。

训练 1

请根据已提供的材料，沿原文思路引申、论证、反复演练。

1）今天，大家以"爱我中华"为题，讲了我们伟大祖国悠久的文明史，讲了雄伟壮观的长城，讲了给世界带来巨大变化的四大发明。是的，我们的祖国很可爱，很神圣。但是，我们有这些还不够……

2）苦练出口才。常言道："台上几分钟，台下十年功。"熟练的猎人，一枪就能射中飞鸟；高明的医生，一刀就能正中患处……

3）一位小女孩天真地问父亲："红军爷爷长征时为什么不喝饮料，不吃巧克力呢？"对于他们，长征已成为一个传奇故事。然而随着岁月的流逝，它以越来越深刻的魅力，吸引着人们到长征路上去追寻、去思考……

4）在我的心中，有过许多梦想。我梦想长大能做一番伟业，能成为中国的爱因斯坦，21世纪的保尔，能为中华的腾飞做出自己的贡献。梦想着有一天，面对历史，我能够大吼一声：问苍茫大地，谁主沉浮……

训练 2

就下列题目做命题演讲练习。

1）当我第一次走上讲台的时候。
2）留得亲情在人间。
3）你，与众不同。
4）把握生命。

（2）即兴演讲　即兴演讲是指事先没有准备演讲稿，临场触景生情、有感而发的演讲。即兴演讲由于在表情达意方面的针对性、快捷性，真切感强，适应快节奏、高效率的现代社会生活需要，很受群众欢迎。在社会交往方面，它具有命题演讲不可替代的重要作用。进行即兴演讲，需要有多方面的知识素养和能力，特别需要有敏捷的思维能力、快速的语言表达能力和应变能力。即兴演讲能力已成为现代社会人才的必备条件。

1) 即兴演讲的特点。

① 话题集中。往往是针对某一问题有感而发，选取的角度较小，内容限制在一定范围内，议论求准、求新。

② 直陈己见。明朗地表达观点，讲明情况。

③ 生动活泼。短小精悍，贴近现实，以亲切生动感染听众。

2) 即兴演讲的思维过程。即兴演讲的内在能力在于快速思维，即快速组织内部语言。尽管即兴演讲是突然发生的，延续的时间也不是很长，但其思维过程却是复杂的。

① 感性阶段，即凭着视觉、听觉、触觉、嗅觉获得信息，信息刺激大脑，引起思维。

② 通过思维判明情势，捕捉话机，产生说话的动机。

③ 动机扩展，产生论点。

④ 调动储备的经验与知识，形成说话的基本意向网络。

⑤ 编码形成系统的语序。

⑥ 发声传播。

在即兴演讲中，有的可以全部完成，形成腹稿；有的只能部分完成，边想边讲。思维比说话更活跃，科学实验表明，思维比讲话至少要快 5 倍以上，因此，即兴演讲者常常是讲一句，想几句。从现象看，思维与演讲似乎是同步进行的，但实际上它比演讲快得多，因而思维在即兴演讲中是极为快速，极为紧张的。

3) 即兴演讲的训练方法。训练即兴演讲的能力，主要是在开讲前两三分钟的构思上下功夫，主要方法如下。

① 散点连缀。讲话前，大脑会因此次演讲的主题、会场的布置和气氛、听众的情绪和反应等因素而产生许多支离破碎的"思维点"，如果能把它们记录下来，确定一个中心，再将它们连缀起来，形成一个表达网络，就可以开讲了。

② 模式构思。以一个模式框架作为依据进行快速的构思，使自己的表达既符合人们的认识规律，又能引起人们的兴趣。美国演讲专家理查德所归纳的"结构精选模式"是比较实用的一种。这种模式将即兴演讲分为四个步骤，是四个层次的提示信号。

a. 喂，喂，请注意！（激起听众的兴趣）

b. 为什么要费口舌？（强调演讲的重要性以及吸引听众）

c. 举例。（用具体事例将论点印入听众的脑海中）

d. 怎么办？（具体讲清大家该做什么）

③ 扩句成篇。开门见山，用直言肯定句式提出论点，适当做几句阐发，接着从正面、反面发表议论；或就"为什么""怎么做"发表议论，并以适当的事例、名言作为佐证，就会成为一篇较好的即兴演讲。

④ 借题发挥。这里的"题"是指现场所显示的特点，如议论的焦点、观众的心态、会场的布置、有新意的插话等，迅速地将它们捕捉并确定一个题旨，边说边想，构成朴实自然

的即兴演讲。

训练3

用"散点连缀"法进行即兴演讲训练。

（1）校友、咖啡、遭遇。

（2）春天、衣服破了、环保。

（3）一只碗、一张纸、一颗心。

训练4

用"扩句成篇"法进行即兴演讲训练。

（1）为青年服务，就要爱青年伙伴，注意发现他们身上的亮点。

（2）在商品经济的大潮下，金钱并非万能，至少有钱不等于幸福。

（3）勤工俭学，有利于提高学生素质。

训练5

用"借题发挥"法进行即兴演讲训练。

（1）演讲之前突然下起小雨。

（2）抽签排序恰好抽到第一号。

辩　　论

1. *辩论的分类*

辩论是一种以思辨为前提，具有对抗性和互动性的言语交际方式。辩论的过程，正是人们探求真理、宣传真理、捍卫真理的过程。俗话说，话不说不明，理不辩不清，好多真理都是在辩论中得以体现的。

按照不同的标准，辩论可以分成不同的类别。在古代，荀子以道德为标准，把辩论分为"圣人之辩""君子之辩"与"小人之辩"。今天人们根据辩论的目的，把辩论分为辩护和辩驳；根据是否有意遵守逻辑规则，把辩论分为雄辩和诡辩。这里根据辩论的生成和规模，把辩论分成随机性辩论、专题性辩论和表演性辩论。

（1）随机性辩论　随机性辩论是指人们在生活中随时引发的辩论形式，具有突发、自由的特点。所谓突发是说人们在工作和生活中对眼前事物现象进行评价时，突然发生分歧，从而引发或大或小的辩论。庄子和惠子的"濠梁之辩"就是典型的例证。所谓自由是说这种辩论不受任何条条框框的约束。辩者可以是任何人，人数既没有比例的限制，也没有职业、年龄、水平高低的要求。辩题也十分自由，大到国家大事，小到柴米油盐，事无巨细，都可入辩。时间、场合、规则和要求也都十分灵活。

(2) 专题性辩论　这是一种经过严密组织，人员、辩题、时间、地点等都有严格规定的辩论形式。这种辩论的最大特点就是它的正式性和严肃性，如解决国际争端的外交谈判，总统竞选时的电视辩论，判罪与量刑的法庭辩论，高校申请学位的论文答辩等。此外还包括为解决人际矛盾、协调人际关系的各种调解和规劝等。

(3) 表演性辩论　表演性辩论是把辩论作为一种竞技行为，一种智力游戏，一种口舌之争的军事演习。它与前两者不同的是：表演性辩论的主要目的并不在于追求真理，去异求同，而在于展示其辩论能力、技巧和意志等综合素质；表演性辩论须遵照竞赛规则，论辩双方参辩人数及每个辩手的分工、发言顺序、发言时间、对评委及观众的影响等都有严格的规定；表演性辩论的辩题在逻辑上并非都是非此即彼的，但其立论却是相互否定的，以此来考验双方的辩才。

2. 辩论训练

辩论训练可分为直接辩论训练和间接辩论训练两种。

(1) 直接辩论训练　直接辩论是指从正面用事实和道理证明自己观点正确或反驳对方观点的辩论。辩论和逻辑关系密切，常用三段论法、选言法、假言法、二难法、归纳法、类比法等辩论。

案例1

加拿大外交官切斯特·朗宁在竞选省议会议员时，反对派指责他生在中国，是喝中国奶妈的乳汁长大的，身上有中国血统。切斯特·朗宁与反对派展开了精彩的辩论："我喝过中国奶妈的奶，这是事实。但是喝过中国奶妈的奶就具有中国的血统了吗？诸位先生，你们喝过加拿大的人乳就具有了加拿大的血统了吗？你们是不是也喝过加拿大的牛奶？那么，在你们身上不是也有了加拿大牛的血统了吗？进一步说，也许你们长大不能仅靠喝，自然还得吃，吃鸡脯、吃猪排、吃羊腿，这样，你们的血统实在是很难认定了。"

【评析】这里切斯特·朗宁正是运用了类比法来进行反驳。他从"喝过中国奶妈的奶就有了中国血统"，类推出"喝过加拿大的人乳就具有加拿大的血统"，最后类推出十分荒诞的结论——"喝加拿大的牛奶也就具有了加拿大牛的血统""吃鸡脯、吃猪排、吃羊腿，所以血统实在是很难认定了"，从而有力地回击了反对派的进攻。

案例2

一个国王对临刑前的死囚说："如果你说一句正确的话，你将被送上断头台；如果你说一句错误的话，你将被送上绞刑架。"结果死囚说了这样一句："看来我一定会被绞死的。"国王陷入进退维谷的境地，最终没有处死他。

【评析】这里国王想运用二难法置死囚于死地。言外之意就是不论死囚的话是对还是错，结果都是死。破除这个二难法的关键在于找到这种方法的矛盾焦点。这个焦点就是选择其中的一个条件，使之与其中的另一个条件发生矛盾，其法自破。聪明的死囚就是用这种方法解救了自己。

案例 3

一个女演员倾慕于萧伯纳，就向他求婚说："我们的结合，一定是世界上最好的组合，将来我们生了孩子，它一定会有一个像你那样聪明的头脑，同时有一个像我这样俊俏的身段。"萧伯纳不喜欢这桩婚事，就回绝说："如果孩子长得头脑像你，身段像我，那就糟了。"

【评析】这里萧伯纳采用假言法推翻了女演员的论断。

案例 4

有人对军队起用年轻人不放心，理由是"嘴上没毛，办事不牢"。论者就对这一观点直接反驳："嘴上没毛就一定办事不牢么？古今中外许许多多军事活动家，恰恰都是在风华正茂的时候建起了了不起的功业。民族英雄岳飞 20 多岁带兵抗金……曾经统帅大军席卷欧洲的拿破仑，统兵进军意大利战胜奥地利军队时仅 27 岁。俄国十月革命的军事统帅伏龙芝，不到 30 岁即当上东线和南线的指挥官，独当一面……在我们军队里，许多老帅老将，多数不也是二三十岁的时候就当了师长、军长、军团长甚至方面军总指挥了么？可见嘴上没毛与办事不牢之间并没有直接联系，关键是有才还是无才。套用一句古话来说就是'有志不在年高，无知空长百岁'。"

【评析】这里论者采用归纳法推翻了"嘴上没毛，办事不牢"的观点。

（2）间接辩论训练　间接辩论不像直接辩论那样直接面对命题，而是通过一个中间判断，即用事实或道理证明这一中间判断的真假来证明论题的真假。常用反证法、淘汰法和归谬法。

案例 5

俄国著名作家赫尔岑有一次应朋友之邀参加音乐会。可音乐会的节目才开演赫尔岑就十分厌烦地用双手捂住耳朵。这使女主人很奇怪，便问："先生，你不喜欢音乐么？这是流行的乐曲呀！"赫尔岑心平气和地说道："难道流行的东西都是高尚的吗？"女主人对赫尔岑的反问不以为然，不服气地说："不高尚的东西怎会流行呢？"赫尔岑听了这话，风趣地对女主人说："那么流行感冒也是高尚的了？"说完就告辞回家了。

【评析】赫尔岑运用归谬法来反驳女主人的谬论。他从女主人的流行的都是高尚的观点，推出流行感冒也是高尚的这一非常荒谬的判断，从而推翻了女主人的观点。

案例 6

阿凡提去集市买毛驴。买驴的地方挤满了乡下来的农民。有个衣冠楚楚的家伙经过那里，说道："这地方真脏，除了农民，就是毛驴。"阿凡提听了，上前问道："先生，您准是位农民了？""不！我才不是农民哩。"那家伙答道。阿凡提于是问道："那您又是什么呢？"

【评析】 阿凡提采用淘汰法使那个衣冠楚楚的家伙陷于尴尬的境地。按照他的逻辑，如果他不是农民，就是毛驴了。

案例 7

有一天，一个水手准备出海，他的一位朋友问他："你的祖父死在哪里？""死在海里。"水手回答。"那你的父亲呢？""也死在海洋的风暴中。""天哪！"朋友大声说，"那你为什么还要当水手远航呢？"水手淡淡一笑，反问道："你祖父死在哪里？""死在床上。"朋友回答。"那你父亲呢？""也死在床上。""朋友，"水手说，"那你为什么还要睡在床上呢？"

【评析】 水手运用归谬法推翻了朋友的观点。先假设对方的观点是正确的，然后以此为论据得出一个荒诞的结论——因父亲与祖父都死在海里而不再下海，那么是不是因为自己的父亲和祖父都死在床上而以后就不再睡在床上了呢？显然，这是不可能的。

训练 1

"一对一"对辩模拟训练。

1) 有人说：逢年过节，为过世的老人烧点纸钱，是和送花圈一样的，是对老人的一种缅怀，无可非议。你觉得呢？

2) 现在都说中小学生学习负担过重，但还是有不少家长让孩子利用节假日去参加各种类型的培训班。你对这种现象是支持还是反对？

训练 2

"一对众"对辩强化训练。

1) 正方：名师出高徒。反方：名师未必出高徒。
2) 正方：逆境能成才。反方：逆境未必能成才。
3) 正方：好人有好报。反方：好人未必有好报。
4) 正方：君子不逐利。反方：逐利未必非君子。

3. 辩论的模式

辩论的模式主要指辩制，即辩论活动中大家共同遵守的规则，以保证辩论活动的顺利进行以及评判的公正和胜负的区分。

（1）个人赛 顾名思义，这是一种一对一个人间的辩论比赛，比较有名的是"林肯—道格拉斯"辩论赛。1858年，林肯与美国南部坚持黑奴制度的法官道格拉斯展开了一场大辩论，辩论先后进行了7次，每次持续时间将近3小时，辩论吸引了成千上万美国人观战。为纪念这位美国南北战争的英雄，自1979年开始，该辩论模式被列为美国中学生辩论赛的正式比赛项目。

"林肯—道格拉斯"辩论赛流程如下：

1）正方结构性发言。（6分钟）反方盘问。（3分钟）

2）反方结构性发言。（7分钟）正方盘问。（3分钟）

3）正方辩驳性发言。（4分钟）

4）反方辩驳性发言。（6分钟）

5）正方辩驳性发言。（3分钟）

总计耗时32分钟。

（2）团体赛

1）新加坡辩论赛（四对四）。

① 陈词阶段。（共18分钟）

双方一辩陈词。（各3分钟）

双方二辩陈词。（各3分钟）

双方三辩陈词。（各3分钟）

② 自由辩论阶段。（共8分钟）

正、反方交替。（各4分钟）

③ 总结陈词阶段。（共8分钟）

反方四辩陈词。（4分钟）

正方四辩陈词。（4分钟）

总计耗时34分钟。

自由辩论是新加坡辩论赛的精华。实践证明，辩论双方的技术战术在自由辩论阶段得到最充分的发挥，辩手的个人素质在自由辩论的时候也得到最充分的体现。观众最感兴趣的是自由辩论，通常自由辩论是新加坡辩论赛的高潮。

我国高校从1986年开始参加的亚洲大专辩论赛，基本沿用的是新加坡辩论赛模式，只是在辩论最后加上了观众发言（如1986年）或观众考核（如1988年）。随着我国经济的发展和国际地位的提高，亚洲大专论辩赛的参赛国家也超出了亚洲。1993年起，亚洲大专辩论赛改成国际大专辩论赛。而1999年的国际大专辩论赛的赛制较以往有了较大的变化，变化如下。

① 双方一辩阐述本方观点。

② 双方自由人发言。

③ 双方二辩向对方一、二、三辩依次提问，答问后由双方二辩做提问小结。

④ 双方自由辩论。

⑤ 双方自由人做第二次对话。

⑥ 双方三辩总结陈词。

2）标准式（牛津式）辩论赛（二对二）。

① 结构性发言阶段。（共40分钟）

正、反双方一辩发言。（各10分钟）

正、反双方二辩发言。（各 10 分钟）

② 辩驳性发言阶段。（共 20 分钟）

反方一辩发言。（5 分钟）

正方一辩发言。（5 分钟）

反方二辩发言。（5 分钟）

正方二辩发言。（5 分钟）

总计耗时 60 分钟。

这种辩论模式主要用于对现实意义较大的社会问题的辩论，一般是由正方指出现实问题之严重，改革之必须，并且提出改革的方案。所以正方是"立论者"，立论时将辩题具体化作为一项新的政策，同时论证该政策的合理性、优越性和可行性。反方是"驳论者"，对正方的"政策"提出疑问，指出它的矛盾和不可行性。由于正方处于被攻击的不利地位，所以在程序安排上把最后的发言权安排给正方。规则规定，辩驳性发言只准辩或驳，不得再提出新政策。

3）盘问式（俄勒冈式）辩论赛（二对二）。

① 正方一辩结构性发言。（8 分钟）

反方一辩盘问正方一辩。（3 分钟）

② 反方一辩结构性发言。（8 分钟）

正方二辩盘问反方一辩。（3 分钟）

③ 正方二辩结构性发言。（8 分钟）

反方一辩盘问正方二辩。（3 分钟）

④ 反方二辩结构性发言。（8 分钟）

正方一辩盘问反方二辩。（3 分钟）

⑤ 反方一辩辩驳性发言。（4 分钟）

正方一辩辩驳性发言。（4 分钟）

⑥ 反方二辩辩驳性发言。（4 分钟）

正方二辩辩驳性发言。（4 分钟）

总计耗时 60 分钟。

盘问式辩论赛的特点是：每位辩手在结构性发言之后都要接受辩论对手的盘问。规则要求：被盘问者只能回答问题，不能反问对方；盘问的一方可以随时中断对方的回答，提出新的问题，但是不能反驳对方的发言。

附录 C 常用社交口语

人在社会中生活，必然要与他人打交道和说话，这一过程中的语言表达能力称为社交口才，其中运用的语言是社交口语。社交口语种类繁多，以下主要介绍六种常用的社交口语类型。

一、介绍

介绍是向人们推荐自己及熟悉的人或物的口语类型,分为自我介绍和介绍他人两种类型。

1. 自我介绍

自我介绍也是一种自我推销,是社交中人们互相认识、建立联系必不可少的手段,好的自我介绍能给人良好的"第一印象"。自我介绍时应先向对方点头致意,得到回应后再报出自己的姓名、身份、单位和其他有关情况,语调要热情友好、充满自信,眼睛要直视对方。

自我介绍的措辞要适度,要把握好分寸,夸夸其谈、自我贬低都会给人留下不好的印象。只有实事求是、恰如其分地介绍自己,才会给人以诚恳、坦率、可以信赖的印象。另外还要选准介绍的角度,力求从独特的视角,用鲜明的语言介绍自己的情况。例如,哑剧表演艺术家王景愚的自我介绍颇具特色:

"我就是王景愚,表演《吃鸡》的那个王景愚。人称我是多愁善感的喜剧家,实在愧不敢当,只不过是个走火入魔的哑剧迷罢了。你看我这瘦小的身躯,却经常负荷着许多忧虑与烦恼。在事业上人家说我是敢于拼搏的强者,而在复杂的人际关系面前,我又是一个心无灵犀、半点不通的弱者。因此,在生活中,我是交替扮演强者和弱者的角色……"这个自我介绍联系了自己的职业特点,用质朴、活泼的语言,实事求是地评价自己,给听众留下了深刻的印象。

2. 介绍他人

介绍他人通常是站在中间人的立场,把某人介绍引荐给其他人。介绍的内容一般包括姓名、职位、与自己的关系以及认识对方的目的。介绍他人要注意介绍的顺序,遵照受尊敬的一方有了解对方的优先权原则。介绍时先确定恰当的称呼,然后,先把对方介绍给有身份者、年长者等,再把有身份者、年长者介绍给另一方。

在介绍的内容中,要给被介绍人作一个简单、中肯的评价,对被介绍人的特长有所侧重,以促进了解,奠定结识的基础。为了激起双方结识的兴趣,要选择能引起双方共鸣的话题,从而引起重视,搭建桥梁。例如,"这是我的大学同学,他也很喜欢读一些文学作品,有机会你们可以切磋一下……"这种介绍就会促使双方产生相识的愿望,留下良好的印象,对建立友谊是非常有益的。

二、寒暄

寒暄是人们见面时不涉及本质性问题的交谈,是社交场合中不可缺少的重要环节,通过寒暄,可以传达感情,保持社交的平衡和协调。常用的寒暄方式主要有问候式、称赞式和就景式三种。

1. 问候式

问候式寒暄是直接向对方打招呼表示问候。例如,"你好!""最近工作忙吗?""近来身体怎么样?"等。可以根据不同的对象、时间、场合做出适当的问候,体现出人际间的关切。

2. 称赞式

称赞式寒暄也称为评议式寒暄，通过对交际对象或与交际对象有关的人和事加以称赞或评议来表达问候。例如，"你今天打扮得可真漂亮！""家里真干净啊！""钢琴弹得不错啊！"等。真挚的赞美可以营造愉快和谐的氛围，但要避免过分地恭维，那样只能适得其反。

3. 就景式

就景式寒暄是针对具体场景，通过对与交际语境有关联的一些因素进行简洁的描述，来表达问候之意。例如，"刚下班吗？""您老又出门爬山啊！""天气真不错！"等。这种方式属于半打招呼式的问询，应时而自然。

寒暄的过程中，应该用明朗的表情、热情的态度与对方交谈，要努力发挥个人的魅力，给对方留下美好的第一印象。当然，寒暄用语一定要灵活变通，要针对不同场合和不同对象。如吊唁时不能问对方"最近身体如何"，而"别来无恙"如果对文化程度不高的人说会显得不伦不类。别人敏感的话题一般不要涉及，如中国人的"干什么去？"仅仅是招呼式的问候语，但在西方朋友听来却有干涉别人隐私之嫌。因此，要针对不同的交际对象选择恰当的寒暄语。

寒暄信息意义少，主要是感情意义，要善于寻找和调节寒暄话题内容以提高对方谈话的兴致，拉近彼此的人际距离。被美国人誉为"销售权威"的霍伊拉先生，一次要去梅依百货公司拉广告，事先了解到这个公司的总经理会驾驶飞机。于是，在和总经理见面互做介绍后，说了一句："您在哪里学会开飞机的？"一句话，引发了总经理的谈兴，他滔滔不绝地讲了起来，气氛显得轻松愉快，不但广告有了着落，霍伊拉还被请去乘坐了总经理的私人飞机，并且和他交上了朋友。另外，对对方的问候、称赞也要及时表示感谢，进行礼节性的回应。

三、交谈

交谈是人际间最直接、最广泛、最简便的言语交往形式，具有话题灵活、听说兼顾、口语化等特点。人们在交谈中可以交流思想、联络感情、洽谈事务、切磋技艺、商讨对策等。成功交谈的基本要求包括以下几个方面。

1. 了解交谈对象

"见什么人说什么话"，从社会交际的角度看，就是指说话要顾及言语对象，要因人设辞，有的放矢。对交谈对象的认识与了解应着重从以下几个方面入手：①对方的职业、身份、文化水平、性格特点；②对方对自己的看法或态度；③对方的处境、心境或思想动向等。在交谈过程中，要针对不同的言语对象，对所谈内容不断地进行调整，使表达更加适合于交谈对象。

2. 把握正确的交谈时机和场合

各种不同的时机和场合，对双方进行交谈的具体要求也各不相同。客观情境所提供的时机是否有利于交谈，应该在交谈前做出正确判断。另外，还要注意交谈的环境和地点，特定的场合构成了特定的表达氛围,也会直接影响到交际对象的心理。

3. 注意交谈的体态和语调

交谈过程中,一定要注意交谈的体态和语调,这是交谈进行得顺利与否的重要环节。从体态上说,它表达着丰富的无声语言信息。例如,交谈时如果跷着"二郎腿"斜靠在沙发上,或动作表现得过于随意,就会显得傲慢轻率,如此下去就可能使对方产生逆反心理。交谈语调必须把握得当,交谈的第一句话至关重要,如果是用亲切委婉的语调说,这就给交谈定下了一个和谐的基调。

4. 有效选择话题

进行交谈时要明确交谈的话题内容,忌谈的话题如政治话题、个人隐私问题、国家秘密与行业秘密、非议他人、庸俗低级的话题、宗教信仰话题等,这些在交谈时都不宜选择;宜选的话题有双方拟定的话题、格调高雅的话题、轻松愉快的话题、对方喜欢的话题、流行时尚的话题等。

话题可以直截了当提出,也可迂回切入,还可引而不发,耐心地用与话题相关、相近的题外话,启发对方提出话题。展开话题,先要会说、会看、会听,诱发对方的谈兴,及时做出反应。话题偏移时,要委婉提醒或间接引入相关的话题过渡到正题,但要因人而异,尊重对方。如果原话题已通过交谈达到目的,用适当的方式转换话题也是必要的。要么总结前一话题,直接提出新话题,要么淡化或冻结前一话题,很快过渡到新话题。

四、赞美

生活中,人人都需要赞美。这是一种渴求上进,寻求理解、支持与鼓励的表现。经常听到真诚的赞美,明白自身的价值,获得社会的肯定,有助于增强人的自尊心、自信心,从而鼓舞勇气,去开拓更为广阔的事业。所以说赞美之于人心,有如阳光之于万物。赞美要选择适当的地点和时间,对值得称道的事情进行赞美,并注意以下几个技巧。

1. 赞美要真诚自然

赞美他人一定要出于发自内心的真诚,如果你真心实意地赞美他人,那么这个人会更乐于与你合作。言不由衷的夸赞,一般给人留下虚伪的印象,只会增加对方的警戒心理。赞美的话要自然,不能矫揉造作,不要使用过分的词语,要准确得体,优雅大方,语句清楚。切忌支支吾吾,犹豫不定,否则会显得缺乏诚意。

比如第一次约见的新客户,可以说"您好,有什么可以帮您吗?""您给人的感觉好亲切";见到老朋友,可以说"好久不见,很想你",如果是见到女性朋友,可以说"您越来越漂亮了",或者是"您的衣服很适合您""您的脸色越来越好了";赞美带孩子的妇女可以直接夸小孩子,这会令对方内心愉悦;赞美老人要说"有福气""身体真健康";对胖人要夸赞"真富态";对他人气质和心灵的赞美可以说"你很温柔大方""你的样子很像某某明星""你很有内涵,我要向你学习""您是一个善良的人""您真是平易近人"等。

2. 赞美要找准时机

把握恰当的赞美时机,会取得良好的效果。一次宴会上,曾国藩笑听旁人议论诸帅们的特点，有人说："左帅（左宗棠）严，人不敢欺。"有人说："李帅（李鸿章）明，人不能欺。""那么我呢，诸位是否可以给个鉴定呢？"曾国藩突然问道。问题来得突然，又是当面议帅，大家面面相觑。正在尴尬之际，一位小官应声答道："曾公仁，人不忍欺。"合座称妙。曾国藩忙说不敢，内心却很高兴，后来还找机会给那人提了官。曾国藩的待人之道，确实是颇重诚心，而这句赞美也确实恰到好处。

3. 赞美对方的闪光点

有这样一个故事：有一个国王是独眼龙，而且还有一只脚是瘸的。有一次找很多人来给他画像，第一个画家很实在，就按写生的画法照实画，国王知道这是自己真实的样子，但是画像上的自己的确太丑了，于是把第一个画家杀了。第二个画家战战兢兢，把国王画得英明神武，可是国王觉得这是对他的嘲讽，于是把第二个画家也杀了。第三个画家很冷静地画完，国王看了以后很高兴，赏了他很多财宝，大家知道画的是什么吗？原来第三个画家画的是国王拉弓射箭的情景。

赞美他人，并不是要说最好听的，而是一定要有独到之处，如果说的不在点上，对方还会反感。有一些赞美是人们常用的，如长得好看、有领导能力、能吃苦等，听多了效果并不好，甚至有时会让人感到是习惯性的交往程序，其实对自己并没有真正地了解。所以赞美者应该尽量使自己的赞美新颖、独特一些，学会细心发现被赞美者的其他优点。内容明确、有特点的赞美，比一般化的赞美可贵，也更可信。

4. 学会背后赞美

除了对他人进行正面赞美之外，不妨试一试背后赞美。人们对背后的坏话恨之入骨，是因为相信背后的评价更能体现人们内心的真实想法。如果你想多一个朋友，试着在背后去夸别人，好话也会传递。当人们知道一个人在背后赞美自己的时候，就会对赞美他的人产生好感。即便你曾经当面与某人争吵，但是如果你得知对方在背后说你的好话，你多半会冰释前嫌。"良言一句三冬暖"，赞美是一种伟大的艺术，尤其背后赞美他人，具有一种不可思议的力量。

五、拒绝

从字面意思上看，拒绝就是不接受请求、意见或赠礼等，是对他人意愿或行为的一种间接否定。在人际交往中，常常会遇到别人提出某种请求或意见，或出于某种目的、某种原因赠礼给我们，如果我们觉得无法接受或不该接受，不论要求是否合理正当，你必须向他说"不"，以拒绝他的请求。

但是拒绝不当会招致不满，会使人感到不快，甚至伤害彼此友谊。无论什么理由或运用什么方法拒绝别人，态度必须是真挚诚恳的。让被拒绝的人耿耿于怀的往往是别人回绝时的态度，或是官腔十足，或是盛气凌人，或是漫不经心。如果我们有一个良好的态度，那么即使事情最终没有办成，也可以取得对方的原谅和理解。因此，为免除拒绝时的困惑与尴尬，要学会艺术地拒绝他人从而获得对方谅解的技巧。

1. 直接拒绝

直接拒绝就是将拒绝之意当场表明，言语意思必须表述清楚，不能因为不好意思拒绝而含糊其辞，给人造成应允的假象。在别人向你提出请求时，如果超出了你的能力范围，你可以立即回绝："不行啊，这个忙我确实帮不了！"但一定把握好拒绝时的态度。有时，也可以因为拒绝而向对方致歉，例如："非常抱歉，按规定，我们不能接受任何人的赠礼。"清楚果断的拒绝，可以避免其他问题或矛盾的产生。

2. 幽默拒绝

拒绝别人时，采用幽默的方式能使对方心领神会，从而避免尴尬。这种拒绝方法如果运用得当，能收到比较理想的效果。美国总统罗斯福当年在军界任职，他的一位朋友想从他嘴里打听一项秘密。罗斯福当然不能泄密，但他也不愿意伤害朋友。于是他悄悄地问朋友道："你能保守秘密吗？"那位朋友连声答应："当然，我一定保守秘密！"这时，罗斯福说："你能保守秘密，那么我也能！"采用这种轻松、幽默的方式表明心意，让对方更容易接受我们的委婉回绝。

3. 回避拒绝

回避拒绝就是避实就虚，避开实质性的内容，以其他内容作答。例如，当年有外国记者问周恩来总理中国人民银行有多少人民币，这样的问题，无非就是嘲讽当时的中国国库空虚。周总理是这样回答的："18元8角8分。"原来，中国人民银行发行的人民币面额为10元、5元、2元、1元、5角、2角、1角、5分、2分、1分，加起来为18元8角8分。表面上看来已经作答，实际上巧妙地拒绝了其要求。

4. 延时拒绝

当无法满足他人提出的要求时，可以采用延时法作为"缓冲"，以有效拒绝对方。例如，这样的表述比较恰当："我来想想办法吧，能否办成我尽快给你个回音可以吗？"如果你过一两天再打电话表示无能为力，也表示你尽心尽力了。再如，某公司经理对某厂长说："我们两家来合作，你看怎么样？"厂长回答："这个想法不错，我赞同，只是目前条件还不够成熟。"

六、道歉

"人有失手，马有失蹄"，在人际交往中，倘若自己的言行有失礼、不当之处，或是打扰、麻烦、妨碍了别人，最聪明的方法就是及时向对方道歉。及时恰当地道歉，可以化解矛盾，消除隔阂，是一种非常重要的交际手段。掌握各种道歉的技巧，是个人素养不可缺少的一个重要方面，也是事业成功的必备素质。

1. 道歉要及时、真诚

"君子之过也，如日月之食焉：过也，人皆见之；更也，人皆仰之。"如果意识到错了，与其等别人批评指责，不如及时地主动认错道歉，更容易获得对方的谅解。否则拖得越久，产生的隔阂就会越大。而那些坚信自己一贯正确，发生争端后总是指责对方的人，会极大地损害自身形象。

另外，道歉的态度一定要真诚。如果不是真心道歉，每个人都看得出来，结果可想而知。道歉不是一种为自己狡辩的伎俩，更不能用道歉来骗取别人的宽恕，道歉一方必须要感到自责，勇于承认过失。正所谓"知错就改"，人不怕犯错误，就怕不承认过失，明知故犯。要用温和、坦诚的态度，真心诚意地认错、道歉，目光友好地凝视对方，言简意赅，多用礼貌用语。

2. 道歉要讲究艺术

说话是一门艺术，道歉同样也是一门艺术。讲究道歉的艺术、选择恰当的道歉方式是很有必要的。

道歉语首先应当文明而规范。一般情况下，常用的道歉语可以这样表达，有"对不起""很抱歉""失礼了""请多包涵""请您原谅"等。使用文明而规范的道歉用语可以消除他人对自己的厌恶感，让对方从心理上更容易接受你的道歉行为。

巧妙运用风趣幽默的语言同样能得到对方谅解，甚至能取得意想不到的效果。有一次，一位著名的书画家为客人挥毫，却漏写一"话"字，旁观者窃窃私语，皆有惋惜之情。这位书画家意识到之后连声说："酒后失话，酒后失话!"并补写此字，赢得一片赞叹。

3. 借助"物语"表达歉意

如果你认为有些道歉的话当面难以启齿，可以借助"物语"表达歉意。比如说把道歉的话写成一封信寄给对方，也可以通过发手机短信或邮件的方式，或者通过赠予对方礼物来传达歉意。总之，这类借物表意的道歉"物语"，会有极好的反馈。

附录 D　求职面试口语

求职面试，顾名思义就是对求职者进行当面的考试、测试。具体地说，面试是一种经过组织者精心设计，在特定场景下，以考官对求职者的面对面交谈与观察为主要手段，由表及里测评求职者的知识、能力、经验等有关素质的一种考试活动。

一、求职面试的特点

1. 直观性

面试是用人单位与求职者直接接触的一项活动，通过面试，用人单位会对求职者形成一个直观的印象，这对用人单位的最终聘用决策具有很重要的影响。比如在公务员招考中，即使应考者的条件再好，笔试成绩再高，如果在面试中表现不好的话，也很可能被淘汰出局。由此可见，面试的这种直观性为用人决策提供了可靠的依据。

2. 灵活性

面试是一种很灵活的测评方法，面试的方式和内容具有较大的变通性。由于不同的职位有不同的要求，面试可以根据不同职位的特点，灵活地采用不同的方式去考察求职者。面试的问题可以是事先设计好的，但在面试实施中并不是都一定按同样的内容来进行，考官可以针对求职者的具体情况，根据所获得的信息是否足够等来决定面试问题的增减。如果求职者的回答已经充分地显示了某方面的信息，那么面试过程可以缩短；而如果求职者的回答不足以显示某方面的信息，或者考官觉得对求职者的有关情况还把握不清，那么就可以多追问求职者一些相关的问题。

3. 积极性

面试是考官和求职者之间的一种双向沟通过程。在面试过程中，考官可以通过观察和谈话来评价求职者，而求职者并不是完全处于被动状态。求职者可以通过考官的行为来判断考官的价值判断标准、态度偏好、对自己面试表现的满意度等，以调节自己在面试中的行为表现。要善于用积极正面的言辞来陈述自己的情况，表达自己的观点。也可以借此机会获取关于应聘单位、职位以及自己所关心、所需要的信息，以此决定自己是否可以接受这一工作等。

4. 诚实性

求职面试必须遵循诚实性的原则。诚实体现出一个人的品行与修养，也是用人单位衡量求职者的重要标准之一。所谓诚实，就是知道什么说什么，同时也不避谈自己的缺点。如果考官问到你的失败经历或缺点这样的问题，不妨坦诚说明并加以分析，自己从中学到什么，今后如何改善等，这会让对方感到你的真诚，反而为你大大加分。刻意伪装、虚言假语总会招致他人的反感，在面试中有可能导致失败。

二、求职面试前的准备

俗话说："不打无准备之仗。"求职也是一样的道理。求职面试前只有做好充分的准备，才能快人一步，赢在就业前。

1. 资料准备

有些行业在学历、能力、年龄各方面都有限制，求职者要事先核查一下自己的资格是否符合条件。如果觉得自己符合应聘条件，还得确定自己可以胜任哪种职位。然后要准备好自己的简历、毕业证书、学位证书、专业资格认定证书、获奖证书、身份证、推荐信等材料。

去面试时，应把这些资料有条不紊地放在一个公文包里随身带去，以便用人单位随时查看。准备一个井然有序的公文包会使求职者看上去办事得体有方，值得信赖。公文包里除了放置上述个人资料外，还可以放一些有关工作或有助于谈话的资料，这些资料在面试中可能会获得惊人的效果。假如考官提出一些意想不到的问题，求职者可以拿出自己的笔记本回答："我前些时候也看到一篇和这个问题有关的文章，尤感兴趣，因而做了笔记，您是否有兴趣翻阅一下。"这样，考官便会对这位求职者另眼相看。

2. 形象准备

面试中个人的举手投足，一颦一笑，都传递着特定的含义，直接影响面试的结果。文雅、得体的行为和谈吐，会给人们留下良好的第一印象。因此，在面试之前，必须事先整理好思路，多花一些时间去思考如何包装自己，从外在仪表和精神面貌两方面入手，给对方留下良好的第一印象。

一个仪表优雅的人，虽然并不一定能很快找到工作，但如果衣着不整，举止不雅，必然影响应聘择业。因此，注重自己的衣着仪表，是求职者不容忽视的问题。形象不仅代表自己，更重要的是代表单位。多数单位都力求找到能够提升组织形象的候选人，这些候选人不仅能胜任工作，而且要有良好的外形仪态。作为大学毕业生千万不可在面试时疏于准备、不修边幅，这些做法正是失去机遇的原因。

服饰、打扮应遵循"TPO"原则，即服饰应当符合 Time（时间）、Place（地点）、Occasion（场合）的要求。面试是一种正式场合，衣着应规整得体，修饰自然有度，给人以朴实整洁、合体大方的感觉，穿着应以稳重一些为好。只有求职者的服饰符合职业要求时，才有较好的效果。反之，如果不注意这一点，片面地理解美容、着装，不考虑职业特点，一定不会给用人单位留下深刻的印象，求职也难以成功。比如有一位女大学毕业生应聘教师岗位，面试时她虽未浓妆艳抹，但是其服饰、提包却过于新奇、艳丽，而且一进门就发散出一股浓烈的香水味，再加上言谈浮夸，最终没有被录用，用人单位的理由是此人不适宜当教师。

3. 心理准备

面试关系到未来的前途，每个人都希望在面试时留给主考官一个良好而深刻的印象，以增加录取的可能性。面试是一场综合性的考试，既在测试每个人的能力，也在测试每个人的心理素质、临场发挥。正确的应试心理应该是积极、自信、平和的。

有积极进取心态的求职者，总是把每个面试机会看成是千载难逢的好机遇，可遇而不可求，是新的成功在招手。于是，在面试前认真做准备，打电话，查资料，对每一个可能要问的问题都仔细思考一番，面试时就可以有正常的或超常的发挥。找工作其实是找机会，而机遇又从来不是唾手可得的，有的机遇往往是稍纵即逝。不去捕捉，定会失去良机。

在面试过程中，求职者扮演着一种接受提问与考查，同时又要自我表现的角色，这种角色往往让很多求职者因过于拘谨而表现不足，从而影响了面试成绩。因此，在面试中一定要表现出充分的自信心，这种自信，是对自己的学识、能力及综合素质的确信。

面试前还应具备不怕挫折、不怕失败，输得起的平和心态。学会客观地分析自己，合理地设计求职目标，尽量减少挫折，增强求职的勇气，减轻心理焦虑的程度。抱有这种平和心态的人，不怕负面消息的干扰；而经不起挫折、输不起的人才是真正的失败者。有了这种思想准备，就会一试再试，终会找到比较称心如意的工作。

三、求职面试的表达技巧

面试时间一般都不会很长，在 20 分钟至 1 小时。要在这么短暂的时间内得到考官的认识和欣赏，这就要靠语言表达技巧了。面试中，谁的口语表达能力强，善于扬长避短地推销自己，谁就能在竞争中获胜。面试的语言表达应着重掌握以下几个方面的技巧。

1. 语言表达通俗朴实，恰如其分

通俗朴实是对求职者语言风格的要求，即指求职者的语言要通俗易懂，朴实无华。如果表达过于华丽炫耀，考官就有可能听不懂，无法理解求职者谈话的内容，进而影响对其的了解和评价。因此，求职者说话一定要通俗化、口语化，要注意突出口语的特点，做到上口入耳。过于书面化的语言，既不亲切，又很难懂，往往达不到良好的效果。片面追求语言的新奇，过分雕琢，就会给人以不真实不可靠之嫌，从而导致面试的失败。所以语言贵在自然、朴实、生动，能够表达真情实意。

另外，面试时讲话要恰如其分。比如在介绍自己时，首先应了解职业岗位对从业人员的条件要求，然后针对性地进行重点介绍。一般对自己的姓名、专业、学习和工作经历、毕业学校等可先作介绍，介绍时应简明扼要。而对专长、兴趣、能力、获奖等情况则应作详细介绍，因为这是自己的闪光点和优势，与求职成功有密切联系。为加深考官的印象和信任，还可以举出具体典型事例，但不能无中生有编造事实，更不能信口开河，盲目往自己脸上贴金。面试中的交谈，由于受时间和内容的限制，要用最少量的话语传递尽可能多的信息。

2. 学会主动巧妙地推销自己

在求职面试中，要给用人单位一种自信、独立、能干的印象，通过一举一动来展示自己良好的品德与修养。学会主动巧妙地推销自己，往往有助于求职面试的成功。美国著名演讲家戴尔·卡耐基说："推销自己是一种才华，是一种艺术。有了这种才华，你就能安身立命，使自己处于不败之地。"通过语言介绍，可以巧妙地把自己的真诚、热情、充满进取精神等这些资料上无法反映的特点淋漓尽致而又得体地显露出来。

生动巧妙地推销自己，还要学会善于运用形象和幽默风趣的语言，这有助于增强语言的吸引力，融洽和活跃谈话气氛。在面试交谈中，注意避免使用枯燥、呆板的语言，尽量使自己的语言生动、真实、形象、富有情趣，加深彼此的情感交流，给人以感染力，增加考官对求职者的好感和信任。

3. 正确回答常规问题

在任何条件下，求职者都必须认真对待考官提出的每一个问题。回答问题时通常要注意三点：一要紧扣提问回答，二要克服啰唆重复的语病，三要戒掉口头禅。

面试中考官常常会提出以下问题：为什么到这里求职？你最大的优点和缺点是什么？最低的薪金要求是什么？打算在公司干多久？有什么疑问吗？……当面对一个不容争辩的问题时，要尽量避免简短的答复，而要通过举例来展开作答；对于那些需要争论的问题，需要在思考后作答；结尾要言简意赅地做一个小结，给考官一个清晰、完整的感觉。

面试时，回答考官问题的基本要求是：声音清晰，表意准确，通俗易懂，条理性强，音量大小适中，语速不快不慢，语气语调自然，用语礼貌谦虚。求职者的回答与考官发问的语言比例大约控制在 6:4 左右比较合适。

四、求职应聘训练

1. 求职应聘的口语要求

求职应聘的口语表达是一种正式场合下的交谈，用人单位通过一次或多次面试谈话，对求职者的举止仪表、谈吐应对、业务能力、思维能力、品德素养等方面进行了解，以判断是否符合他们的需要。它受时间、场合、对象、主题等限制，在表达方式上宜采用论述、应变、提问等多种口语表达方式，使说出的每一句话都能打动对方，真正做到"语不惊人誓不休"。

（1）主题明确　面试时求职者必须按照用人单位指定的中心内容进行论述和交谈。如果脱离中心或答非所问，即使讲得头头是道，也只能以失败告终。

（2）用语文雅　求职面试使用的口语必须庄重、文雅，充分体现出求职者非凡的气质和高尚的风貌。

（3）条理清楚　口语表达要有条有理，概念清晰，语义连贯，层次分明，推理严密，言之有据。

（4）简洁精练　说话要简洁明晰，措辞精当。正如苏格拉底所说："语言要像未出膛的子弹。"话少却言犹未尽，给人留出更多的想象空间。

（5）语音规范　说一口流利的普通话是文化素质好、风度气质佳、精神品位高、表达能力强的具体表现。

（6）情真意切　正如古人所说："真者，精诚之至也。不精不诚，不能动人。故强哭者，虽悲不哀；强怒者，虽严不威；强亲者，虽笑不和。"我们求职面试时不能矫揉造作，而是发自内心表达真情实感，以此增加求职者的真诚度和可信度，引起听者内心的强烈反响。

2. 求职应聘口语训练

（1）自我介绍　训练一段简短的自我介绍，其实是为了引入更深入的面谈而设的。一分钟的自我介绍，犹如商品广告，针对用人单位的需要，将自己最美好的一面毫无保留地表现出来，给对方留下深刻的印象。

做自我介绍时，应面带温和友善的笑容，两眼热情地直视对方几秒钟。一开始主要介绍自己的概况，如姓名、所学专业等。然后是实质性的自我介绍，要将你求职的愿望、打算以及所具备的条件向用人单位做阐述。如果用人单位已看过了你的简介材料，应重点介绍自己的优势和专长。

（2）求职应聘常见问题　求职应聘时用人单位的提问，大致可以归纳为以下几个方面。

1）你是一个怎样的人？一般来说，你必须言简意赅而又有重点地在两分钟之内介绍完你受过的教育、工作能力及技能特长。然后，用自己以往的成绩证明你是个精明能干、事业心强、积极进取的人。但绝不可以弄虚作假，要给人留下练达而诚恳的第一印象。

2）为什么你要从事这个工作？此时，你要审时度势、当机立断，不妨简洁而又坦率地告诉用人单位：你从事这份工作对贵单位是有好处的。此问题考查你的判断能力和坦率程度，更主要的是看你的求职动机。拖泥带水或矫情掩饰的回答对你求职的成功没有帮助。

3）你能为我们做些什么？此类问题主要考查你是否对用人单位有足够的认识，看你是否具有真本领，沟通交往能力如何。不妨事前查找一些相关的资料及具体的统计数字。只有事先了解情况，回答这个问题才能有针对性，引起用人单位的关注。

4）你有什么长处？对你影响最大的人是谁？

针对这个问题，不明智的回答是你无论哪方面都有优势。你可以谈自己干劲冲天、充满热诚、做事果断、意志坚强等。但是不能面面俱到，在有限的时间里，要抓住最主要的特长,展示给用人单位。至于对自己影响最大的人,可以选一两个,最好是你过去的老师、朋友等,简短地说明为什么就行了。

5)你有什么弱点?请你告诉我你曾经失败的一件事情。这个问题无疑是有意向你身上泼冷水,考查你的自控能力。你千万不能说:"我记不起曾经失败过。"这种回答只能表明你已惊慌失措,不敢面对现实,或被人以为你孤芳自赏,缺乏坦诚。最好机智地把弱点用"优点"表达出来。

6)你的老师、同学和朋友怎么评价你?这个问题,用人单位一是考察你是否容易相处,二是看你是否诚实。因为许多用人单位会在录用之前征询老师的意见,看看在谈话时与老师说的是否一致。所以你应该与老师讨论你的求职计划,征求咨询他们的意见。要明确地告诉他们你想得到的工作种类以及你准备做好新工作的理由。如果老师对你的印象不好,你应该开诚布公地谈谈,看他会说什么。

7)你有何值得骄傲的成绩?你若哑口无言就没机会了,最好是举几个成功的事例,然后对用人单位说:"这些无论是否算是成绩,但都不值得骄傲。"这样会给用人单位留下既坦诚又谦虚的印象。

8)哪种类型的领导你最喜欢?注意绝不能踏入批评某一类型领导的禁区。因为大家讨厌的领导几乎任何单位都有,也许他就坐在你对面。你直面回答只能自讨苦吃。你可以选择一位著名的领导人物作为崇拜对象,你也可以机敏地换个角度回答:"我喜欢能干、有魄力、有领导才能、给我机会尝试、肯及时指导批评我的领导。"

9)你要求的薪酬是多少?如果你是个现实主义者就无法回避这个问题,你要充满信心地抬高自己的身价,但也不能过分地抬高,以免把人吓跑。这是必不可少的问题,因为你和你的考官出于不同考虑都十分关心它。当然也可以不做正面回答。强调你最感兴趣的是这个机遇和挑战并存的工作,避免讨论经济上的报酬,直到你被录用为止。

10)你认为业界发展如何?这个问题主要是了解求职者对产业现状的理解及展望,针对无经验者则试探其投入意愿与关心程度,不需有太独特的见解,只需表达正确的意见即可。如果是同业的转职者,不只要掌握业界的方向,尚需加入个人见解。

11)你还有其他问题需要提出吗?要想给用人单位留下绝好印象,回答"没有"是不明智的。你必须回答"当然"。你要准备通过你的发问,了解更多关于这个单位、这次面试、这份工作的信息。假如你笑笑说"没有(心里想着终于结束了,长长吐了口气)",那才是犯了一个大错误。这往往被理解为你对该公司、对这份工作没有太深厚的兴趣。机智是平常善于思考培养出来的,不是任何时候都能脱口而出的。聪明的做法是不妨简明扼要地询问一下这个单位的业务范围、领导的期望等。

12)你何时可以上班?若是应届毕业生的话,一录取即可上班是最理想的回答,但一边工作一边做转业打算的情形相当普遍,衡量说服上司批准离职、工作交接等问题,需要较充裕的时间。若时间拿捏不准致延后报到,可能对新公司造成困扰,说明情况,将报到时间定在一个月之内应不为过。另外,对于可能遇到的其他实在不会或不愿回答的问题要勇于坦率承认或断然拒绝，以避免尴尬场面的产生。有时需要明白，用人单位有意问及你不可能答出的问题，目的是考查你的心理平衡能力。在这时能果断地拒绝正是有效的答案，由于拒绝而产生失态是完全没有必要的。用人单位为了考验求职者面对困难、挫折、拒绝时的反应能力，可能会提出一些刁钻的问题。求职者应克服心理弱势，审时度势，灵活应变，以求职者的执着态度去感动用人单位，促成求职的成功。例如：

① 你并非毕业于名牌院校！（妙答：比尔·盖茨也未毕业于哈佛大学！）

② 你的经历太单纯，而我们需要的是社会经验丰富的人！（妙答：那么，我确信如我有缘加盟贵公司，我将很快成为社会经验丰富的人，我希望自己有这样一段经历。）

③ 你的专业怎么与所申请的职位不对口？（妙答：据说，21世纪最抢手就是复合型人才，而外行的灵感往往超过内行，因为他们没有思维定式、没有条条框框。）

④ 你的学历对我们来讲太高了？（妙答：我带了三张学历证书，你可从中挑选一张您认为合适的，至于另外两张，就请忘掉它。）

⑤ 你是因为与上司有矛盾才转到我们这里来的吗？（妙答：他是一个正直的人，但我们之间性情差异太大，无法成为好朋友。）

⑥ 你性格过于内向，这恐怕与我们的职业不合适？（妙答：据说内向的人往往具有专心致志、锲而不舍的品质，另外我善于倾听，因为我感到应把发言机会多多地留给别人。）

兵书上说："知已知彼，百战不殆。"巴斯德也曾说："机遇总是降临在那些有准备的人身上。"因此，只有把握机遇，沉着应对，做出恰如其分的回答，才能在面试中永立于不败之地。

参 考 文 献

[1] 鲁迅. 鲁迅小说全集 [M]. 北京：人民文学出版社，2015.

[2] 钱理群，温儒敏，吴福辉. 中国现代文学三十年：修订本 [M]. 北京：北京大学出版社，1998.

[3] 钱谷融. 中国现当代文学作品选：上卷 [M]. 4版. 上海：华东师范大学出版社，2020.

[4] 徐中玉. 大学语文 [M]. 3版. 北京：高等教育出版社，2017.

[5] 章培恒，骆玉明. 中国文学史新著：上卷 [M]. 上海：复旦大学出版社，2007.

[6] 郑克鲁，蒋承勇. 外国文学史：上卷 [M]. 3版. 北京：高等教育出版社，2015.

[7] 程裕祯. 中国文化要略 [M]. 4版. 北京：外语教学与研究出版社，2017.

[8] 王力. 古代汉语：第一册 [M]. 北京：中华书局，2018.

[9] 黄伯荣，廖序东. 现代汉语：下册 [M]. 6版. 北京：高等教育出版社，2017.

[10] 钱钟书. 宋诗选注 [M]. 北京：人民文学出版社，2017.